행복의 정수精髓, 쾌락의 원천

행복의 정수精髓, 쾌락의 원천

| 삶, 죽음, 종교, 사랑에 대한 성찰 |

죽음은 삶과 분리될 수 없으며 삶과 섞이지도 않는다.
죽음은 삶을 타고 온다.

죽음이라는 도미노의 첫 번째 조각은 이미 쓰러졌다.

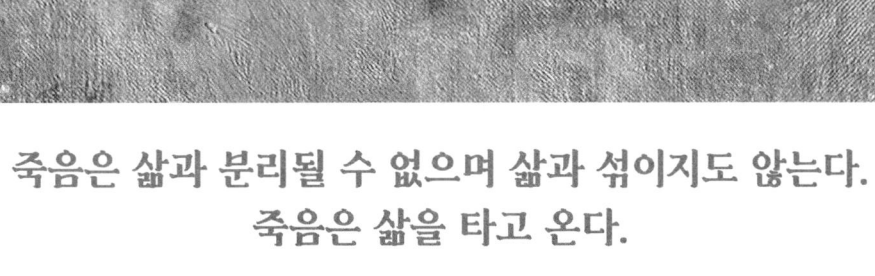

서문

내 영원한 화두는 죽음이다.

내 몸은 삶을 향하고 있지만 마음은 죽음을 향해 있다. 죽음이 아니라 삶을 위해.

이기일원론을 빌려 표현하면, 죽음은 삶과 분리될 수 없으며 삶과 섞이지도 않는다. 죽음은 삶을 타고 온다. 삶에 내재한다.

이 책은 삶, 죽음, 사랑, 종교라는 네 가지 화두에 대한 천착의 결과다. 보편적이지 않은 생각들로 보편을 얘기하려 했지만, 독자께서는 어떻게 인식할지 궁금하다. 다만 이 책이 독자에게 막혔던 생각의 장腸이 있다면 시원하게 뚫어 주는 하제下劑가 되었으면 하는 바람인바, 독자 자신의 행복의 정수, 쾌락의 원천을 발견하게 되길 기원한다.

"영원의 상 아래서" 보면 새로운 출간이, 기존 출간된 책 세 권의 무의미에, 무의미를 더하는 것일 수도 있으나, 어찌랴, 본래 무의미한 삶을 의미 있게 살려고 애쓰는 것이 인간이니.

몇 안 될 독자, 당신께 이 책을 바칩니다.

2025. 3월
일산에서

차례

서문 … 5

1. 삶 … 9

1-1. 2023. 5월 ~ 12월 … 10

지혜, 윤리, 파스칼의 내기, 자존감, 희생, 적의, 보편의 인식, 타인의 의견, 선의, 평등, 분배, 가릴 수 없는 것, 단상, 나라는 존재, 자아(나) 등

1-2. 2024. 1월 ~ 12월 … 120

잉여, 부富, 금전, 권력, 명예, 지속되는 행복, 사랑과 욕망, 단상, 고통과 인식, 합일슴―에 대한 숙고, 실현될 수 없는 욕망, 현재에 존재하다, 삶의 본능, 명예 등

2. 죽음 … 315

죽음의 정시, 삶, 인생, 인간의 천국, 현실 너머, 나의 죽음, 무無로의 전개, 적당한 때, 나의 임종, 죽음 앞에서, 자살에 대한 숙고, 죽음 이전에, 무의식적 본능, 유효기간 등

3. 사랑 ··· 385

사랑의 도착지, 결혼, 옛 연인, 연애적 사랑, 이성異性, 타인과 사랑, 사랑의 빈자리, 사랑과 우정, 영원과 죽음, 사랑과 공간, 늙은이의 사랑, 사랑과 결혼, 사랑과 본능 등

4. 종교 ··· 401

신앙, 이성의 욕망, 무신론자와 종교, 다른 종의 종교, 내세來世, 창조물, 신과 산타클로스, 의로운 신?, 사실에 대한 당위의 억압, 선교, 당근과 채찍, 자유의지, 신 존재 증명 등

1. 삶

1-1. 2023. 5월 ~ 12월

'23. 5. 1.

지혜
지혜는 환멸이라는 조각으로 이루어진 모자이크다.

윤리
윤리란, 나 이외의 모든 생물에 대한 예의.

파스칼의 내기
'파스칼의 내기'의 문제점은 걸어야 할 판돈이 너무 크다는 것. 인생 전체를 걸어야 하니.

자존감
누가 보고 있지 않더라도, 다소 손해를 보더라도, 지키고 실행할 때 혼자만의 기쁨이 있는 것들, 정의, 예의, 사랑, 교통법규… 자신이 괜찮은 사람이라는 뿌듯함. 자신에게 피해를 주는 상대에게는 '난 너랑 결이 다른 사람이야'라는 자존감을 뿌리며 상대를 알로 보는(깔보는) 쾌감. 이 모든 것은 상대와는 무관하게 내 안에서 일어나는 일.

희생
자식을 낳아 키우는 데는 어느 정도 부모의 희생이 필요하지만, 자식을 낳지 않는 데는 부모의 숭고한 희생이 필요하다.

적의

같은 부류의 타인에 대한 적의. 빈자에 대한 빈자의 적의, 나눌 파이가 모자라기 때문인가. 노인에 대한 노인의 적의, 타인에 대한 이해 부족 때문인가. 부자에 대한 부자의 적의가 상대적으로 적은 것은 여유롭기 때문인가.

보편의 인식

양태나 개별에서 보편을 인식하기란, 여러 자식들의 모습에서 부모의 모습을 그려 내는 것처럼 어렵다.

타인의 의견

사람들은, 제3자에 대한 타인의 의견이 자신의 의견과 다를 경우, 타인의 의견을 무시하거나 자신의 의견 아래에 둔다. 그러나, 자신에 대한 타인의 의견이 자신의 생각과 다를 때(특히 부정적일 때)는 정반대의 입장을 취한다. 절대로 무시 못 하고 전전반측 고민한다. 자신에 대한 타인의 의견 앞에서는 조울증 환자다.

선의

인간의 선의는 아나키즘적이다. 불안하다. 그 선의는 누군가 자신을 건드리지 않는다면 선의로 남아 있지만, 자신에게 악의를 드러낸다면 그 선의는 더한 악의로 돌변한다. 마치 아나키스트가 자신을 억압하는 대상에 목숨 걸고 투쟁하듯.

한 사람을 제외한 세상 사람들이 모두 선의를 가지고 있다 해도, 제외된 한 사람의 악의는 세상 사람들의 악의를 도미노처럼 폭발시킬 것이다. 즉 악의는 자신이 접하는 모든 것을 악의로 변하게 하는 드라큘라 같은 것이기에, 세상에 악의가 깨끗하게 사라지기 전에는 선의는 잠재적 악의일 뿐이다.

평등

사회주의의 이상인 평등은 자본주의에서는 무능력자의 후렴구다. 이상적 평등은 기회의 평등이지만 현실적 평등은 분배의 평등, 즉 남이 이룬 것을 나눠 갖자는 것이다. 자본주의자가 볼 때 사회주의자는 신 포도를 잊지 못하는 여우다.

분배

자본주의는 능력에 따른 분배를, 사회주의는 필요에 따른 분배를 주장하는 바, 능력과 필요는 가까워질 수 없는 것 아닌가. 능력 있는 자는 '필요'가 없고, '필요'한 자는 능력이 없으니.

가릴 수 없는 것

있는 것은 가릴 수 있지만 없는 것을 가릴 수는 없다. 성격의 결점은 가릴 수 있지만 정신의 공허는 가릴 수 없다.

단상

사회에 대한 경제적 불만은 풍요를 먹고 자란다.

사람들이 원하는 것은 필수품이지만 간절히 원하는 것은 사치품이다.

해야 할 일을 하지 않을 때 시간은 모자란다.

안락함 속에는 고통의 항체가 없다.

만물의 존재는 시간의 함수다. 하물며 그것의 가치라면야.

나라는 존재

　인간은 자신의 삶과 죽음을 실제 이상으로 과대평가하는 존재다. 나의 시점에서 보면 나의 삶은, 죽음과 동시에 사라지며 자연(모든 세계)도 절멸된다.
　자연의 시점에서 보면 나의 삶은, 무(죽음)과 무(죽음) 사이의 막간에 불과하며 나의 삶과 죽음은 무한히 많은 존재의 명멸 중의 하나다. 시간은 시계가 필요 없듯, 자연은 내 존재가 필요 없다. 단지 시계가 한순간을 가리킬 뿐이듯, 내 존재는 한순간의 자연을 나타낼 뿐이다.

자아(나)

　자신의 사고와 행동을 관찰하는 생각이, 자신에게 부여하는 가상의 개념, 자아다. 자아의 물리적, 실재적 속성은 없다. 자아에서 사고와 행동이 시작되는 것이 아니라 사고와 행동을 후 통합한 개념이 자아다.
　자아는 개념일 뿐 실재하지 않는다. 사고와 행동을 통제하는 자아는 없다. 자아는 주가 아니라 객이다. '나는 ~한다.'는 오랜 언어적 습관이 나(자아)를 사고와 행동의 주체로 착각하게 한다. 실재하는 현상을 묶어 하나로 표현한 가상의 이름이 '이데아'이듯, 실재하는 '기氣'를 포괄한 가상의 명칭이 '이理'이듯, 무의식적으로 단편적으로 행해진 사고와 행동의 편의상 주체로서 표현한 가상의 이름이 나(자아)다. 그럼에도 나를 놓지 못하는 것은 나의 존재함을 욕망하기 때문이다.

운명과 현자

 운명의 진자振子가 우리의 삶을 좌우로 흔들 때, 지혜로운 자는 운명과 가까운 반지름에 위치하여 운명의 영향을 적게 받지만, 무지한 자는 운명에서 먼 반지름에 위치하여 운명에 휘둘리며 살아간다. 현자는 비극의 주인공으로 등장하지 않는다.

시의 난해함

 시의 난해함은, 결과에서 복선 없는 원인을 찾아야 하는 어려움이다. 현실에서 현실의 이데아를 찾는 것처럼.

복수, 사과, 용서

 복수는 인간적이지만 용서는 종교적이다. 용서는 복수의 고리를 끊는 초인간적인 행위지만 용서를 하려면 먼저 강자가 되어야 한다. 약자의 용서는 무의미한 굴종일 뿐이다.
 용서는 상대의 잘못에 대한 나의 관용의 표현이고, 사과는 나의 잘못에 대한 상대의 관용의 요청이다. 사과 또한 강자의 행위다. 사과는 상대의 관용을 구걸하는 입장이 아니라 강요하는 입장이어야 한다. 용서에 따르는 책임은 없지만 사과에는 자신의 잘못에 대한 책임이 따르기 때문이다. 흔하게 하는 자신의 감정(화, 분노…)에 대한 사과는 자신의 진심에 대한 사과이며 그 진심을 바꾸겠다는 역설적 선언이므로 신중할 필요가 있다.

개인과 군중

여럿이 합치면 역효과가 나는 대표적인 경우는 개인이 합쳐 군중이 되는 경우다. 개인은 생각하고 행동하지만 군중은 행동하고 생각한다. 자신에 대한 성찰과 책임이 있는 개인에서 그것을 상실한 군중으로 변한다. 개인적인 대화에서는 이성적인 대화를 하는 사람도, 다수의 술자리에서는 생각 없이 마구 떠드는 사람으로 변하는 것과 유사하다. 개인과, 군중 속의 개인은 다른 사람이다. 군중 속 개인은 예비군복을 입은 박사님이다. 익명성에 드러나는 인간성의 민낯.

본능과 의지

인간은 자신이 의지를 펴고 의지대로 행동한다고 생각하지만, 의지란 본능이라는 선박에 적재된 하나의 짐에 불과하지 않을까.

Stoic(금욕주의자)과 Epicurean(쾌락주의자)의 기원

스토익의 면면을 보면 세네카, 키케로, 마르쿠스 아우렐리우스 등으로 알 수 있듯, 에픽테토스를 제외하면 고대 로마의 지배층이었다. 그들의 삶은 마음만 먹으면 언제든지 쾌락을 즐길 수 있는 향락의 바다 가운데 있었다. 그들이 주장하는 금욕은 새겨들으면 자제다. 오버하지 말고 살살 즐기라는 말이다. 넘치는 향락을 자제할 필요가 있었기에.

한편, 당시 에피큐리언은 중간 이하 계층이었고 쾌락을 즐길 수 있는 처지가 아니었다. 오죽하면 기아, 갈증, 추위를 면하는 것이 에피쿠로스가 원한 쾌락이었겠는가. 아이러니하게도 고대 금욕주의자들은 쾌락을 충분히 즐겼고 쾌락주의자라는 사람들은 본의 아니게 금욕생활을 할 수밖에 없었던 것이다.

현대를 사는 부유층이라면 스토아철학을 따라 금욕(사실은 자제)주의자가 될 필요가 있고, 그렇지 않은 자는 없는 쾌락이라도 최선을 다해 찾아 즐기는 것이 현명하겠다.

에피큐리언

스토익은 정신적 금욕주의자이며 육체적 쾌락주의자인 반면 에피큐리언은 육체적 금욕주의자이며 정신적 쾌락주의자다. 에피큐리언의 쾌락은 죽음에 대한 성찰에 기반한다. 죽음은 나와 무관하다는 성찰. 삶에서 가장 두려워하는 죽음이 고통스러운 것도 나쁜 것도 아니라는.

그저 그런 긴 삶이 아니라 짧더라도 매일 술과 대화를 할 수 있는 즐거운 삶을 원하고, 죽음을 곁에 두고 있지만 자신과 무관하게 생각하는 나는, 스토익인가 에피큐리언인가.

환경과 태도

스토아 철인들은 삶에 대한 태도를 중요시했다. 처한 환경보다는 그것을 바라보는 태도에서 인생이 결정된다고.

민주주의

현대 민주주의의 표상인 고대 그리스 민주정이 유지된 기간은 약 100년이었다. 소크라테스가 그 시기에 살해된 것은 중우정치라는 민주주의의 한계를 드러낸다. 민주주의는 사용방법을 모르는 대중에게 바치는 뇌물일 수도 있다. 민주정은 공화정에서 나타날 수 있는 위험한 욕망을 대중의 욕망에 희석시킴으로써 그 위험 수준을 떨어뜨릴 수는 있겠지만, 대중은 스스로 낭떠러지로 달려가곤 하는 결정적인 위험을 안고 있다.

민주주의는 "만인에 대한 만인의 늑대"라는 상호견제에 바탕을 두고 있는가. 민주주의는 쓸데없는 말을 할 권리를 보장했지만 그 말속에는 옥은 없고 돌멩이만 가득하다.

사실

우주, 자연, 세계, 생물 자체는 아무런 의미, 가치, 목적이 없다. 인과율에 따라 움직일 뿐이다. 인간은 이야기를 만들어 여기에 의미, 가치, 목적을 입힌다. 사실은 당위가 되고 모든 것은 감정으로 포장된다. 인간은 자기들만의 가공세계를 구축하고 그 안에서 희로애락 한다. 사이버공간에서 게임하듯.

거짓과 진실

거짓은 자신의 존재 근거로서 진실을 필요로 한다. 진실이 없다면 거짓은 존재할 수 없다. 소설(진실과 무관하게 지어낸 거짓)이 거짓이 될 수 없는 이유이기도 하다. 진실의 닻 없는 거짓은 무한 자유 속에서 마음껏 거짓을 행하지만 거짓으로 인정받을 수 없는 공허한 거짓이다. 아무도 돌아보지 않는 거짓은 자신의 존재를 알리기 위해 진실에 의지해야 하지만 그와 동시에 자신의 생명을 다한다.

진리라는 편견

서울로 가는 무수한 길 중에 자신의 길만이 진리의 길이요 왕도라고 주장한다면 그것은 진리가 아니라 편견이다. 역설적이지만 이런 편견은 종교, 신앙, 철학 등 형이상학을 생산하는 필수재료다. 밖에서 보는 자에게는 풍성한 식탁을 제공하지만, 안에서 자신의 진리를 위해 싸우는 자에게는 끝없는 전장을 헤매게 하는 진리라는 편견.

혁명

혁명은 극소수 이론가의 이데올로기와 소수 자본가의 지지와 다수 하층민과 무뢰한의 폭발적 행위로 이루어진다. 혁명에는 이데올로기가 앞장서고 행동이 뒤따르지만 기반에는 경제가 있다. 권력은 혁명의 이데올로기와 행동을 억압할 수 있어도 이미 이루어진 경제를 통제할 수는 없다.

혁명은 모든 체제를 전복할 수 있지만 행동하는 자의 사고 혁명이 동반되지 않는 모든 혁명은 앙시앵 레짐으로 회귀한다. 혁명은 혁명을 통해 얻으려는 자와 잃지 않으려는 싸움이다. 누가 더 비장하겠는가. 혁명이 어려운 이유다.

혁명의 단물을 빠는 자는 혁명가가 아니라 그다음 권력을 잡는 자다. 혁명의 세대는 피를 흘릴 뿐 열매는 그 자식들의 것이다. 순수한 혁명가는 그 사실을 알면서도 자신을 불사른다.

마르크스의 이론

마르크스가 예견한 세상이 오지 않은 것은, 그의 이론은 명철했으나 그의 이상은 순진했기 때문이다. 각자의 능력에 따라 일하고 각자의 필요에 따라 분배 받는 세상을 꿈꾸었으니. 문제는 능력이 아니라 필요다. 그 필요를 어떻게 충족시킨다는 말인가. 그 세상은 화수분이 있어도 유지되기 어렵다.

공산주의는 평등에 대한 순수함을 드러내고 대중은 순수함에 매료된다. 자본주의는 평등에 대한 교활함을 감추고 있으나 대중은 이미 간파했다.

'23. 5. 3.

위로
슬픔은 슬픔을 자아낸 사건, 되돌릴 수 없는 사건의 개별성에서 연유하지만, 슬픔에 대한 위로는 그 사건의 보편성을 인식하는 데에 있다.

이별과 부재
이별의 아픔이 격렬한 것은 이별 후 부재의 고통을 선취한 것이다. 이별 시점보다 이별 후 부재의 시점에서 더 아파하는 것은 이별이 몰고 온 상황에 대한 후취인 것이다. 어른들은 이별에 울고 아이들은 부재에 운다. 어른들은 자신 때문에 울고 아이들은 부재한 사람 때문에 운다.

분노
슬픔과는 달리 분노와 미움이라는 감정은 상대에게 쏘는 화살이다. 상대가 맞고도 무심하다면 그 화살은 두 배가 되어 자신에게 돌아온다. 누군가 나에게 미움과 분노를 표출할 때, 무심할 수 있다면 그 분노와 미움은 오히려 그를 삼켜 버릴 것이다.

외로움과 고독

외로움이 존재의 부재에서 연유한다면 고독은 소통의 부재에서 연유한다.

희망과 절망

희망은 비현실적, 잠재적 결과에 대한 긍정적 심정이다. 절망은 현실적, 확정적 결과에 대한 부정적 심정이다. 두 심정 사이에는 비현실적, 잠재적 결과에 대한 부정적 심정인 불안이 있다. 의미상으로 볼 때, 희망의 반대는 절망이 아니라 불안이라고 해야 하지 않을까.

아부와 동정

아부와 동정은 인간의 연약함을 토대로 행해지고 받아들여지는, 강력하고 대표적인 사회적 관계 도구다. 청자는 화자의 본심과 상관없이 그 내용을 수용하게 되며, 본심을 파악하려 하지 않는다.

불운의 시장

불행한 자들은 불행을 떠벌리지만 행복한 자들은 행복을 감춘다. 불운의 시장으로 자신의 불운을 교환하러 가져가지만, 타인의 불운을 보고 자신의 불운과 바꾸려는 사람은 거의 없다. 불운의 시장은 거래가 안 되고 행운의 시장은 열리지 않는다.

유명한 이유

애덤 스미스의 국부론에서 가장 유명하고 회자되는 것은 "보이지 않는 손"과 "분업의 효과"에 대한 내용이다. 1,000페이지가 넘는 책의 방

대한 내용 중에 유독 이 두 가지가 유명한 이유는 무엇일까. 그것은 헤겔의 500페이지에 가까운 책, 법철학강요의 내용 중에 "미네르바의 부엉이는 황혼에 난다."는 문장이 유독 회자되는 이유와 같다. 두 책을 읽어 본 사람은 그 이유를 발견하고 쓴 웃음을 지을 것이다.

선택의 어려움

트로이 왕자 파리스의 오쟁이를 진 메넬라오스. 끝까지 정조를 지킨 부인을 둔 오딧세우스. 헬레네의 미와 페넬로페의 지혜 사이에서 무엇을 선택해야 하는가는 일리아드의 시절부터 지금까지도 남자들을 혼란스럽게 만든다.

권력과 의존

부부 사이에 자주 짜증을 내는 쪽은 권력을 갖고 있을지는 몰라도, 짜증을 받아 주는 배우자에 의존적이다. 짜증을 내는 쪽은 그것을 받아 주는 배우자가 없으면 부모 없는 어린아이가 된다. 이 사실을 알고 짜증내는 자와 모르고 짜증내는 자는 천지차이다. 둘 사이에는 성찰이 있다.

진리와 진실

플라톤의 주장에 따르면 아름다운 것들이 아름다움이라는 이데아를 공유하듯이, 진실은 진리의 이데아를 공유한다. 그러나 진실은, 진실 전체가 진리의 이데아로 구성된 것이 아니라 진실의 일부(예를 들면 표면)만이 진리의 이데아로 구성되어 진리의 형태를 보이는 것이다. 즉 무늬만 진리이고 속은 진리 아닌 여러 가지 복잡한 사정으로 이루어져 있는 것이다. 진리는 진실의 이데아지만 진실은 숨겨진 사실의 이데아다. 진리는 개인을 포괄하지만 진실은 개인에 속해 있다.

비극과 희극

　비극의 관객은 주인공 편이고 희극의 관객은 상황 편이다. 비극의 관객은 주인공이 상황을 잘 헤쳐나가기를 바라고, 희극의 관객은 주인공이 상황을 잘 인식하기를 바란다. 삶의 상황 인식 면에서, 우리는 자신을 비극의 주인공으로 확신하지만 사실은 희극의 주인공인 경우가 많다.

희망

　삶을 추동하는 것은 희망이라고 한다. 그 희망이 이루어지지 않으면 다른 희망을 갖는다. 쉽게 실현되는 것이면 희망이라고 부르지 않았을 터, 허공으로 무수한 희망의 화살을 쏘지만, 절망으로 다가오는 그 화살들이 자신이 쏜 희망의 화살이었음을 인정할 때, 이루어지지 않은 희망은 버려지고 지속적으로 새로운 희망이 생겨난다. 버려진 희망은 절망, 삶은 희망이라고 불렸던 무수한 절망을 주워담으며 이어지는 것이다.

보편윤리와 집단윤리

　노장사상은 도라고 표현되는 우주 보편의 윤리고 공맹사상은 덕, 인의예지로 표현되는 사회 집단의 윤리다. 이 두 가지는 코스모폴리스의 윤리와 폴리스의 윤리라는 면에서, 고대 이오니아의 이소노미아 사상과 아테네의 데모크라시 사상과 비견된다. 이 두 가지는, 소속 집단과 무관한 보편윤리와, 소속 집단을 위한 집단윤리의 차이에 방점을 둔다. 현실을 살아가는 우리는, 두 윤리 사이에서 갈등을 반복하지만 보편윤리는 멀고 집단윤리는 가깝다.

쾌락

나는 아직도 쾌락이라는 단어를 사용할 때 조심스럽다. 절제되지 않은 즐거움, 마약, 섹스, 불건전함, 나쁜 것 등으로 무의식에 새겨져 있기 때문이다. 사회의 시선도 비슷하다. 왜 우리는 쾌락에 소원하게 되었는가. 종교와 권력의 영향이 크다. 사람들에게 경건함과 절제를 주입, 세뇌시키고 그 잉여를 자신들만이 착취, 향유하려는 의도. 이것이 종교와 권력의 태생적, 위선적 속성임을 이미 역사는 말하고 있다.

쾌락을 재정의해 보자. '쾌락은 인생의 목적인 행복의 정수, 삶의 핵심가치'다. 대중의 쾌락을 시샘하고 두려워하는 자 - 소수의 종교인, 권력자, 지배층, 쾌락은 신 포도라고 주장하는 말라 비틀어진 금욕주의자 - 외에 누가 부인하겠는가.

불평등

자본주의의 본질은 불평등이지만 사회주의의 본질도 불평등이다. 다만, 자본주의는 불평등을 조장하고 사회주의는 불평등을 지양하는 척할 뿐. 불평등은 자본주의를 움직이는 동력이고 연료다. 자본주의는 모두가 잘사는 사회보다는 차이 나는 사회를 지향한다. 모두가 잘살면 자본주의의 엔진은 멈추게 되니.

언행일치

죽음에 대해 많은 생각을 글로 남기고 말로 표현한 나는, 스스로 배신하지 않기 위해서라도 그 생각과 말대로 적극적으로 죽음을 향해 가야 한다. 약 2000년 전, 한 유대인의 '죽음과 고통에 대한 망설임'을 이해하지만, 그 이전, 한 아테네인이 보여 준 '죽음에 대한 신념의 능동적 실천'

을 지향한다. 말년의 에밀 시오랑처럼, 죽음에 앞서 정신줄을 놓은 삶은 절대로 안 된다.

실존과 자유

 죽음에 대한 실존주의자의 불안은 죽음 자체가 아니라 죽음의 선택이다. 우리가 생각하는 자유는 분명 좋은 것이지만 싸르트르가 "인간은 자유를 선고받았다, 자유에 처해졌다."고 말한 것처럼, 자유는 우리 의사와 상관 없이 강제로 부여된 것이다. 우리의 자유는 알라딘 램프의 지니의 자유가 아니라 책임이라는 멍에가 씌워진 자유다. 게다가 자유의 행사에는 불안과 외로움이라는 부작용이 따른다. 자유에 처해진 우리는 매우 좁은 범위의 자유를 행사할 수 있을 뿐, 결코 우리가 생각하듯 자유로운 존재가 아니다. 자유는 활보하기에는 무거운 옷이지만, 책임과 불안을 무릅쓰고 활보하고 행동하려는 자가 실존주의자다.

자각몽

 육근과 육식을 통해 육경(세계)을 인식하고 사고하는 한 우리는 실재를 인식할 수 없다. 실재를 인식하려는 추구는 불가능을 열망하는 헛된 노력인지도 모른다. 인식된 세계는 실재 세계의 극히 일부이거나 인식 과정에서 왜곡된 세계다. 이러한 세계에서의 인생이 하나의 꿈이라고 인식한 현자들도, 자신이 꿈을 벗어나지 못한 채 자각몽을 꾸고 있음을 인정했을 뿐이었다. 보통 사람들은 인생이 꿈인지조차 모르고 실제인 양 살아간다.

깨달음의 한계

동양에서는 깨달음을 '삶이라는 꿈에서 깨어남'으로 표현한다. 우리는 삶이라는 꿈에서 깨어날 수 있는가. 깨달음이란 단지 우리의 삶이 꿈이라는 것을 인식하는 것일 뿐, 그 꿈에서 깨어날 수는 없는 것 아닐까. 삶 자체가 꿈인데, 그것을 모르고 살다가 깨달음을 얻어 비로소 그 사실을 인식하는 것이며, 삶을 욕망하는 한, 꿈에서 깨어나는 것은 불가능한 것이리라. 삶이란, 삶이 지속되는 한, 깨어날 수 없는 꿈이라는 깨달음만으로 충분하다. 자신의 삶이 꿈인 줄도 모르고 사는 것과 알고 사는 것에는 큰 차이가 있으니.

부처는 과연 삶의 꿈에서 깨어났을까. 그는 왜 깨어나려 했을까. 삶에서 깨어나는 것은 삶을 초월하는 것일 텐데, 삶을 초월한 삶이 과연 좋을까. 나는 삶에서 깨어남을 원치 않는다. 영생을, 천국을, 극락을 원하지 않는 것처럼. 이 삶이 꿈인 것을 알고, 이 꿈을 즐기다 가는 것으로 족하다. 내생은 필요 없다. 이생으로 충분하다.

젊은 시절의 두려움

젊은 시절, 가장 큰 두려움은 죽음이 아니라 삶이었다. 수십 년 동안 어떻게 하면 가족을 돌보며 잘 살아갈 수 있을까, 혹시 그렇지 못하면 어쩌나 하는 두려움. 전쟁 시에 식량 챙기듯 미래를 대비하며 살았고, 생명줄로 알았던 돈줄이 끊겨 낭떠러지로 떨어지지 않을까 노심초사하며 직장생활을 했다. 돌이켜 보면 식어 버린 라면 국물처럼 남는 노년을 위해 꽃처럼 눈부신 젊음을 희생했다는 아쉬움도 남지만.

형이상학은 형이하학의 기반 위에 피어난다. 금전은 전부는 아니지만 상당부분 중요하다. 현재에 충실하다는 것은 현재를 담보하여 미래를 설계하는 것이기도 하다. 오늘이 마지막 날이라도 영원히 살 것을 기대하며 사는 것이 인간이기에.

회합

사람들과의 회합이 음식이라면, 나는 거식증보다는 음식에 따라 소화불량 증상이 있다.

'23. 5. 6.

분별초월

분별이란 전체의 각 부분인 A와 비A를 개별로 보는 것. A와 대립하거나 구별되는 비A를 포함한 전체를 인식하는 것이 분별초월. 장미꽃, 벚꽃, 목련 등을 개별 특성 비교를 통한 분별에 초점을 두는 것이 아니라 꽃이라는 전체로 인식하는 것. 부분 속에서 전체를, 개별 속에서 보편을 인식하는 것. 또한 전체에서 부분을, 보편에서 개별을 인식하는 것.

무한

무한은 개념적 존재일 뿐 실재하지 않는다. 인간의 생각 속에 기생하는 신처럼, 무한은 유한의 개념 속에 기생할 뿐이다.

유년 시절의 친구

어릴 적 친구일수록 더 친한 이유는 어릴수록 정신의 분화가 이루어지지 않아 친구의 성격을 파악하기 쉽다는 데 있다. 성인이 되어 가며 정신이 다양하게 분화되어도 어릴 적 성격의 씨앗이 자라난 것이기에 친구를 조망하는 데 큰 어려움이 없다. 즉 서로를 속속들이 잘 알고 이해한다고 생각하고 서로 편하게 대할 수 있는 것이다. 성인이 되어 만난 친구일수록 서로의 내면을 보여 주는 경우가 드물고, 보여 준다 해도 이미 분화된 성격의 일부이기에 상대 전체를 파악하며 친근하게 다가가기가 쉽지 않다.

좋은 책

좋은 책은 쉽게 읽히는 책보다는 다소 노력해야 이해할 수 있는 책이다. 이해된 내용이 새로운 수준이라면 더욱 좋은 책이며, 이미 알고 있는 수준 이하면 자신에게는 불필요한 책이다. 좋은 책을 읽고 그 안의 자양분을 모두 소화시켰다면 얼마나 큰 이익을 얻은 것인가.

로또

로또 당첨번호 조회할 때, 가지고 있는 로또의 당첨보다는 낙첨을 확인하려 한다. 로또는 낙첨되려고 사는 걸까.

항성과 행성

나는 빛을 발사하는 존재인가 반사하는 존재인가. 나는 항성인가 행성인가.

사고의 모순

여생에 꼭 하고 싶은 것도 없고 해야 할 것도 없고, 언제 죽어도 억울할 것 없다면서도 갖가지 근심에 싸여 있는 이유는? 내일을 걱정하는 이유는? 이 또한 이성과 본능의 엇박자인가. 실행하지 못하는 이성, 본능에 순종하는 이성에게 철학은 돼지 목에 진주목걸이.

무사고와 부재

생각한다, 고로 나는 존재한다. 고로 나는 고통스럽다.

생각하지 않는다. 고로 나는 부재다. 고로 나는 고통 없다.

단상

부는 경험할수록 가난해진다.

경험하지 않은 부는 자산이다.

비싸면 맛없다.

권력

권력을 가지면 사람들은 권력의 정당한 사용에는 무심하다. 그보다는 남용에 더 많은 관심을 갖고 애써 남용할 궁리를 한다.

진실

인간의 일부 아름다운 진실은 속성상 저절로 밝혀진다. 진실의 대부분인 숨겨진 진실은 추할 수밖에 없다. 인간의 이기심과 욕망의 산물이기에.

노년의 자산

수입 없는 인생, 죽음에 가까워 갈수록 생활비, 교육비 등의 이유로 자산이 줄어드는 것을 보면 걱정스럽기보다 유쾌하다. 합목적적이기 때문이다. 그렇게 사용되지 않는 자산이란 무슨 소용이랴.

신과 고통

인간이 신을 찾는 정도는 고통의 정도에 비례한다. 고통에서 멀어질수록 신에게서 멀어진다. 신은 불안하여 인간의 마음에 욕망을 심어 놓았다. 고통에서 벗어나지 못하도록.

철학 함

철학 함은 삶의 고통과 죽음을 멋있고 품위 있게 맞는 법을 익히는 것.

덧없는 삶

인간이 추구하는 모든 것은 "덧없는"이라는 수식어를 동반해야 한다. 덧없는 행복, 덧없는 쾌락, 덧없는 사랑, 덧없는 아름다움, 덧없는 선행… 우리 대부분은 살면서 그 이유를 경험하지만, 덧없는 삶에서 덧없는 추구 없이는 살 수 없는, 덧없는 운명을 슬며시 수용하고 덧없지 않은 척 산다.

바쁜 삶

바쁘게 사는 것은 죽음을 향해 바삐 가는 것이다. 바쁜 인생은 짧다.

문답

우리는 운명에게 묻는다. "Why me?"
운명은 대답한다. "Why not?"

삶의 의미

자신의 의지와 무관하게 주어진 삶에서, 그 의미를 찾는다는 것은 논리적이지 않다. 삶의 의미는 삶을 부여한 부모 또는 자연이 가르쳐 주어야 하지만 그들은 아무 말도 하지 않는다. 삶의 의미는 내재적일 수도 있고 외부에서 찾을 수도 있지만 모두 주관적일 뿐이다. 객관적인 삶의 의미는 타인과 대상들에게서 전해져 온다. 그들에게 당신이 중요하고 고마운 존재라면, 그들이 당신의 부재를 슬퍼한다면, 결국 의미 있는 삶을 산 것이리라. 결국 삶의 의미는 찾는 것이 아니라 만들어 가는 것이다. 나는 삶을 의미 있게 만들어 가고 있는가.

'23. 5. 13.

무無와 감정

실존적 무 앞에서는 감정도 무. 적의 죽음에 조의를 표하듯.
형이상학적 무 앞에서는 감정은 유. 원치 않는 이별 앞의 사랑이 진해지듯. 감정은 더 강해진다.

언어

언어 자체는 운반체(Carrier), 그 의미는 각자의 마음에 있다.

단상

사랑이 떠나도 세상은 남아 있는가.

슬픔은 자신을 내보이지 않는다. 그림자만으로 추측할 수 있을 뿐이다.

성악설

　욕망에 따라 사는 것을 미덕이라고 하지는 않는다. 인간의 욕망이란 이기심에 바탕하므로. 성선설보다는 성악설이, 욕망을 추구하는 자본주의 경쟁사회를 더 타당하게 설명할 것이다.

연예인

　한 사람이 드러내는 것으로 그를 판단할 수 있을까. 누구나 실제 내면의 모습이나 생각과는 정반대의 것, 혹은 최소한 같지 않은 것을 드러내지 않는가. 솔직하게 자기 감정을 표시하는 경우가 얼마나 될까. 오히려 솔직한 말을 한다며 이상한 사람, 예의 없는 사람으로 몰리기 십상이다. 위선, 거짓 동정, 농담, 무관심 등을 위장하는 가면 없이도 가능한 대화가 얼마나 될까. 이런 측면에서는 누구나 연예인이다.

타인에 대한 평가

　자신의 상황은 복잡하고 고민해야 할 일들이 많아서 모든 것을 고려하여 신중하게 판단하고 행동한다고 생각하는 사람도, 타인의 행동을 바라볼 때는 매우 즉흥적으로 평가한다. 더구나 평가 기준은 대부분 자신의 이익이다.

세월

　계절의 짧음을 깨달은 자의 삶은 숨가쁘다. 세월은 1초 단위로 지나가지 않는다. 앞을 보면 시간은 움직임이 없지만 뒤돌아보면 언제나 너무 많이 와 버렸다. 오늘 남은 시간은 눈앞에 생생하지만 지난 1년은 언제 어디로 사라졌는가.

남아 있음

거울에 비친 자신의 모습이 서글픈 자여. 세상에서 가장 화려하고 아름다운 꽃을 피웠던 나무도 꽃 지고 잎 떨어짐을 슬퍼하지 않느니, 무엇으로라도 남아 있음에 감사하라. 본래의 모습은 무無였으니.

길

멀어지는 길 / 이별하는 길 / 끝나지 않는 길 / 붉은 눈물 흐르다.

회자정리

회자 - 익숙함, 정

정리 - 낯섦, 슬픔, 서글픔

음악

예술, 특히 음악은 인간의 감정을 완성시킨다.

변명

내가 변화에 더딘 이유는 세상도, 대상도, 나도 변하는 이 시공간에서, 관조할 기준을 잃지 않으려는 것이다. 그 생각 자체가, 흔들리는 만원전철에서 홀로 똑바로 서 있으려는 헛된 노력이라는 것도 알지만 내가 할 수 있는 것은 그것밖에 없다.

창조

창조는 창조물 밖에서 이루어진다. 글은 글 밖에서 쓰여진다.

'23. 5. 14.

두 가지 과거

기억 안의 과거는 살아 있고 기억 밖의 과거는 죽었다. 살아 있는 과거는 어떤 냄새나 맛, 상징물에 의해 현재로 소환되지만 죽은 과거는 영영 소멸되었다. 잊혀진 연인, 사랑, 사건, 잊혀진 모든 시간과 공간… 죽은 과거. 살아 있는 과거는 얼마나 될까.

욕망을 즐기다

식욕, 성욕, 물욕, 지혜욕… 욕망에 사로잡히지 않고 욕망을 즐기다. 어차피 정해진 짧은 삶이라면 평온한 삶보다는 격정적인 삶이 낫지 않을까.

지옥

의지를 펼 수 없는 곳이 다름아닌 지옥이라면 왕 아닌 모든 자에게는 이 세상 자체가 지옥 아닌가.

다시 결혼한다면

다시 결혼한다면 남자는 현 배우자와 결혼하겠다는 의견이 많고 여자는 그 반대다. 상대에 대한 불만, 다른 사람에 대한 동경과 기대에서 그 차이가 생기는 것 같다. 남자와 다르게 여자는 배우자의 장점보다는 단점을 마음에 두고 산다. 다른 남자에게는 최소한 현 배우자의 단점은 없을 거라고 생각한다. 그렇다 해도 단점을 만회하고도 남는 현 배우자의 장점(장점이 많으니까 단점이 있음에도 이혼하지 않고 살았으리라)

은 왜 당연시하는가. 또한 다른 남자는 단점이 없으리라는 것은 희망사항일 뿐이다. 물론 전통사회에서 여자들이 상대적으로 힘든 가정생활을 했지만 현대에서도 과거의 피해의식 속에 살고 있다면 가히 시대착오라 하겠다.

형이상학의 역할

　형이하학의 시대에, 물질적 범람의 공간에서 형이상학의 중요한 역할은 자정自淨이고 자립自立이다.

'23. 5. 21.

존엄

　상대의 존엄을 지켜 줄 때 자신은 품격을 얻는다.

　인간의 존엄은 고난 속에 빛난다. 고난을 어떻게 대하는가에 따라 존엄의 정도가 확인된다.

혼 술

　혼 술의 시작은 두렵다. 가상의 외로움 때문에. 일단 시작하면 외롭기보다는 오히려 즐겁다. 혼자의 자유로움.

자연, 인생

　자연은 끝 없는 순환인데 어찌하여 인생은 끝이 보이는 직선인가.
　그러나 자연의 모든 개체는 짧은 순환, 끝이 있는 직선이다.

생존의 욕망

인간의 생존을 위한 필수적인 욕망은 소박하다. 짬뽕 한 그릇, 막걸리 한 병이면 족하다. 필수적이지 않은 정신적 욕망(권력, 명예, 금전)은 충족될 수 없다. 충족될 수 없는 욕망은 사치다.

길들여진다는 것

길들여진다는 것은 중독되는 것이다. 길들여진 것의 부재는 고통이니.

'23. 5. 28.

삶은 현재

삶은 지금, 여기, 현재. 삶은 현재에서 시작되고 현재에서 끝난다. 나중에, 다음에… 삶은 없다.

동정

자신이 경험하지 않은 고통에 대한 동정은 진실할 수 없다.

개같이 벌어

개같이 벌어 정승같이 쓰다. 돈을 버는 과정이 개 같다는 말을 부정할 사람은 거의 없을 것이다. 우리는 돈(자본)의 노예라고 생각하지만 사실은 자본가의 노예다.

능력과 관계

인간관계에서 능력이 상실되면 대부분의 경우, 관계도 상실된다. 이런 관계는 주로 이익으로 맺어진 관계다. 무성하던 잎, 계절이 바뀌면 낙엽 되듯 능력은 언젠가는 상실되기 마련, 살 날이 남았다면 무엇에 근간한 관계를 형성해야 하는가를 생각할 필요가 있다. 능력이 상실되어도 상실되지 않을 관계를.

노년의 미래

노년에게 미래는 무엇일까. 노년의 희망은 무엇일까. 시간이 그에게 가져다줄 선물은 죽음 외에 무엇이 있을까. 가장 큰 희망은 현재의 정신과 육체 상태의 유지일 것이지만 그것은 시간이 결코 가져다주지 못할 선물. 다시 생각해 보자, 노년의 삶을, 노년의 미래를.

탁구 클럽에서

어린이는 천진난만하고 인사도 잘하지만 성인이 되면 어둡고 근엄해진다. 인사도 이해관계가 없으면 하지 않는다. 탁구 클럽에서도 하수들은 어린이의 태도이고 가소롭지만 고수로 갈수록 성인의 태도. 운동의 세계에서는 실력이 권력인 양 행세한다.

'23. 6. 3.

당신의 철학

기존 철학 안에 당신의 철학은 없다. 거기에는 타인이 소화시킨 것들, 그들 정신의 배설물이 있을 뿐이다. 당신의 철학은 기존 철학 밖에 있다. 배설물을 먹고 그대로 배설하는 자들은 얼마나 한심한가.

눈물

마음이 아파 눈물이 나오려 할 때는 왜 눈도 아픈가.

재난의 인식

자연적, 사회적 재난에 대한 인간의 인식은 의외로 느슨하다. 예측되는 재난에도 적극적으로 대비하지 않는다. 재난을 당하면 그때서야 호들갑 떨지만 큰 후회 없이 고통을 받아들이고 시간이 지나면 망각한다. 죽음이야 어쩔 수 없다지만 정치적 사태, 자연 재난 등을 대비하는 중요한 의사결정 시에도 사람들은 어린아이처럼 딴전을 피운다.

"아테네의 변명(베터니 후즈)"을 읽고

이 책을 미리 읽었더라면 고대 그리스를 동경하지 않았고 아테네의 민주정치를 우러르지도 않았을 것이다. 거칠게 표현하면 아테네의 민주정치는 중우정치였다. 현대의 많은 나라들의 정치체제인 민주주의의 첫 사례라는 점으로 인해 대단하게 생각들 하지만. 단 한 가지, 아테네의 민주정치가 우월한 점은 아테네 시민들은 자신들이 치를 전쟁을 결정하고 직접 참전했다는 것. 많은 시위에서 '대한민국'을 외치는 자들 중에 '대한민국'을 위해 자발적으로 무기를 들고 참전할 자가 10%나 될까?

아테네가 제국주의, 자본주의의 전형이라면 스파르타는 민족주의, 사회주의에 가깝다. 그리스 역사는, 대부분의 역사가가 아테네 인이어서 아테네의 시각으로 쓰여졌기에 이 정도지, 실상은 크게 달랐을 것이다. 그 당시의 아테네는 깡패도시국가였다. 타 도시국가에 대해 제국주의의 전형인 침탈을 자행했다. 유일하게 내세울 수 있는 페르시아 전쟁의 승리(?)를 제외하면, 대부분의 도시국가들이 싫어하는 부도덕한 악질국가, 잔인한 도시국가였다.

펠로폰네소스 전쟁에서 스파르타가 승리한 것은 정의로웠다. 인간의 욕망으로 세워지고 그 욕망을 실현한 아테네는 가장 인간적인(?) 도시국가였다. 소크라테스의 행위와 철학은 그 지경의 아테네를 배경으로 더욱 빛난다.

이데올로기 전쟁

역사에서 최초의 이데올로기 전쟁은 아테네(민주주의)와 타 도시국가(과두정/참주정)와의 전쟁이 아닐까. 아테네가 일으킨 전쟁은 민주주의의 확산, 민중 해방이라는 허울로 상대 도시국가를 지배하려는 간계였다. 신앙의 해방을 표방한 십자군전쟁, 자본주의와 공산주의라는 이데올로기가 충돌한 한국전쟁… 어릴 적부터 세뇌된 우리는, 민주주의는 정의롭고 사회주의나 공산주의는 악이라고 믿었다. 얼마나 오랜 기간 사상의 감옥 속에서 살아왔는가.

'23. 6. 4.

늑대

"만인의 만인에 대한 투쟁" 속 인간은 도덕이라는 입마개를 가까스로 씌운 늑대다.

단상

인간의 유한함과 운명을 수용하는 삶과, 죽을 때 죽더라도 세상을 향해 큰 소리 지르는 삶 중에 어떤 삶을 살 것인가.

말이 많은 자일수록 생각하지 않는다.

비싼 명품은 욕망의 결정체, 그 사이에서 지혜를 찾기는 어렵다. 지혜는 소박하다.

감각의 권태
감각 가운데 청각이 가장 권태로운 반면, 후각은 동일한 감각에 대해 권태를 느끼기 전에 무감각해진다. 후각은 과거의 향기를 찾아내어 향수를 불러온다. 우리가 무생물에 대해서는 변치 않음에 대해 권태를 느끼지만, 인간을 포함한 생물에게는 변치 않음에 대한 푸근한 옛정을 느끼는 이유는 무얼까.

노년의 통찰
나에게 얼마의 시간이 더 필요한가. 못다 한 일이 있는가, 충족하지 못한 욕망이 있는가, 더 살아야 할 이유가 있는가. 없다. 죽음을 회피하는 본능적 삶은 바라지 않는다. 오늘이 마지막이어도 좋다. 노년의 삶은 자연의 행하行下, 여분의 삶이다.

기억
옛날은 기억이다. 기억되지 않는 과거는 사라진 과거, 과거가 아니다. 의미 있는 과거는 한 세대를 넘지 못한다.

'23. 6. 10

타자

  누군가 곁에 존재한다는 그 자체가 칠정의 샘이다. 그로 인해 생이 다채로울 수는 있겠지만. 곁에 있는 것이 존재가 아닌 무無였다면 고독이나 외로움으로 정리되었으리라.

자식

  자식이 부모에 대한 원망 없이 자신의 삶을 살아 준다는 것은 부모로서는 정말 고마운 일이다. 어쩌랴, 부모는 자식을 낳는 순간부터 자식에 대한 무한책임을 져야 하는 것을.
  딸아이가 떠난 방, 홀로 돌고 있는 공기청정기와 가습기는 나와 대화하지 않는 그 애의 부재를 알려 준다.

철학과 돈

  은퇴 후 평안한 삶의 필요조건은 철학과 돈. 철학이 없다면 최선의 삶을 찾아 여전히 우왕좌왕할 것이고 생활자금이 없다면 은퇴 후에도 여전히 노동을 해야 할 것이다.

말(언어)

  말이 자신의 역할을 다할 때, 말은 사라지고 의미만 남는다. 의미 1, 2, 3을 싣고 발화된 말을 상대가 모두 이해할 때 그 말은 완전연소된다. 상대가 의미 1, 2만을 이해한다면 그 말은 그을음으로 남는다. 말의 존재 이유는 말 자체가 아니라 대화다. 말과 대화의 관계는 육체와 정신과의 관계, Hardware와 Software와의 관계와 유사하다.

희망 본능

귀여운 어린 손자의 재롱을 보는 즐거움은 조부모의 것, 손자와는 무관하다. 인간의 본능이야 어쩔 수 없지만, 그 손자의 인생을 통찰할 때 나는 즐거움보다는 걱정이 앞선다.

사람들은 의도적으로 희망에 몰입한다. 무지한 자는 그 희망을 실제로 믿고, 지자는 그 희망이 환상임을 알면서도. 본능과 욕망과 희망, 그리고 자기기만 속에 인간은 태어나고 인간이라는 종은 이어진다.

'23. 6. 11.

다시 가 본 도시

다시 가 본 그 도시에는 30년 전 그 시절의 우울함을 기억할 수 있는 것이 거의 남아 있지 않았다. 모든 것이 변한 그 도시는 기억마저 변하게 했다.

여행의 길이

여행은 2박 3일이 딱 좋다. 하루는 떠나는 기쁨, 하루는 노는 기쁨, 하루는 집에 돌아가는 기쁨.

나의 인생

내 인생은 늘 현재에서 미래로 도망치는 인생이었다. 도망친 미래 역시 그 이전의 현재와 다르지 않았음에도. 언제나 욕망보다 못한 현재는, 제대로 보지 못했기에 아름답지 않았다. 과거는 고정되었기에 기억 속에서나마 아름답다. 돌이켜 보면 평생을, 불만족했지만 아름답게 생각되는 과거와, 불만족하기에 불행한 현재와, 두려운 미래 속에서, 살아가는 것 같다.

추억
추억의 아름다움은 여생과 반비례한다.

버려진다는 것
버려진다는 것은 버린 자에게서 해방된다는 것. A에게서 버려진 자는 A에게서 해방된 자다.

주관의 세계
실재의 세계, 객관의 세계, 보편의 세계를 인식하기 위해 이제껏 노력했고 그만하면 됐다. 여생의 한계가 보이는 이제는 주관의 세계를 구축해야 한다. 내가 왕인 세계, 혼자 있어도 좋은 자족의 세계를.

이백의 산중문답 편역
문여하사서벽산 - 왜 이 산골짜기(객관의 세계)에 살고 있는가.
소이부답심자한 - 여기는 그대가 생각할 수 있는 세계가 아니라오.
도화유수묘연거 - 복사꽃 아득히 떠가는 이곳.
별유천지비인간 - 내가 구성한 나의 세계(주관의 세계)라오.

너 자신을 알라

그리스 델포이 아폴로신전 현관 기둥에 쓰여졌다는 "너 자신을 알라."는 말을, 사람들은 무수히 회자했지만 대부분은 자신을 잘 안다고 믿고 있으며, 그 믿음 자체를 회의한 자는 거의 없다. '내가 어찌 나를 모를 수 있는가?'라고 항변하지만 자신에 대해 알고 있는 것이 무엇이냐고 질문하면 흔쾌히 답변할 만큼 자신에 대해 생각하고 정리한 자는 몇 없을 것이다.

나, 속제(俗諦)로서의 자아. 나는 누구인가. 나는 나를 알고 있는가. 나를 알려고 노력한 적이 있는가. 나는 나를 알 수 있는가. 나는 나의 인식의 대상인가, 인식 밖의 대상인가. 나를 안다는 것은 나의 무엇을 안다는 것인가.

모든 대상을 비추지만 자신만은 비출 수 없는 거울과 같이, 나는 나 이외의 모든 것을 인식할 수 있지만, 자신만은 인식할 수 없는 존재가 아닐까.

인간의 형이상학

형이상학(진위, 선악, 미추, 정의 불의, 좋음, 나쁨, 가치, 이데올로기…)은 인간만의 것이며 인간의 분비물이다. 형이하학 속의 인간은 진화적으로 동물의 수준에 머물러 있다. 생존의 문제를 해결하지 못한 자는 형이상학을 생각할 여지가 없다. 형이상학적 고민으로 괴로워하는 자는 생존에 몰두해 있는 자보다 더 진화한 자다.

목숨

사람들에게 가장 중요한 것은 무엇인가. 목숨이라면, 모든 목숨은 똑같이 중요한가. 목숨도 평등해야 하는가.

관광객으로

남은 인생은 현지인이 아니라 관광객으로 살자. 아름다운 것 보고 좋은 것 먹고 즐겁게 살자. 비록 그것들이 세상의 참된 모습이 아니라도, 그런 인생이 바람직하지 않더라도. 이제껏 옳게 보고, 성실하고 검소하게 노력하며 살아왔다면 그것으로 충분하다. 남은 인생은 작은 욕망이라도 해소시키며 살자. 종심從心은 아니지만 여한 없도록.

'23. 6. 12.

생색

고귀한 자와 비루한 자의 한 가지 구별 기준, 생색.

잘난 척

못난 자의 잘난 척보다 잘난 자의 잘난 척이 더 역겹다. 전자는 비웃을 수 있지만 후자는 싫어도 인정할 수밖에 없기 때문이다.

생소와 신선

낯선 것을 경험할 때 속 좁은 자는 생소하게(불편하게) 느끼고 대범한 자는 신선하게 느낀다면, 나는 속 좁은 자.

헤어짐

석별은 헤어짐에 대한 감정이입, 몌별은 헤어짐에 대한 시각화.

감각

시각은 인식의 주된 감각. 후각은 기억의 안내자.

스마트폰

시도 때도 없이 스마트폰을 들여다보는 것은 영혼을 둘 곳이 없다는 것, 사고하지 못한다는 것. 스마트폰의 주인이 아니라 노예.

가장 화려한 날

지금 이 순간이 자신의 여생에서 가장 화려한 순간임을 인식하는 자가 얼마나 되랴.

여생에서 자연이 베풀어 준 가장 젊은 날인 오늘을 어떻게 화려함으로 수놓을 것인가. 무엇엔가 쫓겨 분주함으로 이 하루를 흘려보내거나, 어떤 의무에도 오늘을 내어줄 수 없다. 오로지 기쁨과 즐거움으로 오늘을 화려하게 완성하자.

이런 생각으로 사는 하루와 아무 생각 없이 보내는 하루가 실제로 무슨 차이가 있겠느냐고 누군가 묻는다면, 차이는 '감각의 농도'라고 답하리라.

'23. 6. 18.

불행

불행에 대한 반항에는 반성적 부당함이, 수용의 이면에는 반성적 타당함이 깔려 있지만 자신의 불행을 수용할 인간은 거의 없다. 누가 자신의 불행이 타당하다고, 자신에게도 책임이 있다고 생각할까.

번식

인간 의지의 동기가 생존과 번식이라면 이제는 충분하다. 80억 이상의 인구는 그 동기를 초과 달성했다. 그 이상은 인류에 역기능을 할 것이다. 성교, 즉 번식의 핵심 과정이 고통스럽다면 저절로 인구가 줄어들 텐데.

삶

삶을 관조하는 자에게는 삶은 자연의 선물이지만 집착하는 자에게는 형벌이다. 삶은 한 편의 영화요, 한바탕 꿈임을 인식한 자는 삶에 몰입하는 척할 수는 있어도 집착할 수는 없다.

성찰

철학과 마음의 행로. 아직도 내 집 깨진 접시를 남의 집 접시 깨진 듯 보지 못한다. 행복을 위해 불의하지는 않더라도 고통을 피하기 위한 불의는 할 것 같다. 철학을 통한 당위는 이기심을 지배하지 못하고 있다. 언제까지 속물로 살아갈 것인가. 스쳐 가는 지혜를 깨닫기에도 인생은 너무 짧다. 그 지혜를 체화할 시간은 거의 없다.

'23. 6. 24.

몰입과 열정

  몰입과 열정은 정신적 폭발이며 그 대상은 대부분 외부에 있다. 자기 밖에 있는 것에 장기간 열정으로 몰입하는 것은 자신의 성을 비워 두고 외부의 적을 공격하러 출정하는 위험한 짓이다. 몰입과 열정은 욕망이라는 엔진의 연료이며 불안, 불만, 불편과 비례한다.

자부심과 자존심

  자부심은 소유물(금전, 지위, 명예 등)의 비교우위에서 연유하며 자존심은 타인의 자부심에 대해 뒤처지지 않게 자신을 방어하려는 마음이다. 자존심은 자부심에 연연하지 않지만 자부심은 스스로 공허하기에 자존심을 얻으려고 애쓴다. 자존심 없는 자부심은 알맹이 없는 껍데기다.

자연의 속임수

  인간의 가장 큰 짐은 생존. 이 짐은 자연이 죽음을, 존재의 절멸을 두려워하도록 본능으로 끼워 넣은 자연의 속임수. 삶과 죽음 사이, 존재와 무 사이에는 아무 장벽도 없는데 커다란 고통과 공포의 장벽이 있는 것처럼 두려워하도록.

고역

  자아성찰은 많은 사람들에게 고역이다. 사람들이 얻고자 하는 권력의 숨겨진 장점은 권력의 분주함이 자아성찰의 시간을 주지 않는다는 것이다. 권력자는 끊임없이 지시하고 의지를 펴고 향락하며 자아성찰의 고역을 피한다.

이익

인간 행동의 기저동인은 이익이다. 선과 정의와 이익이 충돌할 때 이익을 위해 행동한다. 인간에게 정의는 이익의 하녀, 이익 없는 곳에 정의는 없다.

'23. 7. 1.

맹신

사람들은 자신이 맹신하는 대상에 대해서는 알려고 하지 않는다. 정상적인 이성을 가진 사람이라면, 맹신하는 대상의 본질을 아는 순간, 맹신의 환상이 깨질 수밖에 없을 것이니.

속임

타인을 속일 때는 양심이라는 장벽이 있지만 자신을 속일 때는 아무 장벽도 없다, 타인에게 속은 자는 언젠가는 자신이 속았음을 알게 되지만 자신에게 속은 자는 자신이 옳다고 믿기에 대책 없다.

개선과 발전

모든 개선과 발전은 만족스러운 현재를 불만족하게 만든다. 새로운 발전된 문화에 접하면 기존의 아름답던 문화가 더 이상 아름답지 않게 된다. 지금 인간 세상에 더 이상의 발전이 필요할까?

Good cop, Bad cop

공포와 희망은 각각 Bad cop과 Good cop이다. 협박과 회유, 채찍과 당근. 이 두 가지는 단순한 인간을 바보로 만드는 유용한 도구다.

권력의 맛

권력의 맛은 자발적 복종보다는 강제적 복종에 있는 것 같다. 자발적 복종의 의지는 권력자가 아닌 타인에게 있지만, 강제적 복종의 의지는 권력자 자신에게 있기 때문이다. 같은 이유로 권력의 맛을 자주 혹은 오래 탐하는 자는 권력에 오래 머무를 수 없다.

과대평가

타인을 과대평가함으로써 자신감이 없어지고 위축되면 자신에 대한 불만이 생긴다. 그러나 과대평가에 따른 높은 기대와 그에 따른 실망은 그를 오히려 과소평가하게 되고 동시에 자신감이 회복된다.

공포와 무지

어떤 대상에 대한 불안과 공포는 그 대상에 대한 무지에서 오는 경우가 많다. 타인의 평가에 민감한 자일수록 자신에 대해 무지한 자라고 볼 수 있다.

단상

인색한 자는 물질이 빈곤한 자가 아니라 정신이 빈곤한 자다.

자신에게 피해 준 자를 사랑할 수 없듯, 자신이 피해 준 자를 동정할 수 없다.

자존심을 안을 향하고 자부심은 바깥을 향한다.

동정

동정은 선, 악, 정의, 불의, 믿음, 의지 등을 초월한 감정이다. 동정은 자기연민에서 시작된 감정이기 때문이다. 동정 없는 정의, 공정, 공평은 생명이 자랄 수 없는 메마른 황무지다.

'23. 7. 2.

깨달음

깨달음의 도구이자 목적 세 가지. 자아 성찰, 세계 관조, 자아와 세계를 꿰뚫는 통찰. 성찰이 없으면 망상에 휘둘리고 관조가 없으면 칠정을 헤매고, 통찰 없는 삶은 맹목의 삶이다.

타인

누구나 자신을 통해 타인을 본다. 자신을 모른다면 타인을 알 도리가 없다. 자신을 보지 못한 채 보는 타인은 자신과 무관한 타인일 수밖에 없다.

할 일

해야 할 일에 몰입하여 하나씩 해치우는 것은 만족스럽기에 사람들은 할 일을 스스로 더 만드는 경향이 있다. 그 일이 중요한 것이 아니라 시간을 잡아먹는 주변 사라면, 하고 있는 일에서 벗어나 정신을 차릴 필요가 있다. 지금 무엇을 하고 있는지를 생각할 수 있도록.

자신의 의지

자신의 의지의 견고함, 진정성, 타당성에 대해 스스로 확신하는 자는 많지 않다. 대부분은 자신의 의지에 대해 불안함과 불확실성을 가지고 살아간다.

진보의 정수

진보의 핵심은 변화. 100년도 지난 사상을 종교처럼 따르는 진보는 과거의 전성기를 잊지 못하는, 힘없이 늙어 버린 진보다. 변화 없는 진보는 변화하는 보수보다 더 꼴통보수다.

예의

예의는 인간의 잔혹성을 감추는 착한 위선이다.

표변豹變과 위선僞善

성격에서 우러난 모습은 변하지 않지만 꾸며 낸 모습은 쉽게 바뀔 수 있다. 표변의 기저에는 위선이 깔려 있다.

정치인

자신의 지지자들을, 가두리 망에 가둔 물고기라고 생각하는 정치인은 그 가두리 망이 실재하는 것으로 착각한 것이다.

자살자

어떤 이유로 자살하는 사람은 그 이유를 벗어날 시간이 없기 때문이 아니라 벗어날 능력이 없다는 절망 때문일 것이다. 능력 또한 시간의 함수임을 깨닫지 못하고.

자기 성찰

자신을 성찰하지 못하는 자는 타인의 눈에 비친 자신을 실제 자신이라고 생각한다. 타인의 눈에 멋진 모습으로 비치려고 할수록 그 모습은 타인의 눈에서 점점 멀어져 간다.

겸손

겸손은 현재의 자부심 50%와 미래의 자부심 50%로 이루어져 있다.

열정과 지혜

열정과 지혜는 반비례하는 것 같다. '열정 있는 지혜, 지혜 있는 열정' 보다는 '열정 없는 지혜, 지혜 없는 열정'이 자연스럽게 생각되니.

확신

일반적인 생각에 자신의 감정을 섞으면 확신이 된다. 굳은 확신일수록 그 뿌리는 사랑, 행복, 평화보다는 분노, 증오, 공포인 경우가 많다.

설득의 무기

설득의 무기는 상대의 욕망과 허영이고, 최고의 무기는 상대의 두려움과 손해다.

'23. 7. 3.

호의
 타인에게 지속적으로 호의를 받고 그만큼의 호의를 돌려줄 수 없다면 그에게 종속될 수밖에 없다. 실제로 종속됨을 느낀다면 그 관계를 정리하는 것이 옳다. 더구나 인생이 얼마 남지 않았다면. 호의 때문에 자유의지를 팔 수는 없다.

외모
 드러난 외모는 타인의 동의를 얻기 쉽지만 드러나지 않는 인격은 타인이 쉽게 동의하지 않는다. 육체의 성형은 가까이 있지만 정신의 수련은 멀고 멀다.

자유의 대척점
 육체적 자유의 대척점이 구속이라면 정신적 자유의 대척점은 공포다.

열정
 열정을 앞에서 이끄는 것이 성공과 희망이라면 뒤에서 몰아대는 것은 실패와 두려움이다.

환상
 사람들은 희망적 환상에 너무 많은 시간과 물질을 투자한다. 환멸은 이에 대한 파산이다.

관습과 습관

인생의 유한함 측면에서 관습이 바람직하지 않듯 습관도 그러하다. 반복되는 무엇엔가 자신을 맡긴다는 것은 시간의 효용을 감소시킨다.

낭비

낭비는 낭비하는 것이 자신에게 풍부함을 과시하는 것이지만, 과시한 것을 남들이 인식하기도 전에 고갈되는 경우가 많다.

권력

권력을 자신의 의지를 펼 수 있는 힘이라고 할 때 대부분이 원하는 것은 타인에 대한 권력이지 자신에 대한 권력이 아니다. 후자 없는 전자는 근거 없이 허상과 좌충우돌하는 돈키호테와 같다. 다른 권력에 밀리면 돌아갈 곳 없어 객사하는 권력.

욕망과 결핍

욕망은 결핍을 의미하지만 결핍이 욕망의 원인인지 욕망이 결핍의 원인인지는 불확실하다.

단상

희망의 실현은 희망의 무덤이다.

욕망은 필요를 만들어 소비를 창출한다.

'23. 7. 8.

가난

　최소한의 필요를 충족시키지 못하는 가난은 절대적 가난이고 욕망을 충족시키지 못하는 가난은 상대적 가난이다. 우리의 가난은 대부분 상대적 가난이다.

배움

　배우는 자는 자신의 미래를 만드는 자고 배움을 멈춘 자는 자신의 과거에 머무는 자다. 희망이 없는 자는 배우지 않는다.

감각

　보통 사람들은 시각, 청각, 후각, 미각, 촉각 중에 시각을 가장 신뢰하겠지만 시각보다 청각을 더 신뢰하는 사람도 있다. 그는 상상이 현실을 지배하는 사람이다.

성격

　성격이 운명이라면 운명은 숙명이 아니라 스스로 선택하는 것이다.

자기 비하

　스스로 낮게 평가하는 말 - 사람은 다 그렇고 그렇다, 무지하다, 고통받는다, 욕망한다, 좌절한다… - 에 많은 사람들이 안심하며 동의한다. 니체가 노예라고 지칭한 사람들이다. 타인도 자신과 다를 바 없다고 생각하는 사람 중에 타인을 존중하는 자는 많지 않다.

'23. 7. 9.

개와 사자

개가 사람이 던진 돌을 쫓듯, 사람들은 일의 수단(How)에 몰입한다. 던져진 돌이 아니라 던진 사람을 쫓는 사자처럼, 일의 목적 자체(Why)를 생각하는 사람은 많지 않다.

Why 없는 How는 맹목이다.

몸과 지혜

몸의 징짐은 30세, 지혜의 정점은 60세. 사람들은 60세에는 30세의 몸을 원하지만 30세에는 60세의 지혜를 원하지 않는다.

몸은 직관할 수 있지만 지혜는 직관할 수 없기에 지혜(능력)보다는 몸(외모)을 선호한다.

대부분이 동성을 볼 때에는 성격과 지혜를 보려 하지만, 이성의 경우 외모가 다른 모든 것을 덮는다.

정의

정의를 향한 담장은 없애고 불의를 향한 담장은 높이 쌓아도, 이익을 위해서는 불의의 담장을 넘지만 이익을 포기하고 정의로 향하는 자는 드물다. 사람들은 선과 악에 대해서는 민감하지만 정의와 불의에 대해서는 상대적으로 둔감하다. 선악은 윤리적 개념이고 정의와 불의는 사회적 개념이기 때문인가.

평등

 젊어서는 평등을 외치지만 현실적으로 각자는 권력, 금전, 지위 등 여러 분별기준에 따라 차별된다. 늙어서는 자신과 타인의 차별성을 강조하지만 현실적으로는 그 차별성이 무의미해진다. 인간은 죽음에 가까울수록 평등해진다.

자신

 자신을 안다고 한다면 그것은 상상일 뿐이다. 현실적으로 우리가 자신의 모습을 보는 경우는 거울에 비친 모습 정도다. 자신의 행동을 촬영하여 보거나 목소리를 녹음하여 들으면 잘 아는 타인보다도 낯설다. 자신의 성격과 내면을 촬영해 볼 수 있다면 얼마나 놀랄 것인가. 우리는 자신의 능력보다 타인의 능력을 확신한다. 자신의 성격보다 타인의 성격을 잘 안다. 자신의 행동을 예측하는 것보다 타인의 행동을 예측하는 것이 더 정확하다. 실제로 가까운 타인보다 자신을 더 잘 알고 있는 사람이 얼마나 될까. 대부분 자신을 잘 모르면서도 가장 잘 안다고 착각하며, 자신을 들여다보지 않고 일생을 보낸다. 평생 타인을 자신으로 여기고 사는 것이다.

장황

 말이 장황한 자의 머리는 액세서리(Accessory)다. 무슨 말을 하는지 자신도 모른다. 정리된 의견은 간결하다.

기억

 평온한 삶일수록 기억에 남는 일이 별로 없지만 롤러코스터의 삶은 많은 기억을 가지고 있다. 한 번 사는 인생, 추억 많은 롤러코스터의 삶과 별 기억 없는 잔잔한 삶 가운데 선택을 해야 한다면?

과거는 현재에서 멀어질수록 기억 속에 압축되고 먼 미래일수록 상상 속에 휘발된다.

노예

누군가에게 '사람은 일할 수 있을 때까지 일해야 한다'고 말한다면 그 사람을 노예로 보는 것이다.

관심

자신 내부에 돌아볼 것이 없거나 성찰 능력이 없는 사람은 타인에게 관심을 갖는다. 타인에 대한 관심은 자신에 대한 관심보다 세밀하고 집요하다. 자신에게는 너그럽고 타인에게는 엄격한 것이다. 타인에 대한 관심이 불붙으면 자신은 내팽개쳐진다.

허무

가장 현실적인 허무는 누릴 것은 많이 소유하고 있는데 죽음을 맞아야 할 때. 현실적 허무조차 가진 자의 것인가. 가진 것 없는 자는 허무도 없는가.

무상은 진리이나 허무는 진리에 대한 느낌이다.
무상이 우주의 진리라면 허무는 인간의 진실이다.

인생

단 한 번의 인생, 첫 경험의 인생, 마지막인 인생. 어떻게 살까.

장단점

사람들은 타인의 단점과 자신의 장점은 얘기하고 싶어 하지만 타인의 장점과 자신의 단점은 얘기하고 싶어 하지 않는다.

인간의 가치

한 인간의 가치는 관조와 관대에 있다. 자신에 대한 관조, 타인에 대한 관대.

사는 이유

왜 사는가, 무엇을 위해 사는가… 행복하기 위해, 잘 살기 위해. 이 답변은 - 어차피 태어났으니 잘 연명하자는 - 태어남에 따른 수동적 연명의 의미를 벗어나지 못한다.

이 세상에 태어난 절호의 기회를 무엇을 위해 사용할 것인가의 차원에서 생각하면 삶의 목적은 세계에 대한, 자신에 대한, 인간에 대한 인식이다. 이러한 인식 없이 평생을 산 사람은 행복한 삶이라 해도 잘 연명했을 뿐 무슨 의미가 있을까. 4대 성인의 삶을 보면 인생의 지향점을 바로 알 수 있으리라. 비록 그들과 같이 되지는 못할지라도 그 방향으로 살아간다는 자체가 의미 있는 삶 아닐까.

'23. 7. 16.

교제

　내가 사람들과 교제하는 이유는 고독이나 고립에서 벗어나기 위함이 아니라 생각을 나누기 위함이다. 대상에 대한 지식을 말하는 사람은 많아도 그것들에 대한 자신의 견해를 얘기하는 사람은 드물다. 견해를 나누는 것은 지식이 아니라 생각을 나누는 것. 그 과정에서 인격이 성장하고 지혜가 깊어진다. 아쉽게도 3인칭에 대한 대화로 시작되고 끝나는 만남이 대부분이다.

　공허한 사람(건조한 성격의 소유자, 혼자 떠드는 자, 3인칭에 대한 얘기만 하는 자, 생각 없는 자)을 피하는 것은 그와 대화할수록 공허해지기 때문이다. 또한 그가 공허한 자라는 사실을 말할 수도, 말하지 않을 수도 없기 때문이다.

명예

　"명예는 우리의 가치에 대한 타인의 의견이며, 그 견해에 대한 우리의 존중이다." - 쇼펜하우어

시간

　상대성, 주관성이 매우 큰 것은 시간, 내적 직관의 형식. 하루살이, 매미, 인간의 일생의 시간적 길이는 비교할 수 없다. 같은 차원이 아니다.

말년의 노동

　말년의 노동은 항암치료와 같다. 고통스러워, 하기 싫지만 어쩔 수

없이 하는.

무아의 순간

작열하는 태양, 쏟아지는 뜨거운 매미 울음. 막간의 적막. 무아의 순간.

현재에서 보는 과거/현재/미래의 고통과 행복

과거의 고통은 생생하지만 과거의 행복은 휘발되어 버린다. 현재의 고통은 확실하지만 행복은 겨우 느껴진다. 미래의 작은 고통도 두렵지만 미래의 큰 행복은 작은 고통을 위로하지 못한다. 고통은 확실하고 행복은 희미하기에, 행복을 찾아 분주하기보다 고통을 피하기 위해 조용히 대비하는 것이 지혜인가.

명쾌함과 모호함

명쾌함은 능력 있는 자의 특징이며 모호함은 무능을 은폐하려는 자의 특징이다. 명쾌함은 자신을 드러내는 위험이 있으나 사람들은 본능적으로 모호함보다는 명쾌함을 선호한다.

원하는 평등

모두를 자신의 수준으로 끌어내리는 평등과 모두를 자신의 수준으로 끌어올리는 평등 중에 사람들이 진정 원하는 것은 무엇인가. 자신이 이익 보는 평등과 손해 보는 평등 중에 후자를 선택하는 평등주의자가 과연 얼마나 될까. 사람들이 진정 원하는 것은 평등이 아니라 자신이 우월한 차등인 것 같다.

공감

사람들은 타인의 불운에는 (슬프게) 공감하지만, 타인의 행운에는 (기쁘게) 공감하지 않는다.

자연스럽다

자연에게 '자연스럽다'는 아름답다, 좋다는 뜻이지만 인간에게 '인간적'이라는 말은 선의와 악의 중 어느 쪽으로 기울어 있는지.

상처뿐인 영광

인간은 목적을 위해서는 수단을 가리지 않는다. 인생의 고지전高地戰에서 상처뿐인 영광은 결코 적지 않다.

호의

호의는 선의나 정의로움보다는 정신적 물질적 여유나 자신감에서 나온다.

단상

몸이 병들면 마음도 병들고 마음이 병들면 몸도 병든다.

집단의식은 죽음의 공포마저 베일에 싼다.

대중집회

자신의 이익과 무관한 대중집회에 참여한 사람들 대부분은 자신의 삶에 불만족하고 좌절한 자며 대중이라는 물로 자신을 세탁하려는 자다. 그중에 자신의 삶에 만족하고 자존감 있는 자를 찾기는 쉽지 않다.

여생

얼마 남지 않은 여생, 여유 있게 서둘러 살자. 즐겁게, 재미있게, 가볍게. 체면, 경건 따위는 개에게 줘 버리고.

'23. 7. 22.

진리

대중이 추구하는 진리는 깃발일 뿐 힘 없는 왕과 같다. 권력을 원하는 세력이 왕을 업고 정변을 일으키듯, 진리는 대중의 대의가 될 때 비로소 힘을 가지게 된다.

한편 진리는 숨어 있어야 한다. 너무 많이 회자되는 진리는 진리로서 대접받지 못한다. 사람들이 물과 공기를 귀하게 생각하는가.

유/무신론자

유신론자의 반대는 무신론자가 아니라 회의론자다. 유신론자와 무신론자는 극단으로 갈수록 유사한 특성을 가지게 되어 신만 제외하면 같은 성향 아래 충분히 뭉칠 수 잇다. 자석의 N극과 S극의 관계와 유사하다.

문화

경험 없는 사유는 공허하며, 사유 없는 경험은 맹목이다. 이 세계를 경험을 통해 파악하기에는 인생이 너무 짧기에, 인간의 문화는 경험의 토대 위에 사유의 건축물을 쌓아 올린다. 경험은 생생하지만 사유를 통한 정리가 없다면 개인의 경험으로만 남을 뿐 그 이상의 의미를 가질 수 없다.

'23. 7. 23.

고상한 자

실상이 추한 자일수록 고상한 척한다. 고상함을 표방하는 자의 내면의 실상은 추한 경우가 많다.

증오심

증오심은 많은 경우 그 뿌리는 열등감이며 주로 자신보다 우월한 자를 향한다. 자신보다 열등한 자를 증오하는 경우는 드물다.

분별

분별의 의도 중 하나는 분별하는 자가, 분별을 통해 분별의 상위로 올라서려는 것이다. 자신이 열등하다고 생각하는 자가 자신이 유리한 것을 기준으로 분별함으로써 자신의 열등을 만회하려는 것이다.

자연과 인간

자연은 인간적이지 않다. 인간의 역사는 자연과의 투쟁의 역사이며, 인간의 문명은 자연에서 멀어지는 방향으로 전개되어 왔다. "자연으로 돌아가자."는 말은 "동물적인 삶으로 돌아가자. 비문명적 삶으로 돌아가자."는 의미를 일부 포함하고 있다.

거친 독서

거친 독서는 사유 없는 독서, 의미를 찾으려 하지 않고 의미를 주기를 바라는 독서.

나의 확정

현재의 나를 '나'라고 확정할 수 있는가. 과거 언젠가의 나를 '나'라고 확정할 수 있는가. 아직도 확정할 '나'로서 미래의 '나'를 기다리고 있는가. 기준은 자신이 바라는 스스로의 완성도와 남은 욕망일 것이다. 즉 자신의 완성도가 만족스럽고 생에 대한 욕망이 진정된 그때의 자신을 '나'라고 확정할 것이다.

현재의 끝

죽음은 미래의 끝이 아니다. 죽음은 현재의 끝이다. 미래는 상상일 뿐 존재하는 것은 오직 현재다. 인간은 미래를 열망하며 살지만, 미래를 느끼지도, 만져 보지도 못하고 현재에서 죽는 존재, 결국 현재에서 한 걸음도 벗어나지 못하는 존재다.

아, 희망은 얼마나 많은 사람들을 헛된 시간 속에 내동댕이치는가.

고대와 현대의 행복

현대인의 행복은 안락, 즐거움, 쾌락이다. 그들은 행복이, 타고난 권리이며 국가와 사회는 개인의 행복에 대한 의무가 있다고 생각한다. 행복을 당연시하고 행복하지 않을 경우 자신보다는 환경을 탓한다.

고대 그리스인의 행복은 지혜, 절제, 정의, 용기 등 현자가 갖추어야 할 덕성이었다. 즉 덕 있는 자가 행복한 자이며 행복하기 위해 평생을 도야했다. 행복은 외부 환경에 있는 것이 아니라 자신 내부의 덕이 행복 그 자체였다.

'23. 7. 29.

의미에 대하여

우리는 모든 사건, 대상에 대하여 의미를 찾고 나아가 의미를 부여하지만 인간이 관여한 사건이나 대상에는 의미가 아닌 의도가 있다. 당초 인간이 관여하지 않은 모든 것에 의미, 의도는 없었다.

에피큐리언의 쾌락

행복은 욕망을 채움인가 비움인가, 욕망의 실현인가 부재인가.

에피큐리언에게는 고통의 부재가 곧 쾌락이었고 고통을 해소할 욕망의 부재가 행복이었다. 그들의 쾌락은 활동함으로써 오감을 통해 전해 오는 능동적 쾌락이 아니라 고통이 없기에 더 이상의 욕망이 필요 없는 상태에서 오는 수동적 쾌락이었다.

그들의 쾌락은, 현대인은 당연하기에 알아차리기 어려운 쾌락, 무고통의 쾌락, 무감의 쾌락, 무사의 쾌락이었다. 생각해 보라. 허기, 기아, 추위에서 벗어나 별 걱정 없이 집에 앉아 있는 당신은 에피큐리언처럼 쾌락을 느끼는가, 행복한가.

스토익에게 행복을 위한 최종 목표가 덕이고 덕이 곧 행복이었다면, 에피큐리언에게 행복을 위한 최종 목표는 (정신적) 쾌락이고 덕이나 평정 등은 쾌락으로 가기 위한 방편이었다. 그들이 덕, 평정 등을 원했던 이유는 그것을 좋아해서가 아니라 그것이 가져오는 쾌락을 좋아했기 때문이었다.

깨달음

깨달음의 의미, 목적은 무엇인가. 깨닫고자 하는 것이 우주의 진리, 종교적 구원, 세상의 섭리 등 무엇이라도 좋다. 왜 깨달으려 하는가. 가령, 내가 모든 것을 깨닫고 얼마 후에 치매에 걸리거나 죽었다면 깨닫고자 정진한 노력은 그 목적을 달성한 것인가. 타인의 시각으로 보면 그 깨달음은 아무 소용 없기에 결과적으로 무의미하다. 자신의 입장에서는 깨달음 후에 어떻게 된다 해도 그 깨달음은 매우 의미 있다. 중요한 것은 그가 생전에 깨달음을 얻었다는 사실이다.

깨달음은 객관적, 보편적으로는 별 영향 없기에 주목할 만한 사건은 아니지만 주관적, 개인적으로는 일생 일대의 사건이다.

'23. 7. 30.

타인과 나의 의지

"타인은 지옥"이라는 사르트르의 말은, 타인의 판단이나 평가에 의존하여 자신을 판단할 때, 타인은 자신의 자유를 제한하는 장애라는 의미다. 즉 타인의 비판 때문에 자신의 욕망을 의지대로 실행할 수 없다는 것이다. 여기서 은연 중에 바탕에 깔려 있는 것은 인간의 의지가 윤리와 정의와는 무관하다는 가정이다. 내 의지가 윤리와 정의 안에 있다면 타인이 지옥일 이유가 없다. 기게스의 반지를 끼고도 금지된 욕망의 선을 넘지 않는 사람은 얼마나 될까.

기다림

  기다림은 기다리는 자와 기다림의 대상 모두에게 잠재된 행복이다. 당신은 기다리는 대상이 있는가. 당신은 누구의 기다림의 대상이었나. '고도를 기다리며'의 인물들은 무엇을 기다린 걸까. 우리가 기다리는 대상은 현실적으로는 자신에게 소중한 것이며 관념적으로는 더 좋은 상태, 즉 쾌락, 행복일 것이다. 기다릴 대상이 적은 자일수록 행복한 자며, 자신을 기다리는 대상이 적은 자일수록 불행한 자다.

'23. 8. 5.

성찰

  성찰은 욕망 실현을 위해 인과율에 몰입한 채 분주한, 생각 없는 삶에 대한 브레이크다.

내적 결핍

  100년 전 사람들의 행복은 의식주의 해결에 있었지만, 현대의 외적 풍요는 오히려 내적 결핍을 초래했고 이에 대한 해소 여부가 현대인의 행복을 좌우하게 되었다. 과거에는 물질적 충족만으로 행복할 수 있었으나 이제는 그것은 당연시되고 정신적인 충족까지 필요하게 된 것이다. 자급자족이 가능한 현대인은 물질적으로 성공한 자보다는 정신적으로 성공한 자를 존경한다. 행복의 시작은 물질이지만 행복의 완성은 정신이다.

자유의 선고

사르트르는 "인간은 자유를 선고 받았다."라고 말하며 자신의 모든 행위는 자신이 자유롭게 선택한 것이어서 자신이 책임져야 한다고 주장했다. 그에 따르면 강요나 폭력하의 어쩔 수 없는 선택도 자신이 책임져야 한다. 최소한 죽음으로써 그것을 선택하지 않을 자유가 있었으니까. 여기까지는 일견 수용할 수 있다. 그러나 무지에 의한 행위나 정신병자의 행위는?

이데올로기와 현실에 대한 오해

이데올로기(이상)는 미래의 희망이고 현실의 상황이 아님에도, 이데올로기를 현실로 끌어와 현실과 대립시키거나, 이데올로기끼리 서로 맞서게 함으로써, 인간의 현실적 불행은 시작된다. 다른 층위에서 이해하면 아무 문제 없이 공존할 수 있음에도 빨리, 직접, 구체적으로 확인하려는 인간의 조바심이 불러오는 최대의 비극, 이데올로기 전쟁.

쾌락의 임계점

인간은 육체적 쾌락을 욕망하는 만큼 정신적 쾌락을 욕망한다. 정신적 쾌락 추구는 육체적 쾌락이 어느 정도 충족되어야 시작되지만, 육체적 쾌락은 임계점이 있는 반면 정신적 쾌락은 임계점이 없다. 정신적 쾌락의 도구와 사용 능력을 가진 자의 행복은 무한하다.

진리의 역할

자신의 진리를 세상에 외친 사람 중에 당대에 성공한 사람이 누구던가. 석가, 소크라테스, 공자, 예수는 성공했는가. 후대에는 많은 사람들에게 인정받았지만 당대에 성공한 사람은 없다. 진리는 현실을 이끌어가지 못한다. 진리는 현실의 목적이 될 수 없다. 어떤 목적을 위한 수단으로서의 역할을 할 뿐이다.

일

살기 위해 어떤 일을 하기보다는 어떤 일을 하기 위해 살 수 있다면. 그럴 만한 일이 나에게 있다면. 그 일이 철학이든, 종교든, 예술이든.

진실

이해와 오해의 기준, 진실. 진실이란 인간의 프리즘을 통과한 사실이어서 진위가 혼재되어 있다. 나의 이해가 너의 오해일 수도 있다.

성선설과 성악설의 이면

성선설의 최종 도착지는 악이고 성악설의 최종 도착지는 선이다.
(성선설 : 인간은 선하게 태어나지만 사회와 접하면서 악해진다.)
(성악설 : 인간은 악하게 태어나지만 교육과 수련을 통해 선해진다.)

회의

회의는 형이상학의 뿌리다.
회의 없는 신앙은 맹신이며, 회의 없는 철학은 박제剝製된 주장이다.

'23. 8. 6.

단상

우리는 탄생이라는 돛을 달고 인생의 바다를 항해하다가 어느 시점에는 죽음이라는 닻을 내려야 하는 존재다.

자신의 행동의 부당함이 타인의 목격 없음에 정당화된다면 '타인은 지옥'이라는 말의 의미를 다시 생각할 필요가 있다.

1년 365일을 술과 함께 하는 삶은 수명을 가불하여 사는 삶. 죽음을 매일 유예시키며 사는 삶.

소유욕

인간의 끝없는 소유욕은 원시 시대의 본능이다. 언제 또 먹게 될지 모르는 상황에 대비해 일단 음식을 배 속에 집어넣으려는. 어느 정도 사회보장제도가 구축된 현대에도, 인간들은 여전히 미래를 대비하는 본능에 메여 있다. 쌓아 놓은 재물이 넘쳐 썩어 가도, 버릴지언정 남 주기는 아까워하는 성향 또한 원시시대의 유산인가.

인생

인생이란 자연이 무상 대여한 돈으로 게임하는 포커 판이다. 돈을 따는 한희와 그에 따라 축적된 부는 온전히 자신의 것이다. 실패하여 돈을 다 잃는다 해도 손해 본 것은 전혀 없다. 사람들은 그 돈이 본래 자신의 것인 양 착각하고 괴로워한다. 죽음 이후는 탄생 이전과 같다. 본래 없었기에 없음으로 돌아가는 것은 너무나 당연하다. 우주의 시원에는 아무것도 없었다.

삶의 의미

사회와 유리된 자의 삶의 의미는 무엇일까. 삶의 의미는 가족을 부양하고 사회에 참여하는 등 사회적 역할로 축약되는 듯하다. 삶의 의미는 사회의 일원이 됨으로써 생겨난다.

자신이 우주의 일원이라고 생각하는 자의 삶의 의미는 무엇일까. 그에게 삶의 의미는, 현미경으로 보아야 하는 아주 짧고 작은 시공간에 대한 가치다. 그는 삶의 의미를 찾지 않지만 굳이 찾는다면 '거대한 우주의 움직임 속에서 그 움직임을 이어 주는 일부가 되는 것'.

진리와 믿음

사람들은, 진리라 해도 모두 믿지는 않지만, 자신이 믿는 것은 모두 진리다. 그들에게 믿음은, 진리를 포함한다.

'23. 8. 13.

삶의 에너지

윤리, 가치, 의미를 제거한 채, 삶과 죽음 사이에 서면, 삶은 살아 내기 위한 엄청난 에너지가 필요하고 죽음은 많은 에너지가 필요하지는 않지만 본능적 두려움의 문턱이 높다. 사람들은 그 두려움 때문에 전력을 다해 삶을 헤쳐나가지만 에너지의 고갈이 두려움마저 희미하게 할 때 죽음을 선택하거나 죽는다.

자살의 동기는 삶을 지탱하는 에너지의 고갈이지, 삶의 의미와 가치 등 형이상학적인 요소가 아니다. 형이상학은 삶의 에너지 속을 떠다니는 부유물이며, 죽음을 마주한 자에게 삶의 의미와 가치는 고명에 불과하다.

현실적 삶의 에너지의 양면은 금전과 욕망이다. 욕망에는 열정이 포함되어 있다. 금전과 욕망이 결합하여 삶의 에너지를 생산하며 어느 한쪽이 고갈되면 삶의 에너지도 고갈된다.

삶의 의미

삶의 의미는 무엇인가. 사르트르의 말처럼 실존은 본질에 우선한다면 삶의 의미는 본질에 해당될 수 있다. 실존하는 인간의 본질은 정해져 있지 않으므로 삶의 의미 또한 특정할 수 없다. 결국 실존이란, 본질을 넘어 본질을 만들어 가는 자유가 있고, 본질을 만들어야 하는 의무가 있다. 실존하는 삶 또한 삶의 의미를 만들 자유와 만들어야 하는 의무가 있다. 삶은 열려 있고 의미는 닫혀 있다. 닫힌 것은 열린 것을 결정(서술)할 수 없다.

의미 없는 삶

'의미 없는 삶'이라는 표현 중에 가장 심한 것이 '죽음 같은 삶'이라고 생각할지 모르지만 그런 의미로는 '죽음보다 못한 삶'이 더 적확하다. 죽음은 '의미 없는 삶'보다는 못하지 않기에.

삶의 의미를 특정하기란 매우 어렵지만 의미 없는 삶이란 성찰 없이 허송세월한 삶이다. 누군가의, 무엇인가의 노예로서 시간을 잊고 정신없이 분주하게 사는 삶, 뒤돌아보면 특별한 기억 없어 이야깃거리가 없는 삶.

　의미 있는 삶이란 무엇을 하든, 자신이 시간의 주인으로서 성찰하며 자신의 의지대로 사는 삶, 생존과 번식을 넘어 다른 가치를 추구하는 삶일 것이다.

시간의 강

　시간의 강은 내가 직접 배를 띄우고 노 저어 가야 하는 대상이지, 그냥 흘러가는 것을 바라보고 있어도 좋은 대상은 아니다. 내가 시간을 타고 가지 않으면, 시간이 나를 타고 간다.

'23. 8. 19.

맹목적 최선

　한바탕 꿈을 꾸다 깨어나면 자신이 꿈속에서 무엇인가를 위해 최선을 다했음을 안다. 최선을 다했던 대상이 허상이라는 것도. 작은 깨달음이라도 얻게 되면 그 이전에 자신이 무지를 벗어나지 않도록, 깨닫지 못하도록 스스로 최선을 다했음도 깨닫는다. 많은 사람들이 무지를 벗어나지 않기 위한 자기강화에 힘쓰며 산다.

늦여름

　매미 울음소리 쏟아지는 낮, 귀뚜라미 울음소리 귓가를 간지럽히는 밤.

기억과 의식

　삶은 시간을 빠짐 없이 채우지만 삶의 기억은 군데군데 뭉쳐 있다.

뭉쳐진 기억들 사이에 있는 시간의 기억은 이미 사라지거나 잠재의식 아래로 가라앉았다.

의식은 현재를 서성이고 기억은 과거에 누워 있다. 의식은 시간에 지배받지만 기억은 시간의 함수가 아니다.

'23. 8. 20.

몰입과 성찰

생生은 고苦이며 태어남보다 태어나지 않음이 낫다면, 인생의 시간을 빨리 소비하는 것이 현명하지 않을까. 몰입의 대상이 예술이든 스포츠든 무엇이든, 몰입하여 쾌락의 시간을 보내는 것이 구도를 위한 정진이나 성찰보다 현명하지 않을까. 죽음 앞에서, 쾌락의 삶을 산 자와 구도의 삶을 산 자 가운데 누가 더 후회 없을까. 죽음의 생각 없이 즐기다 죽는 자와 죽음을 연습하다 죽는 철학자 중에 과연 누가 더 현명한 것인가.

이기와 이타

인간이 이기적이라는 것은 이기적인 문화와 교육에 훈습되어서가 아닐까. 이타적인 문화에서 이타적인 교육을 받는다면 이타적인 성격이 만들어지지 않을까. 약육강식, 적자생존 또한 강요된 이념 아닐까. 한편 이타적인 사회에서 이타적인 삶을 살아도 인간간의 싸움이나 사회나 국가 간의 전쟁에서 패하면 엄청난 고통을 감수해야 하는 상황에서도 이타적일 수가 있을까.

부부간 대화

나 : 아! 배부른 돼지 같은 인생과 배고픈 소크라테스 같은 인생 중에 어떤 인생을 살아갈 것인가!

마누라 : 배부른 소크라테스가 왜 이래!

단상

사랑, 물 위에 그리는 그림.

그대의 시선에서 반사되는 내 마음… 사랑을 되돌려 받다.

희망과의, 자발적 작별은 삶을 향하고 수동적 작별은 죽음을 향한다.

인식의 수평선 위를 흐르는, 유성 같은 깨달음의 섬광.

자부심, 자존심, 자존감

자부심 : 타인 또는 대상과의 비교에서 스스로 우월감을 갖는 마음.

자존심 : 타인 또는 대상과의 비교에서 뒤지지 않으려는 마음.

자존감 : 타인 또는 대상과의 비교와 무관하게 스스로를 존중하는 마음.

'23. 9. 2.

노을

저녁노을보다 아침노을이 드문 이유

- 아침노을을 볼 수 있는 시간에 깨어 있는 사람이 드물기 때문.

인식

하나의 인식이 그때까지 쌓아 왔던 모든 믿음들을 날려 버려도, 그 인식 자체가, 날려 버린 모든 믿음들을 대신하고도 남는다.

현자의 행복

범인은 현자의 불행을 인식할 수 있지만 현자의 행복을 인식하기는 어렵다. 불행은 누구나 인식할 수 있지만 행복을 인식하는 능력은 사람마다 다르기 때문이다. 인식하지 못한 행복은 행복이 아니라 당연이다.

통찰

누군가 인생을 통찰한 결과, 인생을 행복으로 보든 고통으로 보든 중요하지 않다. 중요한 것은 통찰할 수 있는 경지에 올랐다는 것이다.

독단의 잠

나는 지속되는 행복(쾌락)에 권태를 느낄 만큼 행복한 적이 있었던가. 지속되는 행복은 권태라는 말은 진정 행복해 보지 못한, 행복에 도달할 가능성이 없는 자의 자기기만 아닐까. 나 또한 남의 철학을 맹신하고 있지 않은가. 내가 천당, 극락, 지옥을 맹신하는 자를 비웃는 것과 무엇이 다른가. 진실로 반성해야 할 것은 경험하지 않은, 생각뿐인 정리들에 대한 신념과, 자신이 경험했다고 해도 타인이 경험할 수 없는 것에 대한 신념이다.

있음과 없음

있음은 특정 대상이 필요 없지만 없음은 특정 대상(주어)이 필요하다

(~이 없다).

없음의 필요조건이 있음인 것처럼, 회의의 필요조건은 신념이다.

포장

상품(예를 들면, 시계)의 똑같은 포장을 벗기면 귀한 상품에서 싸구려 모조품까지 천차만별의 상품이 드러난다. 사람들은 당연히 포장이 아니라 실제 상품을 보고 선택할 것이다. 사람을 포장하는 대표적인 것은 그의 소유물이다. 사람의 포장을 벗기면 육체(H/W)와 머릿속에 든 것(S/W)만이 그의 가치가 된다. 사람들은 대부분 결혼 상대를 선택할 때, 상대의 가치보다 포장으로 판단한다. 사람의 가치의 차이는 포장의 차이에 묻혀 버리고 실제 인간의 가치보다는 소유물의 가지가 중요시 된다. 상대가 소유한 것이 많다면 원숭이와 결혼할지도 모른다.

단상

자존심이 큰 자의 경쟁상대는 타인이지만 자존감이 큰 자의 경쟁상대는 자신이다.

죽음에 대한 염려는 젊음의 사치다.

환멸

잘못된 신념 또는 환상은 자신의 반성이나 성찰로 깨지는 경우는 드물다. 그것을 깨뜨리는 것은 그것을 견지한 대가로 돌아오는 실제적인 피해다.

금지와 불가능

금지된 것일수록 욕망을 불러일으킨다면, 불가능한 것은 욕망을 잦아들게 한다. 금지는 가능의 범위에 있기 때문이고 욕망의 한계는 불가능이기 때문이다. 그러나 불가능한 것을 욕망하는 비논리적인 사람들도 있다.

생각의 관성

모든 연극은 막을 내리기 마련, 막을 내린 후에는 연극에 참여했던 자들은 배역인가 배우인가. 연극이 오래 지속될수록 배우는 배역이 본래의 자신인 것으로 생각한다.

사람들은 회사의 OB 모임 또한 과거의 배역으로 만난다. 직장이라는 연극은 이미 끝났어 한동안의 배역을 자신의 실제로 생각한다. 나는 악역을 맡았던 상사를 단지 배우로 대할 뿐이다. 나는 배역을 벗어나 배우로 돌아왔기 때문이다. 선한 역을 맡았던 상사는 드물지만 여전히 존경한다. 그는 직장이라는 무대 위에서 아무나 할 수 없는, 매우 어려운 배역을 잘 연기했기 때문이다.

어떤 '회사 OB 모임'이 지속된다면 그 이유는 구성원 각자의 정신적 위안, 현실적 이익 등이겠으나 구성원, 특히 상사였던 사람이 회사 시절에 악역을 하지 않았기 때문이다. 생각해 보라, 자신이 시달렸던 상사, 자신에게 피해를 준 상사를, 회사라는 연극무대에서 어쩔 수 없이 악역을 맡은 배우로 인정하고 흔쾌히 다시 만날 수 있는 스토익은 과연 얼마나 될 것인가.

상실의 기쁨

상실의 슬픔은 얻음의 기쁨 위에 있다. 상실의 대상은 얻은 것이다. 내 것처럼 생각되는 모든 것들은 얻은 것들이며, 점유한 기간이 그 사실에 대한 망각의 깊이다. 세상에 와서 얻은 것은 모두 되돌려주고 가야 하는 인간의 숙명을 인식한 자는 (상실의 원인이 되는) 얻음의 슬픔, (섭리를 따르는) 상실의 기쁨을 간파할 것이다.

극한주의

"중요한 것은 무엇을 견디느냐가 아니라 어떻게 견디느냐." - 세네카. 스토아철학에서 '무엇'은 내 의지 밖에 있는 것이고 '어떻게'는 내 의지 안에 있는 것이기 때문. 스토아철학은 금욕주의라기보다는 극한주의가 타당한 서술어다.

'23. 9. 3.

자기기만

사랑이 이미 식어 버린 연인을 욕망하여 상대가 아직도 자신을 사랑한다고 생각함.

팔굽혀펴기를 30회 하려고 했는데 20회만 하고도 30회 한 것으로 생각함.

눈꺼풀

그 여인의 아름다운 눈동자를 덮고 있는 고혹적인 눈꺼풀. 그 안에는 그녀의 모든 비밀이 담겨 있는 듯 보였다.

육체와 정신

육체는 현재를 살 뿐, 과거와 미래를 오가는 것은 정신이다. 육체는 미래를 위해 현재를 양보하지 않는다. 육체에 기생하는 정신이 육체를 이끌어 가는 것이다. 한편, 육체가 정신을 따르는 것이 바람직해 보이지만 정신이 육체를 따르는 것이 더 행복하지 않을까.

인생과 바둑의 정석

인생은 바둑의 정석과 같다. 하나를 얻으려면 하나를 포기해야 한다. 다 얻으려다가는 낭패를 본다. 더 좋아하는 것을 얻고 덜 좋아하는 것을 포기함이 지혜다. 그러한 선택이 얼핏 생각하면 본능, 직관, 성격에 속하는 쉬운 일인 것 같지만 상황, 시간, 자신의 변화와 맞물려 진퇴양난 속에 있는 것이 인생이다. 생각해 보라, 당신이 지금 무슨 일을 하려 한다면, 그 일을 하지 않는다면 할 수 있는 무수한 일들을 포기하려는 것이니. 그래서 옛 스토아 철인들은 최상위에 있는 하나의 기준을 정했다. '자연(이성)과 일치하는 삶'.

선택에 대한 짧은 성찰

직장에 기술직으로 입사하여 기술 분야에서 나름 승승장구하며 과장이 되었다. 과장 승진과 동시에 전공과 무관한 마케팅 분야를 선택, 이동하였다. 전공과 고향 같은 분야를 떠난 그 선택은 오랫동안 후회스러운 패착으로 남았다. 그 이후로 직장에서는 크게 빛을 보지 못했고 그만큼 힘들었으니. 이제 다시 그 선택을 반성해 본다. 기술 분야에 계속 성장했으면 임원이 되었을 확률이 높았고, 수입은 많았겠지만 지금보다 더 많은 시간을 일과 경쟁에 시달리며 살았을 것이다.

마케팅 분야에서는 힘들었던 만큼, 삶의 문제를 고민했고, 금전과 지위를 얻는 대신 철학을 하고 나 자신을 찾게 되었다. 이 모든 시간들이 지난 지금 성찰하면, 과거에 이미 불필요했던 금전을 위해 인생을 길게 허비하지 않았음이 다행이고, 그동안 나름대로 정신적 성을 쌓고 그 안에서 평안을 찾았음은 더한 다행이라 하겠다.

부재의 존재

부재로 온통 존재하는 부재. 사랑하는 사람의 부재, 필요한 사람의 부재.

존재했으면 하는 부재 vs. 존재하나 거의 부재하는 존재. 부재했으면 하는 존재.

나는?

세상살이

인생을 살아가는 인간은, 세상사에 따른 행복과 고통의 교차와 그에 따른 희비를 피할 수 없는 존재지만, 행복할 때는 한껏 즐기고 기뻐하며 행복을 확인하고, 고통 중에는 고통을 잊으려고 애쓰며 곧 행복한 시간으로 바뀔 것을 알고 견디자.

형이상학적 개념

모든 형이상학적 개념들(선/악, 정의/불의, 신, 영혼, 자아…)은 본래 존재했던 것이 아니라 인간이 진화하는 과정에서 인간이 만들어 낸 개념들이다. 즉 본래 신이 있어 인간을 만든 것이 아니고, 본래 선/악이 있어 인간이 선하게 살아야 하는 것이 아니다.

'23. 9. 9.

회상
　가끔, 1997년 가을과 겨울, 미국 콜로라도주 볼더시에서의 3개월을 회상한다. 콜로라도 주립대학교의 낙엽, 볼더시의 아늑함, Target(대형마트)에서의 쇼핑과 아스펜, 베일, 키스톤 스키장의 아름다운 스키 코스, Garden of God의 신비로움, 콜로라도강에서의 레프팅, 그리고 매일 밤의 포커게임….

　그곳들을 다시 찾는 여행을 꿈꾸지만 재경험이 좋을까, 기억으로 남겨 두는 것이 좋을까. 애써 이루어 놓은 아름다운 환상이 현실에 의해 깨진다면 어떨까. 여행은 추억을 남기는 것, 그 여행에서 내게 남는 추억은 무엇일까. 현재의 추억을 지울 만큼 더 좋을까.

선호하는 미래
　예정되지 않은 미래, 모호한 미래보다는 결정된 미래를 선호하는 사람도 있다. 오픈된 자유보다 확정된 안정을 선호하는 것인가. 죽음까지도, 언제 올지 모르는 죽음보다 확정된 죽음을 선호할까.

설렘
　연인과 함께하는 시간은 미래에 대한 설렘이 있다. 호텔에서 내려다보이는 해운대 바닷가 포장마차를 배우자와는 가지 않아도 연인이라면 같이 갈 것이다. 포장마차의 시간이 끝나면 그들 앞에는 서로가 원하는 시간이 예정되어 있으니.

　늘 같이 밥 먹고 생활하는 배우자보다 한두 번 만나 쾌락을 나누는 연인에게 더 끌림은, 항상 숨쉬는 공기와 매일 마시는 물은 당연시하고 가끔씩 보는 영화와 새로운 외식 맛의 별스러움에 도취된 자의 착란인 동시에 인간 본능의 서사가 아닌가.

단상

이제는 재담을 할 나이가 아니라 들어줄 나이임을 인식하자.

"인간의 격은 출생이 아니라 행위에 의해 결정된다."

오늘의 금기는 내일의 편견이 되고, 오늘의 진부함은 내일의 유행이 된다.

어떤 대상의 가치의 크기는 그것을 원하는 욕망의 크기와 같다.

행복이 자신 밖의 대상에서 온다면 그는 그 대상의 노예다.

인仁이 측은지심惻隱之心이라면 선善은 동정심同情心이다.

운명은 필연의 딸들이다.

삶

현자에게, 영원히 살기를 바라는 욕망은 배고픔과 같고, 술 욕심과 같고, 사랑과 같다. 배고픔은 밥 한 공기에 사라지고, 술 욕심은 소주 몇 병이면 취하고, 사랑이 식는 것은 1년이면 족하다. '살아야 할 날이 다했음을 인식하는 것'은, '살 수 있을 때까지 살고자 하는 자'에게는 불가한 것인가.

현대인의 삶은 '살아야 할 날'을, 즉 '죽어야 할 날'을 깨닫는 스토익이 되기에는 너무 포실한가. 자신의 죽음을 손수 거두는 것은 철인哲人의 처음이자 마지막 소원일 것이다.

'23. 9. 10.

마음은 원하지만

마음속으로는 깨달음, 도, 해탈을 바라면서도, 소가 들판의 풀을 뜯어 먹는 것에 열중하듯 눈앞의 현실에 매달려 사는 우리는 스스로를 어떻게 자위해야 하는가. 그나마 순간의 성찰마저 없다면 모든 것을 대신해 주는 종교에 기댈 밖에. "(믿음은 바라는 것들의 실상이요 보이지 않는 것들의 증거니) 믿습니다!"와 "나무아미타불 관세음보살"을 아무 생각 없이 중얼거리며 살 수밖에.

시련과 고통

인생에서 마주치는 시련과 고통은, 그것으로 인해 죽지 않는 한, 위로를 포함하고 있다. 고통의 시간이 흐른 뒤에도 대부분은 살아남아 과거의 시련과 현재를 비교하며 스스로 위로할 수 있기 때문이다.

고독과 우수

고독과 우수는 두 단어로 분리되어 있지만 원인과 결과로서의 두 감정이 아니라 겹쳐진 하나의 감정이다.

기도

전능한 신이 있다면, 평생을 벌어 먹을 수 있는 능력보다는, 평생을 까먹을 수 있는 능력을 내려 달라고 기도해야 하지 않을까.

'자연스럽다'의 뜻

현대 : 일반적이다. 걸림 없다.

스토아철학 : 당위적이다. 올바르다.

태어남에 대한 스토아적 견해

스토아적 견해에 따르면 태어남(생生은 고苦)에 대한 불평은 무지다. 자신에게 달려 있지 않은 것에 초연하고 자신에게 달려 있는 것에만 책임지되, 그것에 대한 올바른 판단과 믿음을 갖는다면 태어남에 따른 삶의 고통은 있을 수 없다.

감각과 사고

사람들은 자연의 숭고함과 대상의 아름다움에 경탄하면서도 숭고함과 아름다움의 원인이나 배경에 대해서는 생각하지 않는다. 감각만을 느낄 뿐 그 이상의 사고를 하지 않는 것이다. 자신의 감정이나 행위에 대해서도 마찬가지다. 이런 수준의 삶을 벗어나지 못하는 것은 능력의 문제이기보다는 습관의 문제인 것 같다.

자유

자유는 고독을 품고 있다. 자유롭다는 것은 홀로 있음을 전제로 한다. 누군가와 엮여 있으면서 자유롭기는 어렵다. 완전한 자유는 죽음이다.

'23. 9. 17.

사물의 존귀함

사물들은 눈앞에 보일 때는 귀하지만 눈앞에서 사라지면, 정말 아끼는 몇 가지를 제외하면 존재가 잊혀진다. 사람도 그러한데 사물들이야.

걱정

사람들에게 걱정이란 자동차의 알람과 같다. 생각하지 않으면 큰 문제 없이 살 수 있지만 생각하면 불안해지는 걱정. 눈에 보이지 않으면 운행에 문제없지만 눈앞에 표시되면 찜찜한 알람.

인과

원인/결과, 있음/없음, 소유/상실, 사랑/이별, 삶/죽음… 전자가 있기에 후자가 있다. 전자가 없다면 후자도 없다.

죽음까지의 짐

죽음으로의 여로에서는 죽음의 공포라는 심리적 짐 외에 경제와 고독이라는 현실적 짐이 더욱 힘들게 한다. 죽음이 멀리 있다고 생각될 때 미리 대비해야 하는 것들… 공포, 경제, 고독. 현실적 짐에 억눌릴 때, 죽음의 공포보다 삶의 치욕 때문에 오히려 죽음을 선택할 수도 있으니. 세 가지를 다 해결한 자의 여생은 얼마나 자유로운가.

삶의 의미와 타인

삶의 의미는 자신이 아니라 타인에게 향해 있다. 무인도에 혼자 살고 있는 자에게 삶의 의미는 생명유지밖에 없을 것인바, 삶의 의미는 본원적으로 타인과 세상에 기여일 수밖에 없다. 자신을 위한 어떤 것(부의 축적, 의술 개발, 이기의 창조…)을 삶의 의미로 삼는다 해도 타인이 없다면 그 의미는 무의미로 전락할 것이다. 내 삶의 의미는?

대화와 수다

사람들은 대화를 원하지만 대부분 수다에 머문다. 자기만 아는 대화, 분위기 파악 못 하는 대화, 의미 없는 대화, 듣지는 않고 떠들기만 하는 대화, 대체로 3인 이상이 모인 사람들의 대화는 수다다.

대화는 먹는 것이고 수다는 배설하는 것이다. 대화는 어렵지만 배부르고 수다는 쉽지만 배고프다. 대화는 배고플 때, 수다는 슬플 때.

비존재의 행복

인간을 포함한 모든 생물은 존재하지 않았음보다 못하다. 그 무엇의 일생도 고통이 지배하기 때문이다. 결국 생은 고다.

지금 이 순간 무 또는 존재를 선택해야 한다면 존재를 선택할 것이다. 무를 선택하지 않는 이유는 이미 태어난 존재로서의 삶의 매몰비용이 너무 크고 생존본능을 능가할 만큼 고통스럽지는 않기 때문이고 삶의 관성, 삶의 상호의존성 때문이다.

행복과 고통이라는 씨줄과 날줄로 엮어지는 인생에서 고통은 겪지 않을수록 좋지만 행복은 고통을 무릅쓰고 반드시 경험해야 하는 것은 아니다. 행복과 고통을 다 겪어야 하는 존재와 둘 다에서 벗어나 있는 비존재 중 무엇을 선택할 것인가.

탄생 이전의 내가 존재로서의 탄생과 비존재로서의 무를 선택할 수 있다면 당연히 무를 선택할 것이다. 일단 태어나면 삶의 포로가 되기 때문에 삶 중에 무를 선택하기는 쉽지 않다. 삶을 시작하지 않는 선택과 삶을 끝내는 선택은 차원이 다른 문제다.

'23. 9. 24.

잉태

   자식의 행복은 부모에게 닿아 있지 않을 수 있지만 자식의 고통은 부모에게 닿아 있다. 출생은 자식에게도 부모에게도 고통의 씨앗인바, 무슨 생각으로 자식을 낳는가.

   자연은 번식(생)의 고통을 감추는 대신 성교의 쾌락이라는 미끼를 던져 놓았다. 어린아이가 충치 생각 없이 단것을 찾듯, 무지의 본능은 멀리 있는 고통에 대한 인식 없이 눈앞의 쾌락을 덥석 문다.

   부모에게 자식의 잉태가 쾌락의 산물이 아니라 고통의 산물이었다면 결코 아무 생각 없이 자식을 만들지 않을 텐데! 태어난 자식은 부모의 한 가지 행복, 열 가지 고통의 원인이며 자식에게는 자신의 태어남 또한 한 가지 행복 열 가지 고통의 원인인 것을. 종족 보존 본능을 넘어 태어난 자식의 인생을 생각하는 이성적인 부모는 드물다.

행복의 계단 - 금전적인 면

   행복도가 가장 낮은 1단계부터 가장 높은 10단계의 계단이 있을 때, 어린 시절 1단계부터 시작하여 중년이 될 때까지 자수성가하여 10단계에 오른 자와, 어린 시절부터 중년까지 10단계에서 살아온 자가 있다고 가정하자.

1. 중년에 누가 더 행복할까 - 전자
2. 누가 더 행복을 많이 누린 자일까 - 후자
3. 나라면 어떤 삶을 선택할까 - 후자

불행한 삶에서 시작하여 행복의 계단을 올라온 자는 과거를 생각하며 현재의 행복을 생생하게 느끼겠지만, 그만한 행복을 현재 느끼지 못해도 꾸준히 많은 행복을 누린 자의 삶을 선택하는 것이 현명하겠다. 행복의 계단을 오를 수 있는 능력보다는 오르지 않아도 되는 능력이 현실적으로 더 좋지만 매우 드물다는 점에서 행복의 계단을 올라가는 인생이 여전히 효용을 갖는다.

'23. 10. 7.

삶으로

인생, 농담처럼. 죽음, 연습대로. 가자, 삶으로.

관계

만남이 이해관계인 자는 외롭다. 지혜로운 자는 인간관계를 구축한다.

모험

삶은 모험이다. 알 수 없는 미래를 향해 자신을 던지지만 그 결과는 삶이 거의 다한 후에야 알 수 있는, 되돌릴 수 없는 단 한 번의 모험.

인식과 무

건강한 것, 안락한 것, 타당한 것, 익숙한 것, 당연한 것은 인식되지 않는다. 몸이든, 감정이든, 부든, 행복이든. 인식되지 않는 것이 의식과 사고와 행동에 영향을 줄 수 있는가. 무와 같은 것이 아닌가.

산보

멀게 보이던 호수공원 건너편 풍경이 망원경으로 보듯 가깝게 다가온 초가을, 오늘은 운동 아닌 산보한다.

'23. 10. 8.

운명과 행복

운명의 여신은 삶의 만 가지 조건에 대해 무작위로 화살을 날린다. 한 인간이 행복의 조건만을 가질 수 없고, 행복의 조건을 많이 가질 수도 없는 이유다.

능력

젊은 시절, 연애가 우연이 아니라 개인의 능력이라는 사실을 깨닫기 어렵듯, 행복이 외부 상황이 아니라 개인의 인식능력에 좌우된다는 것도 깨닫기 어렵다.

신념

신념의 강도는 무지에 비례한다.

고독

정신적 성숙함은 고독을 선호하며 미성숙함은 고독을 회피한다. 고독은 성숙한 영혼을 성찰로 인도하며, 미성숙한 영혼을 불안과 권태로 인도하기 때문이다.

멈춘 삶

멈춘 삶, 반복하는 삶, 답습하는 삶은 퇴화하는 삶이다. 일신日新하지 않으면 끊임없이 진화하는 세계에 홀로 남겨지니.

행운과 능력

행운은 자신의 능력을 과신하도록 유혹한다. 승리한 자는 뒤를 돌아보지 않지만 그가 현자라면 복기할 것이다. 자신의 능력이 아닌 상대의 실수를.

철학 함

철학은 삶의 지혜를 말하며 철학 함이란 현실을 살아가는 지혜를 익히는 것이다.

지혜의 삶

적당한 때의 자살, 화룡점정.

이성의 가장 고귀한 기능은 그 때를 아는 것. - 마르쿠스 아우렐리우스

삶이라는 등불을 끌 때 이미 날이 밝아 있기를. - 타고르

천형

 천형이란 삶 자체가 아닐까. 그토록 두려워하는 죽음이, 사실은 천형에서 벗어나는 것 아닐까.

 왜 사람들은 삶보다 죽음을 두려워할까. 삶에는 두려운 것이 많지만 죽음에는 두려워할 것이 무엇인가.

시간과 나

 시간이 나를 지나 흘러가는 것인가. 내가 시간이라는 직선상의 길을 지나가는 것인가. 만물의 변화 속에서 시간이라는 개념을 뽑아내는 것일 수도 있다. 시간이 흘러 내가 변한 것이 아니라 나의 변함에서 시간을 추출하는 것.

'23. 10. 15.

비교행복

 행복은 절대우위가 아닌 비교우위에서 온다. 실제로는 시골학교의 1등이 서울 강남학교의 30등보다도 아래지만 시골학교의 1등이 강남학교의 30등보다 행복하다. 경제 수준을 포함한 모든 면에서도 마찬가지다.

 어디서 어떻게 사는 것이 더 행복한가는 누구나 알 수 있지만, 편리와 허영에 매몰된 사람들은 실제의 행복보다 환상적 행복에 더 가치를 둔다. 지혜로운 자는 자신의 행복을 위한 수준을 설정하고 타인과 비교하지 않겠지만, 현자는 드물다.

비교우위

사람들은 소득, 재산 등 물질적인 비교우위를 위해서는 많은 노력을 하지만 여가, 행복 등 비물질적인 비교우위에 대해서는 민감하지 않다. 비교확실성의 유무 때문인가. 돈을 버는 목적은 놀기 위해서가 아니라 돈 자체인가.

경험과 인식

인식은 경험의 정수며 인식은 가치에 선행한다.
인식은 경험에 의존하고 경험은 인식에 의존한다.

죄 뒤집어씌우기

죄를 뒤집어씌운다는 면에서 중세의 마녀사냥과 원죄설은 유사성이 짙다. 둘 다 기독교에 뿌리를 두고 있기도 하지만, 그 유사성이란 '없는 것'을 '있다'고 하는 억지를 진리로 정초한다는 것이다. 그 억지 진리에 부합하려고 많은 억지 마녀들이 죽임을 당했고, 무고한 우리는 모두 태어나자마자 죄인이 되었다. 이 어처구니 없는 거짓 진리를 여전히 되뇌는 사람들이 아직도 주변에 많다는 사실이 실로 어처구니없다.

좋은 글

좋은 글은 독자를 위로하지 않는다. 사실을 말할 뿐이다. 그 사실에서 독자는 스스로 위로를 받아야 한다. 죽어 가는 이가 삶이라는 위로보다는 죽음이라는 사실에 위안을 얻어야 하는 것처럼.

행복한 시간

 행복한 시간은 빨리 가고 고통의 시간은 더디게 간다. 또한 술에 취할수록, 어떤 것에 몰입할수록 시간은 빨리 간다. 사람들은 세월의 빠름을 한탄하는데 그들 모두 행복한 인생을 산 자들인가.

노년과 철학

 철학은 노년에 더 필요하다. 젊을 때와 달리 모든 것이 석화되어 가는 나이, 철학마저 없다면 그저 웅크리고 있는 돌과 무엇이 다르랴. 누가 돌과 얘기하겠는가. 돌이 반갑겠는가.

'23. 10. 22.

금슬

 금슬이 좋다는 것은 쉽게 상상하는 것과 달리 부부관계가 백아와 종자기의 관계와 같다는 것. 결혼 후 이성으로서의 상대의 매력은 얼마 지속되지 않는다. 금슬은 배우자에 대한 깊은 이해와 배려. 종자기가 죽은 후 백아가 거문고 줄을 끊었듯, 금슬 좋은 부부는 거의 같이 가는 것 같다.

중도의 역설

 불가에서 말하는 중도는 고苦와 락樂의 양극단을 피하는 것, 대립개념의 양극단(유무有無, 단상斷常, 일이一異…)을 피하는 것. 그러나 중도가 양극단을 제외한 가운데로서 추구해야 할 대상으로 굳어질 때 중도는 또 하나의 극단이 된다. 다양성이 좋고 획일성은 나쁘다는 이분법의 한계를 극복하고자 다양성을 추구한 결과 다양성만이 존재하는 '다양성의 획일성'으로 변질되듯이.

명성

명성은, 결국에는 바람이 빠지고 마는 물놀이 튜브와 같은 것임에도, 사람들은 자신의 명성에 걸맞은 가면을 쓰려고 한다. 가식적인 삶을 살게 된다. 그렇게 해서라도 자신의 명성을 지키려고 하는 삶이, 요즘 유명인의 후안무치의 삶보다 훨씬 낫다.

'23. 10. 29.

서울 편입

김포시가 서울로 편입되면 김포시 주민들은 반색하겠지만 서울시 주민들은 정색할 것이다. 위로의 평등은 기분 좋은 영전이고, 아래로의 평등은 불쾌한 좌천으로 여기는 것이 인심이니. 다른 경기도민들도 별로 좋지 않게 생각할 것이다. 배고픈 것은 참아도 배 아픈 것은 못 참는 것 또한 인심이니.

인식과 존재

내가 어떤 대상에 대해서 알 수도 있고 모를 수도 있지만, 그 대상들은 이미 내 인식 안에 들어와 있다. 그러나 내가 모르는지도 모르는 대상은 내 인식 밖에 있으며, 나에게는 존재하지 않는 대상이다. 이 세계에는 나에게 존재하지 않는 대상이 무수히 존재한다.

믿음의 증거

증거 없는 믿음을 망상이라고 하듯, 믿음에는 증거가 필요하다. 강한 신념일수록 더욱더. 대체로 강한 신념을 가진 사람들의 믿음의 근거는 증거가 아닌 믿음이다. 믿음이 증거를 대신한다.

인생살이

"인생살이 어렵기는 세상 풍파보다는 뒤집히는 인심에 있다." - 태행로(백낙천)

종교의 위로와 희망

종교는 고통받는 사람들에게 위로를 주는 면에서는 긍정적인 마취제 역할을 하지만, 실현되기 어려운, 막연하고 관념적인 희망(천국, 극락…)을 불어넣는 것은 고통의 환경에서 벗어나지 못하도록 마약을 제공하는 것이다.

포로

경험의 포로, 승리의 포로, 부와 권력의 포로. 그것 밖으로 나올 수 없는, 나오면 살 수 없는 그것의 포로.

경험의 지혜

경험에서 얻어야 할 지혜는 유사한 경험에서 유사한 결과를 기대하는 것이 아니다. 오히려 전혀 다른 결과를 찾는 것이다.

무사고無思考와 폭력

보이지 않는 대상들에 대한 무사고와 폭력. 대상이 보이지 않으면 양심도 보이지 않는다. 전쟁, 학살, 고통이 눈앞에 보인다 해도 평정을 유지할 스토익은 얼마나 되랴. 현실적 안락을 외면의 불편함(양심)과 교환할 초인이 얼마나 되랴. 진동하는 양심과 다행이라는 이기적 외면이 이웃한 채 살지만 대부분 외면이 양심을 덮고 있다.

'23. 11. 5.

수평선

배 위에서 보는 수평선(행복, 진리, 도, 불성…).

금방 닿을 듯할 뿐, 영원히 닿을 수 없을 것 같지만, 사실은 이미 수평선 위에 있음.

사교

일반적인 사교(만남)의 유지는 이익에 근거하지만 진정한 사교의 유지는 인격(Personality)에 근거한다. 전자는 이해관계로 끝나지만 후자는 인간관계로 이어진다.

관념 투쟁

서로 다른 정치, 종교, 이데올로기 각각은 양립할 수 없다. 평화의 가면으로 가장한 자기들 사이의 투쟁은 평화롭게 보이는 만큼 치열하다. 각각의 존립 기반이 자신들이 표방하는 원대한 사상이 아니라 한낱 인간의 욕망임을 드러낸다.

'나'의 우연성

우주의 미미한 원소로서의 '나'이건, 우주를 품은 존재로서의 '나'이건 간에, '나'라는 생각과 그 생각을 하고 있는 이 '육체적 존재'는 그야말로 우연히 생겨난 것이다. 우주와 원소는 이미 존재하고 있지만 '나'는 인식 불가능한 우연에 의해 조합, 형성된 거푸집이다.

인간의 진보

진보라는 허상. 물질적 발전은 과학이, 정신적 발전은 정치, 종교, 사회, 문화가 이끌어 간다고 해도, 발전의 결과인 인간의 진보는 어떠한가. 편리와 야만(전쟁, 파괴, 대량살상, 환경오염…)이라는 진보의 두 속성이 상쇄되고도 남는 진보가 과연 있을까. 인간은 진보할 수 있는 종인가.

과학

과학은 무한한 힘을 가진 로봇이지만 맹목이다. 그 로봇을 움직이는 것은 이익과 욕망이 아니라 올바른 사상과 철학이어야 하지만 이익과 욕망을 제어할 정도로 냉철한 이성은 드물다.

'23. 11. 11.

과학과 신

현대에는 과학과 신이 대척점에 있지만 만유인력의 법칙, 지동설 등 근대과학의 법칙들이 발견되던 시대에는 과학 법칙 자체를 신의 질서라 생각했다. 즉 신 안에 과학이 있었다. 신을 인격신이 아닌 섭리(자연의 법칙)로 대신한다면 지금도 타당한 생각이다.

오해

우리는 타인을 알아 갈수록 자신이 타인과 다르다고 생각한다. 같은 인간임을 망각한다. 다른 동식물이나 자연을 알아 갈수록 자신은 그 대상들보다 우월하다고 생각한다. 본래 같은 유전자를 가지고 있었음을 망각한다. 인간의 지식이 쌓이고 과학이 발전할수록 자기 중심주의와 휴머니즘은 강화된다.

생존과 번식

인간 행동의 최후 결정 메커니즘, 생존과 번식. 자신의 행동을 결정할 때, 진리와 선과 정의를 자신의 생존과 번식보다 우선시하는 사람은 소수다. 그런 사람들이 높이 평가되는 이유다. 고귀한 가치조차 저급한 이익을 위해 버리는 것이 인간 성향이므로. 정의는 멀고 이익은 가깝다. 본래 인간은 동물이었고 지금도 동물과 다르지 않다는 증거다.

다윈주의와 휴머니즘

다윈의 진화론은, 인간의 과거가 다른 생물체와 마찬가지로 보잘것없다는 반휴머니즘적 진리를 제시했지만, 인간은 자신이 끝없이 진화할 것이라는 미래를 제시하는 것으로 의도적으로 오해하여 휴머니즘의 도그마가 된다.

기독교와 휴머니즘

중세 기독교에 대항하여 태어난 휴머니즘은, 중세의 기독교를 대신하여 현대의 종교가 되었다. 기독교의 주요 사상인 신 중심 사상은 어느 정도 떼어냈지만, 또 하나의 주요 사상인 인간 중심 사상은 그대로 답습했다. 현대의 휴머니즘은 사랑과 배척의 두 얼굴을 가진 유일신교의 아수라다.

시기와 질투

시기는 (상대의) 능력에 대한 시기, 시기는 양자관계.
질투는 (타자들의) 관계에 대한 질투, 질투는 다자관계.

고독과 외로움

외로움보다는 고독이 더 완전한 상태다. 외로움은 타인을 욕망하지만 고독은 욕망하지 않는다. 외로움은 자신을 벗어나고자 하지만 고독은 자신 속으로 침잠하게 한다.

착각

오랫동안 빛 속에 있으면 어둠을 잊게 되고, 오랫동안 가면을 쓰고 있으면 가면이 얼굴인 줄로 착각하고, 오랫동안 살아 있으면 본래부터 살아 있는 것으로 착각한다. 이전 상태가 변하여 오랫동안 변한 상태가 유지되면 그 상태가 본래부터 그러한 것으로 착각한다.

'23. 11. 12.

철학하는 자의 목적

진리의 불편함과 비진리의 평안 중에, 공허한 진리와 맹목의 평안 중에 선택한다면. 철학의 목적은 진리인가 평안인가. 철학의 목적은 진리지만 철학하는 자의 목적은 평안이며 진리는 평안을 위한 기착지다.

참

어떤 의견에 대해 반대의견이 없다고 그 의견이 참이라고 할 수 없다. 말 같지도 않은 경우에는 반대하기조차 싫기 때문이다. 한 예로 "인간은 만물의 영장이다."라는 주장에 만물이 가만히 있는 이유가 그것이다.

도덕

인간에게 도덕은 삶의 지표나 기준이라기보다는 위선적 가면이다. 도덕이라는 가면을 쓰고 다니지만 그것은 자신의 위선을 가리기 위한 도구일 뿐, 가면 뒤에는 이익이라는 얼굴이 숨어 있다. 인간에게 도덕, 정의 등은 이익과 무관한 곳에서만 사용되는 통화다. 개인의 이익이 상충되는 만큼 개인의 도덕도 상충되며, 이익 앞에 보편적 도덕, 보편적 정의는 눈 녹듯 사라진다.

박멸

지구나 자연의 입장에서는, 인간이 빈대보다도 먼저 박멸되어야 할 종이라면, 너무 비관적인 생각일까.

비극

비극이 인간의 의지와 운명이 부딪힐 때 발생하는 것이라면, 철학의 지혜는 의지를 접고 비극을 피하라고 해야 하는가, 운명에 맞서라고 해야 하는가.

자유와 제약

 의무, 위험, 이익, 합리, 효율… 자유를 제약하는 것들. 이 모든 제약을 뛰어넘는 자유란 얼마나 될까. 기껏해야, 남는 시간에 할 것을 선택하는 자유와, 여윳돈을 가지고 소비할 것을 선택하는 자유 정도 외에, 마음대로 자유롭게 결정할 수 있는 자유는 얼마나 될까.

열망

 행복, 구원, 정의… 우리가 열망하는 것들. 이것들을 위해 이것들에 속박되어 살아가지만 이것들이 존재할 수 없는 불가능한 환상임을 깨달을 때, 비로소 우리는 자유롭게 된다. 그것들이 우리에게 필요 없게 될 때 오히려 그것들을 느끼게 된다. 인간은 자신이 만든 그물에 스스로 엉켜 부자유한 고통 속을 살고 있다.

'23. 11. 19.

부와 동정

 동정이 타인의 어려움에 대한 공감이나 도움을 주려는 마음이라면, 부와 동정은 반비례한다. 공감하지 않으면 동정할 수 없다.

불안

 불안은 아직 닥치지 않은 미래의 사태에 대한 공포라는 점에서 상상력의 부작용이다. 미래의 불확실한 사태에 자신이 할 수 있는 만큼 대비하고 그 이상은 겪을 수밖에 없음을 이성적으로 생각해야 하지만 불안은 이성을 휩싸 버린다. 실제 상황이 닥치면 불안은 사라진다.

경계와 공존

새로운 상태로의 진입은 경계를 통과할 수밖에 없다. 그 경계라는 것은 시공간적으로 확실히 표시되지 않는다. 생사의 경계도 의학적 기준에 따라 구분할 수는 있으나 현실적으로는 짧지 않은 시공간을 점유한다. 경계에서는 상반된 전후의 상태가 공존한다. 하물며 정의, 선 같은 형이상학적 관념들에는 경계의 폭이 얼마나 넓을까.

우리가 느끼는 행복도 불행 없는 순수 행복이 아니라 불행에서 조금 떨어진 경계의 행복일 수도 있다. 삶이라는 것도 죽음과 분리된 삶이 아니라 죽음과의 경계에서의 삶이다. 우리는 경계에 살고 있고 경계에는 모순이 공존하지만 그것에 고민하거나 고통스러워하는 자는 것의 없다. 생각은 확실함을 선호하고 애매함, 모순을 기피하기 때문이다. 인식은 의지에 따라 사실을 왜곡하지만 깨어 있는 이성은 왜곡된 인식 너머의 사실(경계와 공존의 모순)을 통찰한다.

놀이공원에서

놀이공원에서 딱 하루를 즐기는 것이 인생이라면 모두가 타고 싶어 하는 T 익스프레스에 줄을 서서 기다려야 할까. 아니면 다른 놀이기구를 바로 타야 할까. T 익스프레스를 접고 다른 여러 놀이기구를 타는 것이 현명한 것 같다. 불꽃같이 짧지만 화려한 삶을 원한다면 T 익스프레스에 걸겠지만 짧은 하루에서 포기는 절약된 시간이다.

고귀함

입속으로 들어가는 것은 보잘것없어도 나오는 것은 고귀하기를. 고귀한 생각은 귀한 음식과 부유함을 부러워하지 않는다.

'23. 11. 25.

앞서갈 수 없는 것

앞서갈 수 없는 것들, 추월할 수 없는 것들, 시간, 인식, 그림자… 누구도 시간을 앞서갈 수 없고, 인식은 경험을 추월할 수 없고, 그림자는 자신을 만드는 존재를 따를 수밖에 없다. 과果가 인因을 따르는 것은 세상의 이치, 인을 앞서는 과는 없다.

황혼에 나는 올빼미, 선미船尾의 등燈, 후취後取, 경험과 인식(깨달음)의 시차, 부조화.

독서

책은 반찬과 같다. 맛없는 반찬에는 손도 안 가지만, 맛있는 반찬도 계속 먹으면 맛없어진다. 관심 있게 읽는 책은 있지만 몰입을 지속시키는 책은 드물다. 서너 권의 책을 돌아가며 읽게 된다. 한 권만을 끝까지 읽기는 쉽지 않다.

허무와 즐김 사이

'본래本來 유有'의 시각에서는 허무의 시간 위에서 순간을 즐기다가 가는 것이 인생. 본원적으로 슬픈 인생. '본래本來 무無'의 시각에서는 어떤 삶도 보너스 인생. 본원적으로 즐거운 인생. 이성은 본래 무를 인식하고 있지만 감정과 욕망은 본래 유인 것처럼 허무 속에 빠져든다.

바라는 삶

즐거운 삶. 내일 걱정 없는 삶. 의무 없는 삶. 오늘 무리(만취)해도 내일이 반기는 삶.

내일의 시간적 자유와 의무 없음은 오늘의 정신적 평안을 위해 중요한 요소다.

이기적 사랑

인간의 본능이 이기적인 것처럼 인간이 원하는 사랑도 이기적이다. 가족 간의 사랑, 연애적 사랑 등. 길거리에 떨어진 만 원을 줍는 것은 서슴없지만 그 옆에 웅크린 걸인에게 만 원을 꺼내기는 쉽지 않다. 이기적 사랑은 만 원짜리도 못 된다. 이타적 사랑은 비본능적 사랑이다.

삶의 가치

삶의 가치를 부富에 둔다면 개같이 벌어야 한다. 문제는 개같이 벌어서 개같이 산다는 것이다. 개같이 벌어서 정승처럼 살기는 쉽지 않다. 그 정승은 정승의 가면을 쓴 개이니.

문명의 야만

모든 문명은 야만이다. 인간의 자유를 구속한 결과이므로. 문명은 인간 본능의 총화가 확실한바, 이 문명을 이룩한 본능은 자유보다는 구속된 안락을 원한다. 아직도 자유를 외치는 자는 얼간이거나 시대착오적인 자다. 본래 인간에게 자유는 돈 몇 푼에 팔 수 있는, 그다지 중요하지 않은 것인지도 모른다.

'23. 11. 26.

혁명

 모든 혁명은 실패한다. 동시대인의 생각의 구조가 혁신되지 않는다면, 그러한 혁명은 앙시엥레짐을 또 다른 앙시엥레짐으로 바꿀 뿐이다. 안타깝게도 성공한 혁명은 없었고 없을 것이다. 권력과 이익을 추구하는 인간의 생각을 혁명하지 않는 한. 복종하지 않으려는 자유의 열망보다 복종시키려는 권력의 욕망이 지배하는 한.

진화심리학의 남과 여

 진화심리학에서의 남자와 여자의 특성을 시쳇말로 요약 표현하면, 남자가 가진 것은 약간의 돈밖에 없고 남자가 오직 원하는 것은 여자의 몸이다. 여자가 가진 것은 몸 하나이고 오직 원하는 것은 남자의 돈이다. 남자는 유일한 자산인 돈의 손실 없이 여자의 몸을 얻으려 하고 여자는 유일한 자산인 몸을 주지 않고 돈을 얻으려 한다. 남자의 돈의 유한함과 여자의 몸의 유한함이 남녀의 행동과 갈등의 원천이다. 이 때문에 남자는 씀씀이가 헤픈 여자를 경계하고 여자는 남자와의 성관계에 미온적인가.

권력과 자유

 나의 권력과 타인의 자유는 상충하는바, 자신에 대한 권력을 추구하는 자는 타인에 대한 권력에는 무관심하며 스스로는 자유롭지만 타인의 자유에도 무관심하다. 타인에 대한 권력을 추구하는 자의 자신에 대한 권력추구는 권력 쟁취를 위한 수단이다. 그가 권력을 쟁취했을 때

얻는 자유는 타인의 부자유에서 연유한다. 인간의 (타인에 대한) 권력 추구는 성악설의 근거다.

이제

삶의 끝이 보이는 이제, 모든 형이하학적 현실은 부질없다. 죽음 앞에서도 삶의 동력이 되는 것은 연애적 사랑뿐이다. 번식을 위한 사랑. 하나, 연애적 사랑은 이미 불가능할 것이니 현실에 몸을 맡긴 채, 여생은 형이상학적 놀음을 하는 것이 최상의 쾌락 아니겠는가.

묻는다는 것

의견을 묻는다는 것(철학)은 답하는 것(종교)보다 한 수 위다. 궁금해서 묻는 것이 아니라 이미 다 알고 있는 상태에서 상대의 의견을 떠보는 것이다. 답하는 자(종교)는 의기양양하게 자신의 내공을 펼치지만 묻는 자(철학)는 그 답을 이미 정리해 놓았다. 철학은 종교보다 늦게 태어났으나 종교를 키운 것은 철학이다.

술 취한 자

술에 취해 이 밤을 가로막고 더 마시려는 자는, 잠이 두려워 칭얼대는 아기와 무엇이 다르랴. 내일이 없는 하루살이인가. 그래도 나는 한 병 더 마신다. 소오맥천 클럽 회장이므로.

'23. 12. 2.

인간

 인간은 뇌의 지나친 진화 때문에 행복하기에는 너무 많은 생각을 한다. 동물들은 위를 채우고 나면, 안전을 제외하고 의식주와 그 밖의 모든 생각에서 벗어난다. 이러한 동물의 행복을 누리는 인간은 소수며 그 또한 부단한 노력의 결과다. 자신의 현재에 만족하는 자, 행복한 자는 드물다. 인간이 동물보다 행복하다는, 우월하다는 생각은 무슨 근거가 있는가.

Carpe diem

 현재에 충실하라. 내일이 없다면 오늘에 충실할 이유가 없다. 미래가 있기에 현재에 충실할 수 있는 것, 미래는 희망과 동의어다. 오늘만 살 것처럼 사는 동시에 영원히 살 것처럼 살 수 있다면.

이별, 죽음

 아무리 대비해도 닥치면 뜻밖의 사건이 되고 마는 것. 대비하느라 들였던 많은 노력과 시간들은 허사가 되는가. 알면서도 대비하지 않을 수 없는 것. 이별, 죽음.

왜, 몰랐어?

 살다 보면 이런 일, 저런 사건에 희로애락한다. 그때마다 감정에 휩싸이지 않도록 반문한다. 왜, 몰랐어? 세사世事에 평정을 유지하는 것, 정진의 목적이다.

'23. 12. 3.

삶의 의미를 찾는다는 것

　삶의 의미를 찾는다는 것은 자신의 삶이 유한함을, 다가오는 죽음을 이미 인식한 것이다. 삶이 영원하다면 쾌락을 찾지, 의미를 찾지 않을 것이다. 어떤 대상의 '의미'란 그 대상이 존재하는 한정된 시간 안에 숨어 있는 보물이다.

사건의 처리

　어떤 사건이 벌어지고 그 사건의 해결보다는 처리에 중점을 둘 때, 감정을 배제하고 신속하고 단호하게 처리하게 된다. 그 사건은 해결되지 않은 채 미봉적으로 처리된 것이다. 해결에는 어느 정도 감정이입이 필요하다. 죽음 등 사람이 관련된 경우에는 더더욱.

　그러나 사람들은 가족의 병수발, 부모의 투병과 죽음에 대해서도 오히려 처리 수준에서 마무리하려는지도 모른다. 자신의 투병, 자신의 죽음에 대해서도 가족이나 타인이 그렇게 처리해도 좋을까. 그렇다면 그나마 공평하다. 홀로 괴롭게 투병하고 또 그렇게 홀로 죽을 자신이 있다면.

단상

　아름다운 향기, 향기로운 모습, 구수한 소리, 조용한 맛.

　생 이전의 상태는 이미 바랄 수도 없지만, 내 의지대로 죽을 수 있음이 얼마나 다행인지.

내세를 위해 신을 찾는 자보다 현세를 위해 신을 찾는 자가 그나마 현명하다.

재능보다는 멋있는 사람, 친구보다는 벗 될 수 있는 사람.

목적

인간을 포함한 모든 생물의 행동에는 목적이 있고, 그 목적은 행동의 결과로서의 나타난다. 그러나 자연에는 행동의 원인으로서의 목적이 없으며, 모든 것은 우연 속에서 선택된다는 것이 진화론의 설명이다. 원인으로서의 목적이 신의 의도라고 종교는 주장하지만 종교인들의 바람일 뿐이다. 인간의 미래는 의지와 목적을 향해 가지만 인간의 과거는 결국 자연선택의 결과로 남는다.

세상

세상은 존재의 천형을 선고받은 자들로 가득 차 있다. 모든 쾌락은 단지 존재의 고통에 대한 위무다. 무로 돌아갈 수 없는 존재의 천형. 섭리는 어찌하여 우리를 존재하게 했는가. 섭리는 목적과 의도가 없다. 그렇게 세상에 던져진 나와 인간들. 되돌이킬 수 없는 이 세상에서 어떻게 사는 것이 최선인가.

이기利己와 이타利他

진화심리학에서 개체선택과 집단선택은 이기와 이타, 즉 악과 선의 원천을 개연성 있게 설명한다. 인간이 본래 갈등하는 존재라는 것과 함께.

부러우면

부러우면 지는 거다. 사랑하면, 욕망하면 지는 것임을 알고 있으면서도 우리는 그렇게 한다. 종속의 쾌감, 자발적 노예의 희열과 함께.

꿈의 의미

잠 속만이 꿈이 아니다. 영속하지 않는 모든 존재의 삶은 꿈과 다르지 않다. 현생에서 보면 생 이전은 기억나지 않는 꿈이고, 죽음 이후에는 현생이 꿈이다. 존재의 탄생과 소멸의 순환 속에서, 전 존재는 자신의 꿈에서 깨어나며 현 존재가 되고, 현 존재도 후 존재로 이행할 때 자신의 꿈에서 깨어난다. 영원할 수 없는 모든 존재는 현실이라는 꿈속을 꿈인 줄 모르고 살아갈 뿐이다.

영상과 음악

영상은 정신을 흡입하지만 음악은 정신을 일깨운다.

흔적 남기기

"내가 산 흔적일랑 남겨둬야지~"라는 노랫말처럼 누구나 자신의 흔적을 남기려는 욕망이 있다. 자신의 삶을 기정사실화하고 흔적으로나마 영속하려는 욕망. 누군가의 기억을 통해서라도 살아 있으려는, 자신이 본래 무였고 앞으로도 무라는 사실을 거부하는. 하지만 이 모든 노력에도 불구하고, 시간은 아무것도 남기지 않고 가져가 버린다.

간절함

자식을 간절히 원해서 자식을 낳은 부모는 얼마나 될지 모르겠지만 태어나기를 간절히 원했던 자식은 없다. 간절함이 없는 관계는 천륜도, 인륜도 아니다. 단지 우연이다.

인식과 대화

사람 간 대화는 가장 낮은 단계의 인식수단을 매개로 한다. 어른과 아이의 대화는 아이의 인식수단으로 현자와 범인의 대화에는 범인의 인식수단으로, 불교에서 중생과의 대화는 높은 차원의 진리(진제)보다는 방편(속제)으로. 대화의 한계는 인식의 한계다.

단상

내일이 설레는 자는 일찍 잠자리에 든다. 내일의 희망이 없는 자는 오늘 밤에 매달린다.

욕구 없는 자에게 동기부여는 죽은 나무에 물 뿌리기다.

어떤 행위의 근거는 그 행위로 소비된 시간의 기회이익보다도 커야 한다는 것.

성격이 행복이다. 성격이 운명이듯.

논리와 윤리

논리의 영역에서는 명쾌한 사안들도 윤리의 영역에서는 상충되곤 한다. 논리의 영역에서는 이성을 유지하지만 삶에서는 이성을 지키기가 쉽지 않다. 논리의 주인은 이성 하나지만 삶의 주인은 무수히 많은 개인이기 때문이다.

주관과 객관

　나의 입장(주관)에서 생각하고 행동할 것인가, 보편(객관)의 입장에서 생각하고 행동할 것인가. 특히 고통과 죽음을 앞에 두고.

공평과 공정

　공정한 사회가 못 된다면 공평한 사회라도 되어야 한다.
　공평은 불공정하고 공정은 불공평하다.
　공평은 간단하고 공정은 복잡하기에 사람들은 공평을 선호한다.

'23. 12. 16.

늙어 감

　나의 늙어 감은 나보다 타인이 더 잘 안다.

나의 쾌락

　나의 쾌락은
　내일 걱정 없이, 술 마실 수 있는 것.
　더 이상 나의 이 자유를, 의심하지 않는 것.
　모든 형이상학을, 내 아래에 두는 것.

대담과 신중

　"의지의 영역 밖에 있는 것들(죽음, 고난, 투옥, 단죄, 치욕…)에 관련해서는 대담해야 하고, 의지의 영역 안에 있는 것들(인상에 대한 감정과 태도와 판단)에 관련해서는 신중해야 한다." - 에픽테토스

재판

 현자가 자신의 가르침을 통해 스스로 배우듯, 재판관은 자신의 판결로서 스스로 재판을 받는다.

마주침

 마주침은 스침이 되기도 하고 만남이 되기도 한다. 영혼 없는 수많은 마주침은 기억조차 못 하는 스침이다. 영혼 있는 마주침은 눈을 뜨게 하는 만남이다. 나를 눈뜨게 한 만남, 당신을 눈뜨게 한 만남, 그 운명적 조우遭遇는 언제, 누구와의 만남이었나.

이별

 이별은 슬픔을 동반한다. 이별은 슬픈 자유이며 이별의 대상을 대신할 무언가가 필요하다. '이별의 단초가 된 만남' 이전을 생각하는 것은 지혜다. 만남이 없었다면 이별도 없을 것이니. 운명적 이별의 안타까움은 몌별袂別이 되고 자의적 이별의 안타까움은 회한이 된다.

'23. 12. 17.

삶의 재료

 훌륭한 운동선수가 운동실력 향상에 전력할 뿐 운동기구에 신경 쓰지 않듯이, 현자는 올바른 삶을 위해 노력할 뿐 삶의 재료(부, 권력…)

에는 신경 쓰지 않는다. 그에게 삶의 재료는 한 번 쓰고 버리는 일회용품이다.

자신

사람들은 타인이나 대상에 대해서는 잘 알기 위해 관심 있게 살펴보지만 자신에 대해서는 무관심하다. 건강을 제외하면.

대부분 자신을 위해 살고 있다고 생각하지만 자신을 위해 살고 있는 자는 얼마나 될까. 타인과 돈을 위해 살고 있지 않은지?

저녁술상

술꾼은 푸짐한 저녁안주가 준비되어 있으면 마음이 푸근하다. 내 하루의 삶은 저녁술상을 위한 삶이며 저녁술상이 하루의 꽃이다. 죽음이 인생의 꽃이듯.

비관과 낙관

비관은 기분이고 낙관은 의지라 했는데 어떤 시각으로 살 것인가. 비관적인 세상을 낙관적으로 살다.

중세 기독교 철학자는 물론이고 플라톤, 아리스토텔레스, 칸트 등 대부분의 철학자는 오직 자살에 대해서만은 개인을 위한 지혜를 말하지 않고 사회를 위해 아부했다. 인생을 위한 지혜의 보고寶庫를 남긴 스토익과 에피큐리언은 예외다.

행복과 욕망

 행복은 욕망의 성취가 아니라 욕망의 해소다. 욕망이 실현되어도 욕망 자체가 사라지지 않는 한 행복은 요원하다. 영원한 삶을 원하는 욕망이 실현되어 무한의 시간을 살 수 있게 되어도 욕망은 무한의 무한을 조를 것이다. 욕망은 인식의 칼로 제거된다.

나의 행복

 나는 타인이 욕망하는 것들이 아니라 내가 욕망하는 것들을 원한다. 내 욕망은 내 능력 안에 있다.

'23. 12. 23.

존재와 의식

 존재 없는 시공간은 무의미하다. 존재가 던져질 때 비로소 그 존재의 시공간이 나타난다. 의식은 대상에 대한, 경험에 대한 의식이다. 대상과 경험이 없는 한 의식은 존재할 수 없다. 존재는 시공간의 필요조건이며, 대상은 의식의 필요조건이다.

단상

 대상을 욕망하는 자는 그 대상에 소유된다.

 페르시아의 왕관을 얻기보다는 진실한 인간을 만나기 원하다.

과시와 무시

사람들의 소비행위의 이면에는 과시하려는 의도보다는 무시당하지 않으려는 의도가 강하다. 행복을 원하기보다는 고통을 피하기를 원하는 것처럼.

사람들의 생각

사람들이 생각하는 부, 생활수준 등의 평균치는 실제 평균치보다 높다. 불만, 불행의 구조적 원인이다. 남들은 자신보다 잘 산다고 생각하지만, 막상 그 남들 개개인은 타인이 자신들보다 잘 산다고 생각한다.

불행한 사람은 많고 행복한 사람은 적다. 사람들은 행복을 원한다고 하면서도 원하지 않는 것처럼 사고하고 행동한다. 행복할 수 있는 사고와 행동을 결코 하지 않으려 한다.

한편, 삶에 바쁜 자들은 죽음을 생각할 겨를이 없다. 죽음에 대한 사유조차 가진 자의 것이다.

단편소설

단편소설의 맛은 먹먹함이다. 운명에 휘둘린 자를 바라보는 먹먹함. 1920~1930년대의 우리나라 명작 단편소설처럼. 김연수의 단편소설은 오랜만에 먹먹했다.

생生

자신의 태어남이 다행이라고 생각하는 자는 포실한 자이거나 환상 속에 있는 자다. 고통을 겪은 자나 삶을 통찰하는 자는 자신의 태어남이 반갑지 않다. 이미 태어난 삶이니 묵묵히 견디며 살 뿐이다. 삶을 초월한 자는 드물다.

'23. 12. 30.

애도의 눈물 - 아내의 마음을 생각하며

단지 그 시점을 모를 뿐인 죽음으로의 내리막에서 사그라지는 노모를, 바라보는 마음은 슬프지 않다. 슬픔은 소리 없이 내리는 눈처럼, 숨겨진 채 차곡차곡 쌓인다. 긴 안타까움 속에 불현듯 찾아온 죽음은 슬픔의 방아쇠가 되고 그 순간 비로소 눈물은 폭발한다.

당연한 삶

동물이 할 수 없는 단 하나의 행위를 제외하면 인간의 모든 행위는 다른 동물들과 마찬가지로 살기 위한 것이다. 존재의 유지 즉, 삶은 모든 생물의 본능으로서 당연시된다.

왜 사는가. 삶은 살 만한 가치가 있는가. 태어났으니 당연히 살아야 하는가. 죽을 수 없으니 사는가. 이 '당연한 삶'에 대한 의문과 성찰과 정리 없는 삶은 동물의 삶과 크게 다르지 않다. 성찰 끝에 아무런 결론 없는, 태어났기에 떠밀려 살 수밖에 없다는 결론에 이르더라도 그 결론은 삶의 한 방향을 제시하는 것이다.

1-2. 2024. 1월 ~ 12월

'24. 1. 1.

잉여

　인간을 제외한 동물에게 잉여란 없다. 잉여는 인간에게 행복인 동시에 재앙의 원천이다. 모든 갈등과 싸움은 잉여에서 시작된다. 인간이 동물보다 행복하다면 잉여 때문이고 불행하다면 그 또한 잉여 때문이다. 잉여는 인간을 고귀하게 만들기도 하고 극악하게 만들기도 한다. 잉여에서 비롯된 모순을 없애려면 다시 원시 수렵생활로 돌아가야 하는가. 잉여를 국가나 사회공동체에서 관리하는 체제는 가능할까. 인간의 본성을 고려할 때 불가능하다. 인간의 진화된 지능, 능력, 본능은 인간 스스로 수렁에서 헤어나오지 못하게 만드는 필요악이다. 인간은 절대필요가 아닌 잉여에 목맨다. 그렇지 않은 자는 이상한 사람이 되고 만다. 인간은 불필요한 잉여가 자신에게 너무 적기 때문에 불행하다.

'24. 1. 6.

부富

　부는 경험할수록 가난해지고 비굴해지고 불행해진다. 부를 경험한 자는 가난으로 돌아갈 수 없다. 소박하고 절제된 삶의 유용함을 알지라도 배고픔을 면하기보다는 배부르고도 남기를 원하는 욕망이 지배하는 한, 기꺼이 부의 노예가 되고자 한다. 눈앞의 잡힐 것 같은 부를 움켜쥐기 위해 부의 늪 속으로 스스로 잠겨 버리는 것이다.

금전, 권력, 명예

금전만이 언제 어디서나 스스로 힘을 가지고 있다. 권력의 힘은 시공간의 제약에 갇혀 있다. 명예는 타인의 생각 속에 존재하는 신기루다. 그래서 사람들은 무엇보다 금전을 사랑하는가.

지속되는 행복

해일처럼 들이닥쳤다가 썰물처럼 빠져나가는 행복이 아닌, 고르게 분배되고 지속되는 행복. 현재에서는 느낄 수 없으나 돌아볼 때 비로소 알게 되는 행복. 잔잔한 행복. 참 행복.

사랑과 욕망

욕망하는 대상을 사랑하고 사랑하는 대상을 욕망하다.
사랑을 욕망하고 욕망을 사랑하다.
사랑과 욕망은 등치다.

단상

김치찌개 냄새는 춥다.

철학 책 속에 사는, 사상 없는 철학자는 공허하다.

이해관계/인간관계 = 수단/목적 = 사물/인간

시간의 속도는 망각에 비례한다.

죽음은 누구에게나 등거리에 있다.

필연은 없다.

고통과 인식

부처는 자식을 잃은 여자에게, 죽은 자를 내보낸 적이 없는 집에서 겨자씨 한 알만 얻어 오면 자식을 살리겠다고 말했다. 태어남이 있으면 죽음이 있는 법.

현실의 고통과 깨달음의 인식 차이. 생생한 고통을 깨달음이라는 인식으로 없애거나 경감할 수 있을까. 그것은 고통의 은폐, 위장, 억압 아닐까. 자신의 고통을 보편의 고통으로 치환한다고 그 고통이 위무될까. 감정에 대한 사기 아닐까. 진정한 위로는 깨달음이 아니라 시간 아닐까.

'24. 1. 7.

합일合一에 대한 숙고

자신을 관념적 대상과 일치시킬 때 느끼는 자유는 일종의 환각일지도 모른다. 사실은 그 관념의 노예가 되는 것이니. 자신을 신과 일치시킬 때는 신의 노예로서의 자유, 섭리와 일치시킬 때는 섭리의 조각으로서의 자유, 이데올로기와 일치시킬 때는 이데올로기의 꼭두각시로서의 자유, 국가와 일치시킬 때는 전체주의 맹신자로서의 자유를 환각하는 것이다.

자신을 관념적 대상과 일치시킨 자는 그 대상을 더 이상 바라볼 수 없게 되고 생각할 수 없게 된다. 자신이 그 대상 안에 들어가 버렸으니. 이러한 일치에 따른 자유는 숙고되어야 한다. 참 자유인지, 아편중독자의 자유인지, 어항 속 물고기의 자유인지.

실현될 수 없는 욕망

정의, 자유, 평등, 평화, 행복, 신, 천국, 극락… 실현될 수 없기에 끝없이 되살아나는 해소되지 않는 욕망.

현재에 존재하다

나는 현재를 오롯이 살고 있는가. 욕망, 근심, 고통은 나를 현재에서 어디론가 끌고 가 버린다. 사람들은 무의식 중에 미래를 위해 살지만 그들이 원하는 미래의 끝은 죽음이다. 죽음을 숙고하는 자는 지금 살아 있음이 행복하다. 그는 현재를 사는 소박한 쾌락주의자가 될 수밖에 없다. 현재에 존재하고 현재를 사는 그는 행복하다.

삶의 본능

삶을 향한 본능은 이성 위에 군림한다. 그것은 선, 정의, 윤리 등 모든 것을 삼켜 버린다. 본능을 관조할 수 없는 자는 천박한 이기주의자가 될 수밖에 없다. 그는 '내가 살기 위해서라면 천하를 버릴 수도 있다.'는 조조의 생각과 일치할 것이다.

'24. 1. 13.

명예

　인생이라는 배를 조종하는 세 가지 키, 당위, 욕망, 현실. 그 뒤에는 명예, 부, 나의 삶이라는 결과물이 있다. 단순하게 생각해서 나의 삶을 위해, 명예와 부 중에 무엇을 추구할 것인가. 명예는 형이상학적인 부라서 별 쓸모 없음을 아는바, 요즘 부 대신 명예를 추구하는 사람은 거짓 존경을 받을 뿐이다. 이렇듯 명예는 한낱 지푸라기일 뿐이지만 부가 신어야만 하는 짚신이 된다. 빈자의 명예는 지팡이고 부자의 명예는 화룡점정이다.

인간과 자연

　인간은 '인간과 자연'이라고 표현하며 스스로를 자연과 분리시킨다. 인간도 자연의 일부임에도. 인간은 자연과 분리될 만한 특성을 가지고 있다. 그 특성으로 인해 자연과 투쟁하는 인간은, 이제라도 자연에서 영원히 분리되어 다른 곳으로 사라져야 한다면 지나친 생각일까.

자연의 법칙

　자연의 법칙은 인간이 자연현상을 관찰하고 분석하여 알아낸 것이다. 애초에 자연법칙이 존재하여 자연이 그 법칙을 따르는 것이 아니다. 그 법칙을 벗어난다고 자연에게 뭐라 할 수는 없다. 자연의 법칙은 강제성 측면에서 보면 인간 사회의 법보다는 도덕에 가깝다. 법은 인간이 만들어 놓고 스스로 강제하지만 도덕은 강제하지 않으니. 법은 강자의 마름이요 약자의 상전이지만 자연법칙은 공평하니.

인생 황금기

걱정 없고 고통 없는 시기. 그 시기의 한가운데 있는 황금기를 지나고 있다. 쇠퇴기와 붙어 있는.

의문

100억 년 전의 우주와 100억 년 후의 우주를 그려 낼 수 있는 인간이 우주 시간의 점조차 되지 않는 단 100년 이내에 명멸해야 한다니!

부의 힘

스스로 충분한 부라도 더 큰 부를 만나면 저절로 그것의 노예가 된다. 마치 작은 권력이 큰 권력의 노예가 되듯. 자족하는 자에게 더 큰 부는, 유혹인 동시에 고통이니, 멀리하는 것이 상책이다.

욕망

욕망은 지혜, 절제, 정의, 용기, 인내, 사고력을 무너뜨린다. 그 결과 행복에서 멀어지게 된다.

'24. 1. 14.

가면

가면을 오래 쓰면 얼굴이 된다.

현상의 시원을 모르면 현상을 진실로 안다.

빛 속에 오래 있으면 어둠을 모른다.

삶은 본래 삶이 아니라 무無다.

구가이불귀久假而不歸 오지기비유야惡知其非有也 - 맹자
(오래도록 빌려 돌려주지 않으면 본래 자기 것으로 안다.)

도인
　영원의 상 아래에서, 무한한 시공간(전 우주, 무량한 시간)을 사는 사람은 자유롭다. 관조한다. 관대하다. 얽매이지 않는다.

명성
　현대의 명성은 시간의 기울기(미분, 순간)에 존재한다.

인생무상
　태어나고 살다가 죽은 것이 인생의 전부지만, 삶의 시간, 행위, 기억들은 어디로 가는가. 어디에 저장되는가. 모두가 시공간 너머로 흩어져 버리기에 인생은 무상하다 했는가.

진리
　과학적 진리든 형이상학적 진리든 그것은 그 시대에 의존한 진리다. 과학이 발전하고 사회가 변하는 한 진리는 고정되지 않는다.

취한 공간

술 취하면 모든 것이 평면이다. 가로, 세로만 있고 높이는 없다.

- 술 취하면 술병이건 술잔이건 마구 쓰러뜨린다. 자기도 쓰러진다.

서우봉(제주 함덕)

서우봉에 올라 보니 하루 동안 걸었던 길이 저 멀리 아득하다. 인기척 없어 고요한 정상, 잿빛 구름 가득한 하늘, 적막한 바닷가. 멀리서 천천히 돌아가는 풍력발전기의 큰 날개만이 풍경화가 아님을 알려 준다.

돈과 생각

자본주의는, 죽음, 무지, 불의, 부조리, 미래에 대한 고민 속에 고통받는 소크라테스가 되기보다는 배부른 돼지가 되기를 부추긴다. 내일의 죽음을 생각하기보다는 오늘의 쾌락에 빠져 있게 한다. 돈은 자신을 제외한 모든 것을 비웃고 덮어 버린다. 그래도 최소한, 생각은 하고 살아야 한다.

먼 필연과 가까운 우연

멀리 있는 필연(정의)을 기다리는 것보다는 현실 속의 우연(혁명)을 기대하는 것이 낫다. 내 밖의 정의를 원하지만 내 안의 정의는 원하지 않는다면, 정의는 없다. 인간의 본성을 고려할 때, 성공한 혁명은 없지만 태풍이 일시적이나마 자연을 정화하듯, 혁명은 필요하다.

존재의 증거

"증거의 부재는 부재의 증거가 아니다."

-> 신 존재 증거의 부재가 신의 부재의 증거는 아니다.

-> 신 존재 증거는 없다.

종교와 철학의 평행선

종교와 철학이 평행선인 까닭은, 종교는 믿음(신앙), 철학은 의심(회의)에 기초하기 때문.

'24. 1. 20.

여생 10년

남은 인생 10년? 대장내시경 두 번 하면 끝!

의지와 욕망

의지는 곧 욕망.

"의지와 표상으로서의 세계"는 "욕망과 표상으로서의 세계".

누군가

누군가, 나를 좋아하기보다는 내가 좋아하는 형이상학을 좋아하기 바란다. 더 오랫동안 같이 술 마실 수 있을 것이므로.

거짓

청자가 확실히 속는 거짓은 고백, 방백이 아닌 독백으로 말하는 거짓.

평등

평등을 원하던 빈자, 약자도 자신이 평등 이상이 되면 평등을 원하지 않는다.

'욱'

'욱' 하는 것은 전형적인 약자의 감정이다. 강자는 여유롭다. 운전대만 잡으면 '욱' 하는 나 "장 욱"은 차 안에서만 약자인가, 본래 약자인가.

새로운 이데올로기

새로운 이데올로기의 존재이유이자 한계는 그 자체가 이상적이고 현실성이 없다는 것이다. 새로운 이데올로기는 기존 이데올로기가 지배하는 현실에 대한 불만이 클수록, 불만의 돌파구로서 더 큰 힘을 가진다. 많은 경우 사람들은 새로운 이데올로기에 기만 당했다. 사회를 변혁한 이데올로기는 거의 없었기 때문이다.

'24. 1. 21.

하이데거와 나치즘

하이데거가 나치즘에 경도되었다는 사실에 의문이 있다. 그가 자의로 수용하였는가, 아니면 삶의 수단으로 나치즘을 수용할 수밖에 없었는가. 전자라면 철학자가 못 되고 후자라면 비겁하다. 역사의 심판은 당시의 현실을 고려하지 않는다. 위험과 오명이 두렵다면 난세에는 재야에서 초근목피 하는 것이 낫다.

'24. 1. 28.

존재

존재하는 것은 두 가지로 수렴된다. 형이하학적 물질과 형이상학적 욕망. 우주의 모든 존재(동식물을 포함한 천체)는 물질이며, 정신적인 모든 것(신, 자아, 영혼, 행복, 선악, 정의…)은 욕망이다.

비교

노는 물(레벨, 수준, 범주, 카테고리…)이 다른 대상들은 비교나 시비의 대상이 될 수 없고, 되어서도 안 된다. 철학과 문학, 철학과 신학, 어른과 아이는 노는 물이 다르다.

파괴

어떤 대상을 파괴시키려면 인간의 마음에 파괴의 욕망을 불어넣는 것이 효과적이다.

'24. 2. 3.

단상

당신은 시간의 맥박을 느끼고 있는가.

신념은 사실의 증거가 될 수 없다.

진실한 거짓말

사람들은 사회 속에서 인간적이게도 진실보다 거짓말을 더 많이 할 수밖에 없는 것 같다. 진실만을 말한다면 사회가 유지될까. 대상과 타인에 대한 생각을 거짓 없이 말해도 된다면 어떤 일이 일어날까. 법, 윤리, 도덕, 예의의 가이드라인 없이 진심을 표현하고 속마음을 드러낼 때, 거짓이라는 빙산의 일각 아래의 진실이라는 빙산 전체가 드러날 때, 개인의 사생활이 알려질 때, 경악은 어디까지일까. 얼마나 흥미진진할까. 진실을 말하는 것에 용기가 필요하듯 진실을 덮어 주는 것에도 용기가 필요하다.

진실

사람들이 진실이라고 주장하는 내용은 '진실'이라고 쓰여 있는 포장지로 싸여 있다. 그 포장지를 벗겨 내면 그 내용이 진실인지 거짓인지 도무지 알 수 없게 되기 때문에.

행위의 결정 기준

어떤 일이나 만남을 실행할지 여부를 결정하는 기준은 보통 법, 윤리, 도덕과 이익 등이다. 여생이 많이 남지 않은 상황에서는 중요한 기준을 추가할 필요가 있다. 남은 삶의 기간 대비, 하려는 것의 중요도와 필요성. 간단히 말하면 의무에서 욕망으로의 기준 이동. 즉 자신이 하고 싶은 대로 할 것.

'24. 2. 4.

작가와 독자

작가는 상품이며 독자는 돈이다. 독자는 작가의 상전이다. 작가는 몇 년을 들여 작품을 내놓지만 독자는 몇 페이지 읽고 바쁜 듯, 알로 보듯, 가벼운 평가를 한다. 독자는 작가에 대한 권력을 가지고 있다. 지적 권력이 아니라 선택의 권력을. '아니면 말고'라고 말할 수 있는.

겨울밤의 옛 추억길

옛 추억길을 걸어도 여름밤길은 옅지만 겨울밤길은 진하다. 직장 마지막 1년 동안 걸었던 마포역에서 효창공원역으로 넘어가는 세창고갯길. 그때의 회한은 그 길의 기억을 변하게 했지만, 이 밤 다시 걸어 보니 변한 것은 내 마음뿐이다. 회한은 풍경이 되고 나는 그 풍경 속을 느릿느릿 걷는다. 죽음 앞에 걸었다면 눈물 났으리라.

문명

인류의 고향 아프리카. 그리하여 4대 문명 중 이집트 문명이 가장 이해하기 어려운 문명인가.

사상과 생활

위대한 사상가의 사상을 그의 생활과 결부시켜 평가하는 것은 식욕을 보고 지능을 평가하는 것과 같다. 예수도 공자도 어릴 적에는 코흘리개였으며 인간의 본능에서 벗어나지 못했을 것이다. 사상은 사상이고 생활은 생활이다. 두 영역은 서로 무관한 영역이지만 사람들은 도덕적, 지적 욕망의 잣대로 두 영역을 얽어 놓으려 한다. 사상가의 생활에서 자신이 원하는 바를 파헤쳐 몰래 보려고 하는 관음증 아닐까. 그 사상가도 자신과 별 다를 것 없는 비루한 인간으로 끌어내리려는, 한 인간의 다양성에 대한 무지.

소망과 직관

아무리 훌륭한 인격의 소유자라 해도 그가 직관한 것은 그가 소망한 것이다. 직관에는 순수할지라도 욕망이 담겨 있다. 소망은 욕망이다.

철학의 요약

철학이란 삶과 죽음에 대한 통찰. 왜 살아야 하고 어떻게 살아야 하는가. 왜 죽어야 하고 어떻게 죽어야 하는가. 이것이 철학의 90%다.

성애性愛

상대가 나의 성적 파트너가 아니라 살아가기 위해 노력하는 한 사람임을 인식할 때, 이성理性은 상대를 다시 보지만 성애는 그 사실을 거부한다. 생명의 창조과정은 이성이 개입할 여지가 없다. 감정이면 충분하다. 단순하다. 한 종種으로서의 생명은 그렇게 본능적으로 이어진다.

철학하기의 양면성

철학하기의 양면성의 하나는 자기소실. 선호하는 사상가에 자신을 투영하여 동일시함으로써 스스로 소실되는 것. 다른 하나는 자기확립. 다른 사상을 흡수 통합하거나 그와는 별개의 사상을 창안하여 자신만의 철학을 하는 것.

인간적인 삶

　인간적인(연약하고 비루한) 삶을 옹호하는 것은 아니지만, 선하게, 정의롭게 살아야 한다는 대명제를 주장한다 해도, 그렇게 살지 못할 수밖에 없는 상황은 인생에서 무수히 펼쳐진다. 눈앞의 삶보다 저 멀리 빛나는 선과 정의를 선택한 사람은 인간이 아니라 선과 정의의 화신이라 하겠다.

꼭두각시

　군인이든 소시민이든, 부나 권력을 더 가진 자가 만들어 놓은 사상이나 이데올로기의 꼭두각시로 살게 된다. 국가의 충성을 가장한 체제의 유지를 위해 군가를 부르며 전장에 나가는 군인이나, 자본의 이데올로기인 부라는 환상 혹은 생계유지를 위해 스스로를 다그치며 살아가는 소시민이나, 디오게네스의 주체적 삶과는 대척점에 있다.

형이상학적 무장

　아무리 발전한 형이하학도 형이상학으로 무장되지 않으면 낱낱의 쪼가리가 되어 쉽게 흩어진다. 철학 없는 부와 권력이 오래가지 못하는 이유다.

시기와 적의

　시기는 타인의 행복에 대한 나의 고통. 적의는 타인의 고통에 대한 나의 행복.

'24. 2. 10.

설날의 단상

한 사람이 태어나 부와 권력과 명예를 추구하여 모든 것을 다 얻었다 하자. 자신이 이 세상에 왜 왔는지, 자신은 무엇이고 세상은 무엇인지, 자신과 세상의 관계는 어떤 것인지, 어떻게 살고 어떻게 죽어야 하는지…를 모른다면, 그는 먹이와 생존과 번식에만 온 정신을 쏟는 개, 돼지와 무엇이 다르랴.

관용

관용의 이면에는 상당량의 자존과 오만이 자리잡고 있다.

역사에 남는 이름

역사에 이름이 많이 회자되는 사람은 어떤 부류일까. 사상가, 예술가, 자선가… 반면 한 시대를 풍미한 부와 권력의 소유자들은 별로 없는 것 같다. 사람들이 그토록 원하는 부와 권력은 시간이 지나면 왜 잊혀지는가. 일회용 소모품과 같은 것인가. 사람들이 필요로 하지만 존중하지는 않는.

후취의 느낌

한때의 시간, 하나의 사건, 한 인생마저도 실시간 현장에서는 파악이나 인식이나 느낌 없이, 두서 없이, 정신 없이 스쳐 지나간다. 과거에 쫓기고 눈앞의 미래를 놓치지 않으려고. 그 모든 것이 지난 후에야 그것들이 남겨놓은 흔적과 기억을 통해 비로소 과거를 회상하고 평가하고 인식한다.

철학함은 개별 경험으로 보편의 진리를 보려는 것은 아닌지. 후취의 느낌은, 늦게라도 인식했다는 기쁨보다는 슬픔에 가깝다. 자신의 무지와 섭리의 야속함에.

경계

형이상학적 관념의 경계는 불확실하다. 선악, 미추의 경계가 그렇듯. 무지개 일곱 색깔의 경계를 어떻게 확실히 찾을 수 있겠는가.

정치적 성장

미미한 저기압이 바다의 온기와 습기를 먹고 거대한 태풍이 되듯, 당찬 한 인간은 운명의 시련과 반대파의 비난을 흡수하여 거인으로 성장한다. 최대의 공헌자는 반대파다. Y 대통령은 M 정권에 고마움의 큰 절을 해야 한다. 특히 C 법무장관에게는 두 번의 절을.

인생 풍경

어떤 목적을 위해 매진하는 자는 자신이 수놓고 있는 인생 풍경을 감상할 수 없다. 인생의 가장 큰 목적은 풍경 구경인데, 아무리 중요한 목적이라도 인생 전체로 보면 별것 아닌 것에 눈이 팔려 인생을 낭비한다.

'24. 2. 11.

논리

'만약 ~였다면'은 공허한 논리고 '만약 ~라면'은 의미 있는 논리다. 전자는 시간 낭비고 후자는 미래 설계다.

질투와 시기

질투와 시기는 타인을 깎아내리려는 행위인 동시에, 자신의 무능을 드러내고 타인의 능력을 인정하는 것이다.

다이아반지

만취한 밤, 집에 오니 마누라가 별스럽게 반가이 맞는다. 그리고는 갑자기 들이미는 다이아반지. 취한 눈에도 크기가 심상찮다. 웬 다이아~라고 묻기도 전에 결혼 30주년 기념반지라며 당당하게 1캐럿이라고 한다. 코로나 여파로 은근슬쩍 넘어갔던 결혼 30주년의 저주가 이렇게 나타나다니. '너 미쳤냐!'라는 속마음과 달리 "오, 잘했어!"라는 말이 튀어나왔다. 주워 담을 수 없는. 취했다, 술 끊어야지. 몰래 1캐럿 다이아 가격 검색해 보니 1천만~2천만 원, 술 확 깨며 잠이 쉽게 오지 않는다. 어떻게 하나, 어떻게 무르나.

다음 날 아침, 마누라 눈 뜨자마자 바로 다이아반지 얘기를 꺼내며, 백수 5년에 따른 생활비 마이너스 상황과 가계의 미래에 대해서 솔직한 얘기를 했다. 무를 수 없느냐고 하는 무언의 압박을 실어. 마누라는 결코 무르지 않을 거고 무를 수도 없단다.

- 나 : (분노의 화산 폭발! 큰 소리로) 미친 거 아니야?

- 마누라 : (조롱과 비하의 눈길로, 방백 하듯) 가짜야~.

의자왕

집구석 의자왕 : 마누라가 내게 붙여 준 별명.

- 마누라 : 집에만 있다. 주로 의자에 앉아 있다. 왕도 아닌데 왕 노릇 한다. 성격 더럽다. 한마디로 지겹다.

- 나 : 알겠는데… 3천 궁녀는 어디 있냐?

좋은 것

스토아학파의 덕(부, 건강, 삶, 죽음, 쾌락, 고통은 좋음도 나쁨도 아닌 아무런 차이 없는 것 - 내 의지 안에 없는 것)
에피쿠로스학파의 쾌락(추위, 허기, 갈증 등 고통에서의 해방)
소요학파의 행복(건강, 부…)

핵심

산해진미의 핵심은 허기, 독서의 핵심은 지혜에 대한 열망. 열망 없는 독서는 배부른 자의 산해진미, 무의미한 시간낭비.

삶과 인간

산다는 것은 무의미한 삶을 의미 있는 삶으로 바꾸려는 것. 희망 없는 삶을 희망이라는 환상으로 버티는 것. 깨어난 자는 탈속하여 산속으로 떠나곤 했다. 시끌벅적 고통 속을 사느니 조용히 죽음을 기다리려.

인간은 우주를 생각하며 자유와 행복을 꿈꾸는 어항 속의 물고기다. 그리 오래 살지 못하는. 물고기는 자신이 물고기임을 알까. 인간은 자신이 어항 속의 물고기임을 알까.

이기의 극치

인간은 자기 자식에 대해서는 소중하게 생각한다. 그러나 자식과, 자식의 자식이 살아야 할 오염된 세계(공해, 기후변화, 핵폐기물…)에 대해서는 모른 척한다. 자신을 위해 자식에 대해서도 양심을 버리는 것이다. 인간 양심의 대표적 부재. 이기의 극치. 무지의 극치. 자식을 낳아서 고생시키려면 왜 낳을까.

참된 이익

참된 이익이란 자신과 상대 모두에게 이익이 되는 것. 정상적인 상거래는 참된 이익이다. 불공정거래, 주식, 도박 등의 이익은 참된 이익이 아니다. 많은 사람들이 참되지 않은 이익을 좇는 것을 보면 참되지 않는 것은 인간인가, 인간의 욕망인가.

'24. 2. 17.

인간 관계의 한계

절친한 친구 혹은 피로 맺은 관계(형제, 부자) 사이에 부, 권력, 여자가 등장할 때 다투지 않을 자가 몇이나 될 것인가. 상상해 보라, 굶주린 개들 사이에 고기덩어리가 던져진 상황을. 먹이를 못 차지한 개는 먹지 못한 피해로 끝나지만, 부나 권력 싸움에 패한 자는 불이익이나 죽음이 기다리는 것이 인간사임을 생각할 때, 개가 아니라 인간으로 존재하는 것이 과연 다행인가.

관포지교

백아와 종자기, 아킬레우스와 파드로클로스, 알렉산더와 헤파이스티온.

'24. 2. 24.

중요한 역사

인간의 역사 중에 가장 회자되는 것이 전쟁사라면 가장 덜 알려진 것은 과학사일 것이다. 그 이유는 관심의 차이에 있겠다. 과거 전쟁의 승패와 현재 과학문명의 향유 중에 현존하는 우리에게 중요한 것은 무엇일까. 전쟁의 승패는 홍미거리 정도지만 과학 없이 우리는 몇 주도 생존하기 어려울 것이다. 없으면 죽을 수 있는 중요한 것은 당연시하고 이익과 홍미에 몰입하는 것이 인간의 본성인가.

쉽게 할 수 없는 것

1. 타인에게 기쁨과 행복을 주지만 자신은 아무런 손실도 없는 것. 그러나 쉽게 안 되는 것. 양보.
2. 최선의 경기를 하고 패했을 때, 패배의 슬픔이나 분노가 아닌 보시의 기쁨을 얻는 것.

나이와 금전

나이 들수록 금전이 중요한 사람과 금전이 중요하지 않은 사람의 차이는? 나는?

여분의 금전

여생을 살아가는 데 필요한 금전과, 여생을 안심하고 살아가는 데 필요한 금전의 차이가 현실적인 행복을 좌우한다. 사실은 양자가 같음에도 불구하고 안심하지 못하는 불안이 여분의 금전을 요구하고 그 여분을 위해 금전을 위한 불행한 삶을 연장시키는 것이다. 죽음에 더 가까이 갈 때까지 행복한 삶이 연기되는 것이다. 어떻게든 불행한 삶을 견디지만 모은 금전은 써 보지도 못하고 여분으로 쌓아 두고 죽는 것이다.

여분의 금전, 즉 유산은 자식들에게 양날의 검이다. 유산이 없거나 적은 집 자식들은 유산을 바라지도 않고 서로간의 우애를 잃지 않을 뿐 아니라 더욱 치열하게 산다. 유산이 많은 집 자식들 유산에 눈독들이고 서로간에 원수 됨이 다반사며 그 유산을 지키는 자는 많지 않다. 여분의 금전은 다다익선이 아니라 숙고해야 할 철학적 문제다.

의지의 주인 - 에픽테토스

"누가 나를 죽인다 해도 그는 내 시체의 주인이 될 수 있어도 내 의지의 주인이 될 수는 없다. 내 의지의 주인은 내 의지(프로하이레시스)다."

"내 의지 안에 있는 것들에 대해서는 (판단에) 신중하고 내 의지 밖에 있는 것들에 대해서는 담대하라."

상충

상충되는 개념: (개인의) 자유와 (사회적) 평등 / (개인의) 행복과 (사회적) 정의.

인생

인생은 서툰 배우가 연기하는 비극이다. 하루의 막이 내릴 때 비로소 자신의 연기가 어색했음을 깨닫지만 내일은 다른 배역을 해야 하는.

'24. 2. 25.

주식시장

인생은 주식시장, 욕망의 도가니탕. 욕망과 우연이 뒤섞여 신도 통제할 수 없는 불투명한 인생행로.

집착

"근심과 환란 속에 삶이 있고 평안과 쾌락 속에 죽음이 있다.(맹자)"면 사람들은 왜 근심과 환란의 삶에 집착할까.

노년

노년이 청춘을 부러워하는 정확한 이유는 젊음의 세월, 길게 남은 인생, 건강함보다도 이성異性을 향해 뜨거워질 수 있음이 아닐까.

노년이 인생에서 가장 아름답다고, 봄과 여름보다는 가을이 풍성하다고 우길수록 공허해지는 까닭은?

멍청한 자

예뻐졌다는 말은 본래 예쁘지 않았다는 말이고, 젊어졌다는 말은 늙었다는 말임을 알면서도 그 말에 좋아하는 자는 얼마나 멍청한가. 회갑, 칠순, 팔순을 축하한다는 말에 흐뭇해하는 자, 한탄해야 할 것에 흐뭇해하는 자는 어떤가.

후회

후회는 지혜의 발로지만 후회 없는 삶은 불가능하다. 매주 로또 1등을 맞히는 일이 가능하겠는가. 후회란 "로또 1등 당첨번호를 찍을걸." 하는 것이다. 그 이유에 추가 설명이 필요한가?

행복

행복은 나만의 (좋은) 예외에 있다.

잔소리

늙은이의 잔소리는 젊은이에게는 모래알이지만 늙은이에게는 진수성찬이다.

호기심과 노화

호기심과 노화는 시소를 탄다. 긴 세월 줄다리기를 한다.

천형에의 추가

이전에는 생, 노동, 무지가 천형이라고 생각했는데 늙음도 추가해야 하는가.

시간의 함수

모든 것은 시간의 함수, 이성과 감성 또한 예외는 아니다.

바보

"우리는 옛사람의 과거의 등불을 따라 죽음으로 가는 바보."라는 셰익스피어의 말처럼 우리의 과거는 미래의 바보들이 죽음으로 가는 길을 밝히는 등불인가.

재색겸비 財色兼備

과거에는 才色을 겸비한 사람을 선호했지만 요즘은 財色을 겸비한 사람을 선호한다. 아니, 色 없이 財만 있어도 황송해하는 것 같다.

매미의 삶

매미는 삶이 짧아서 슬픈 곤충이라지만 누가 슬프다는 말인가. 매미가? 성충 1개월을 위해 6년 이상을 나무와 땅속에서 알로, 유충으로 살아서? 이솝 우화, 여우와 두루미를 생각한다.

아는 게 병

아는 게 병, 모르는 게 약인 것. 인간의 속마음, 진실, 운명.

행복할 이유

내가 왜 행복해야 하는가. 나에게 행복할 권리라도 있는가. 내가 불행하다면 혹시 행복이 아닌 행운을 바라고 있지는 않은가. 지금 불운이 없다면 다행으로 여기고 무조건 행복하라.

천당/극락

행복에는 고통이 필요한바, 지속되는 행복은 권태. 천당과 극락은 고통 없이 행복만 지속되는 곳. 그곳은 권태로 가득 찬 유사 지옥. 비슷한 이유에서 나는 불멸의 신, 전능한 신을 부러워하지 않는다.

인간의 능력과 욕망

인간의 유한 능력과 무한 욕망 사이의 심연에 행복이 자리할 곳은 없다. 욕망이 이루어진다 해도 욕망과 행복은 서로를 끌어당기는 것이 아니라, 서로를 밀쳐낸다.

선과 선의 싸움

선과 악의 싸움은 신화나 동화에 있을 뿐, 인간들의 전쟁에 선과 악의 싸움은 없었다. 모든 전쟁은 선과 선의 싸움이었다. 선과 악은 인간의 마음처럼 야누스의 양면인가.

선인과 악인

선인은 악인이 될 수 있으나 악인은 선인이 될 수 없다.

'24. 2. 26.

환멸에 대하여

환멸은 배신이나 실망 같은 나쁜 의미로 사용되는 것 같다. 환멸은 '환상이 사라지다, 환상에서 깨어나다.'라는 뜻으로 환멸의 원인은 대상이나 상황에 있는 것이 아니라 자신의 무지와 오해와 미망에 있는 것이다. 환멸은 뒤늦은 깨달음이지만 부정적 의미가 아니다. 환멸 없이 환상 속을 계속 헤맨다고 생각해 보라.

관념여행

좁은 창으로 볼 수 있는 영역은 제한되어 있다. 더 넓고 많은 것을 보려는 공간여행도 의미 있지만, 관념여행에 비유하면 우물 안 개구리의 하늘, 하루살이의 시간이다. 오늘도 광활한 공간과 심연, 무한시간을 관념여행하다.

자신과의 화해

보통의 인간은 자기의 무지와 과실을 인식조차 못 한다. 그 윗길은 그것을 인식한다. 자신을 인식하고 자신과 화해할 수 있는 자, 나아가 자신을 용서할 수 있는 자는 성찰의 몇 단계 위에 있는 자다.

성숙한 자

"미성숙한 자는 대의를 위해 죽고 성숙한 자는 대의를 위해 산다."는 말이 있지만 노년에 있는 미성숙한 자는 남은 삶을 위해 살고 성숙한 자는 남은 삶을 위해 죽는다.

상식과 통찰

상식은 과거를 보지만 통찰은 미래를 본다. 사람을 보는 눈은 주식을 보는 눈과 같아야 한다. 주식시장은 자잘한 손해를 보는 다수와 막대한 이익을 얻는 소수로 구성된다.

천재와 야망

천재 열명 중에 꽃이 피는 자와, 큰 야망을 가진 범인 열명 중에 꽃이 피는 자 가운데 누가 다수를 차지할까. 인간의 역사를 볼 때, 현재에서는 재능이 우세하지만 미래의 결과는 야망이 우세할 것이다.

지혜와 부

부는 한나절의 강한 냄새를 풍기고 사라지지만 지혜는 멀리 오래 퍼지는 난향과 같다.

지식과 지혜

지식은 직유적이고 지혜는 은유적이다.

지식은 보편적, 객관적이고 지혜는 개인적, 주관적이다.

지식은 숙명적 사별에 슬퍼하고 지혜는 생 이전 평안으로의 회귀에 기뻐한다.

허접한 책

허접한 책의 특징은 논하고자 하는 주제를 인용한다. 그 주제에 대한 해설도 인용한다. 대부분 알고 있는 사실을 서술한다. 작가의 고유한 생각과 의지의 표현은 없다. 주로 역사책이나 철학사책이 그 부류에 포함되며 대표적인 책이 Anthoy A. Long의 헬레니즘 철학(Hellenistic Philosophy). 짜깁기한 책.

실현의 환멸

동경했던 것들이 실현되었을 때, 동경했던 마음은 얼마나 지속될까. 일상에서는 여행을 동경하지만 막상 여행을 며칠 하면 동경했던 마음은 사라지고 일상으로 돌아가고 싶어진다. 일상으로 돌아오면 안락함도 잠시, 권태로움에 다시 여행을 꿈꾸고. 망각의 마술. 망각이 없다면 여행과 일상을 반복하지 않을 것인데, 그것이 바람직한 것인가.

'24. 3. 2.

인생의 목적

'인생의 목적은 행복'이라는 말은 막연하다. 정확하게 표현하면 '인생의 목적은 욕망의 실현'이다. 그 외 모든 것의 추구는 목적을 위한 수단이다. 사람들은 인생의 목적으로서 부, 권력, 명예를 추구하지만 이것들은 자신의 최종 목적이 아니라 어떤 욕망을 위한 도구에 불과하다. 당신이 부, 권력, 명예를 쟁취했다고 하자. 그 자체로 인생의 목적을 이루었다고 생각하겠는가. 아니면 그것을 수단으로 사용하여 자신의 욕망을 실현할 때 인생의 목적을 달성했다고 생각할 것인가. 인생의 목적(최종 욕망)은 개인적이고 은밀하다.

이성의 한계

이성의 한계는 자신의 인식이 주관에 불과한 것임에도 객관을 인식했다고 생각하는 것이다. 이는 칸트가 역설한 이율배반의 원인이기도 하다. (사변)이성의 근거가 되는 오성(경험론적 관점, 조건과 제약적 관점)과 (좁은)이성(합리론적 관점, 무제약적 관점)의 불일치에 있다.

여행과 일상

여행은 불안한 자유, 일상은 안정된 속박. 자유와 안정 중에서 안정으로 기울어짐은 나이의 영향인가.

자연

자연은 자연스럽기도 하고 경이롭기도 하다. 상상 안의 자연과 상상 밖의 자연의 차이다.

사실

사실은 인간이라는 프리즘을 통과하며 당위로 바뀐다.

공해와 가치

감동적인 경치나 사진 작품에는 사람이 없다. 인적 없는 고요한 숲길을 걷는 즐거움은 사람이 나타나면 반감된다. 오늘날 인간은 자연의 공해며 인간은 인간에 대한 공해다.

인간 없는 자연은 그 자체로 가치 있다. 누구의 가치인가? 역설적이게도 인간의 가치다. 모든 가치는 인간을 향해, 인간을 위해 있는 것이며 인간이 만든 것이다.

약육강식

자연생태계에서 약육강식은, 다른 종간에는 생존을 위해 나타나지만 같은 종 내에서는 거의 없다. 호모 사피엔스를 제외하면. 자연에서 약육강식은 먹이의 필요에 의한 현상이지만 호모 사피엔스에게는 먹이로 충족될 수 없는 권력이라는 욕망이 종 내 약육강식의 원인이다.

사고 능력 차이

동일한 외적 상황에서, 천국을 사는 자와 지옥을 사는 자가 공존한다. 매우 중요하고 본질적인, 사고 능력 차이 때문이다.

감정의 파고

감정의 파고는 무지에 비례한다. 이미 알고 있는 것에는 큰 감정이 일지 않는다. 칠정, 고통, 악의 원인도 무지다.

마음과 운명

"성격이 곧 운명"이라는 헤라클레이토스의 말처럼 인간은 성격이라는 타고난 운명의 지배를 받기도 하지만, "마음이 곧 운명"이라면 운명을 능동적으로 전개할 수도 있다.

이기심

이기심은 마음을 눈멀게 한다. 눈먼 마음은 눈앞의 진실을 보려 하지 않는다. 인간의 마음은 적어도 색맹이다.

미美

미는 순간에 존재한다. 미는 아쉬움 속에 있다.

미는 간결함 속에 있다. 오컴의 면도날은 진리뿐만 아니라 미도 창조한다.

아내에 대한 경의

당신의 외모보다 성격을 좋아한다고, 진심으로 아내의 인간성에 대해 경의를 표하면 어떻게 받아들일까. 좋아할까? 욕일까? 성격보다 외모를 좋아한다고 거짓을 말하면 어떨까.

(여자는 자신의 외모에 대해, 속으로는 그다지 미모가 아니라는 사실을 인정해도 겉으로는 결코 인정하지 않는다. 인정하면 두 번 죽는 거

라서 그런가.)

무의미와 무상

　진정한 즐거움, 아름다움, 욕망실현의 기쁨 속에는 슬픔과 아쉬움과 처연함이 숨어 있다. '나' 없는 그것들은 무의미하고 '나' 있는 그것들은 무상하기에.

인식능력

　더 높고 넓고 깊게, 보고 듣고 맡고 맛보고 만지고 생각할 수 있는, 보다 심원한 인식능력은, 빼앗길 수 없는 최후의 최상의 진정한 부이며 권력이다.

예술작품

　시를 포함한 모든 예술작품은 수수께끼에 쌓여 있다. 그 수수께끼를 푼 자만이 그 안의 진리와 진실을 인식할 수 있지만 예술가의 고뇌에 비례하여 수수께끼의 난이도는 증가한다. 아쉽게도 예술작품의 아우라는 범접하기 힘들다는 단점이 있다.

　사람들은 예술작품이 표현하는 의미가 자신의 인식 아래 있을 때 환호한다. 훌륭한 작품이라고 진심으로 격찬한다. 알 수 없는 작품은 평가절하한다. 예술작품에게 대중적이라는 말은 '널리 사랑받지만 싸구려'라는 중의적 의미를 내포하고 있다. 고매한 작품일수록 외롭지만, 그 작품의 작가는 대중의 사랑과 독야청청 사이에서 작품의 본질과 의미를 깊이 고뇌해야 한다.

예술의 핵심

 (참여적) 시와 문학과 예술의 핵심은 숨겨진 진실의 표현인 동시에 그 진실에 대한 거부다. 이 두 가지를 내포하지 않은 (참여적) 예술작품은 중고나라에도 내놓을 수 없다.

권력

 권력은 자신의 생존이 선이고 정의다. 생존을 위해서는 악과 불의와 은밀히 손잡는다. 권력이 선과 정의의 제스처를 하는 것은 대중의 지지를 얻기 위한 수단일 뿐이다.

책

 작가는 영혼의 피와 땀으로 글을 쓰지만 그렇게 쓰여진 한 권의 책은 알려지지 않는 한, 한 번 연극으로 만들어지고 폐기되는 연극대본과 같다.

비평

 작가는 비평을 위한 비평을 싫어하고 독자는 지나친 호평과 아부 섞인 비평을 싫어한다. 작가에게 비평가는 전봇대에게 개이며 독자에게 비평가는 앞서 지나간 개다.

아름다운 죽음

 늙음은 자연의 순리이지만 인간의 늙음이 추해지는 것은 죽음을 회피하기 때문이다. 자연이 아름다운 이유 중에 하나는 죽음을 회피하지 않는 데에 있다. 과잉의료는 죽음을 유예시켜 추한 인생을 지속시킨다.

'24. 3. 3.

미와 지혜

미와 지혜의 관계는 사랑과 지혜, 분노와 지혜의 관계와 같다.

- 무관계 혹은 양립할 수 없는 관계.

선악과

에덴의 선악과는 지혜의 표상이며 신의 사랑의 대척점이다. 존재하게 된 이유는 의심스럽지만 선악과는 신이 정한 금기였다. 선악과는 신을 비판할 수 있는 지혜이며 나아가 신과 동등해질 수도 있기에. 자신의 권력을 그토록 빼앗기기 싫어한 신은 왜 선악과를 만들어 놓고 인간을 시험했을까. 내가 에덴에 살았다면 아무 생각 없이 살기보다는, 노동의 천형을 받더라도 선악과를 베어 물었을까.

악한

부하를 괴롭히거나 귀찮게 하거나 치근덕거리는 상사는 교활한 악한이거나 생각 없는 멍청이다. 의외로 악한이나 멍청이가 아닌 자는 드물다.

대화 상대

좋은 대화 상대는 재치와 유머를 겸비한 달변가. 최악의 대화 상대는 재치나 유머 없이 장황한 자.

시간

시간은 감정의 진정제다. 사랑이든 미움이든 세월을 넘어 지속되는 감정은 드물다. 긴 세월 후에 되살아나는 감정은 무엇엔가 촉발되어 표상된 감정이지 옛 감정은 아니다.

이별과 자유

모든 이별에 슬픔은 없을지라도 자유는 확실히 있다. 우리는 자유를 위해 슬픈 이별을 은밀히 원하기도 한다.

우울

인간은 고통에 사로잡히듯 우울에 사로잡힌다. 지나친 슬픔이나 고민은 우울증이 되어 대상에 무관심해지고 반응하지 않는다. 과도한 슬픔은 자연과 세상의 이치에 무지하기 때문일 수도 있다. 이 세상에 일어날 수 없는 일이 일어난 적은 없다. 그 일이 나에게 일어난 것을 내가 어찌하겠는가. 한바탕 울음으로 씻어 버릴 수밖에.

행복한 시간

구수한 메밀 향과 맛을 충분히 즐기기 위해 메밀국수를 천천히 먹듯, 현자는 행복과 쾌락의 시간에는 육식六識을 깨우고 천천히 즐긴다. 쾌락에 취해 더 진한 쾌락을 얻으려고 서두르지 않는다. 반면 사람들은 행복이 사라져 버린 자리에 멍한 채 너무 오래 머무른다. 그 사이 새로운 행복들은 속절없이 지나간다.

일어난 일

일어난 일보다, 일어날 일에 더 많은 관심과 노력과 감정을 쏟아야 하지만 실제로는 반대의 경우에 빠지기 쉽다.

쾌락

쾌락은 인생의 목적이자 지향점이다. 그 지향점이 이성 아래 있는 한 쾌락은 추구되어야 할 행복이다.

All or nothing

그것만 있으면 다른 것이 불필요한 것, 그것이 없으면 다른 것은 아무 소용 없는 것.

사랑? 건강? 돈?

삶의 증거

행복이 아니라 고통은, 살아 있다는 확실한 증거. 살아 있다면 그에게 극복하지 못할 고통은 없었다. 살아 있음이 그 증거다. 고통은 사물에 있지 않다.

나는 고통받는다. 고로 나는 살아 있다.

존경과 두려움

존경심은 변할 수 있으나 두려움은 변하지 않는다. 존경심의 원천은 자신에게 있고 두려움의 원천은 대상에게 있기 때문이다.

유머

기쁠 때의 유머는 기쁨을 배가시키고 슬플 때의 유머는 슬픔을 잊게 한다.

흔쾌한 사이라면 2인칭에 대한 유머가 가장 즐겁다. 그 유머에 내포된 약간의 놀림과 빈정거림은 오히려 흥을 돋구는 조미료다.

'24. 3. 4.

복수와 용서

　복수는 감정과 몰입의 행위로서 일정 기간 통쾌하지만 용서는 이성과 관조의 행위로서 영원히 자유롭다. 친밀한 관계일수록 인내하고 용서하지만 인내가 탄성을 잃을 때 돌이킬 수 없는 남남이 된다.

부모

　어린 시절에는 부모가 하늘이었지만 사춘기에는 부모를 경멸하고 청년기에는 부모를 무식한 인간이라고 생각한다. 자신이 부모가 될 때 비로소 그의 부모는 다시 하늘이 된다.

고뇌 없는 자

　고뇌 없는 자는 (나이를 불문하고) 피터팬이다.

역경逆境과 순경順境

　순경 속에서는 아부가 들끓고 역경 속에서는 우정만이 남는다 해도, 아부 속에서 우정을 찾아내기 위해 역경을 바라지는 않는다. 아부 속의 순경을 바란다.

모순

　선이 흥하고 악이 멸하는 것이 당위인데 현실(사실)은 악이 흥하고 선이 멸하는 경우가 많다. 당위는 인간의 바람일 뿐이다.

대의大義를 위해

대의를 위해 죽는 것보다는 대의를 위해 사는 것이 낫다. 죽음 이후에는, 대의를 위한 삶과 죽음의 가치와 의의를 평가할 수 없지만, 삶에서는 그것을 평가할 수 있다. 삶을 선택했지만 죽음이 더 좋다고 판단되면 그때 죽어도 늦지 않다. 세상은 죽은 자를 조롱하지 않으니.

두려움 없는 용기

두려움 없는 용기는 없다. 두려움이 없다면 용기라고 표현될 수 없다. 고통 없는 행복이 성립될 수 없듯. 두려움이 있고 그 두려움을 극복했기에 용기라고 부른다.

한편 너무 많은 정보에 따른 망설임은 용기를 식게 한다. 무식하면 용감하다는 말은 속담이나 유머가 아니라 진리다.

행복한 자

가장 행복한 자는 이루어 놓은 성과와 상관 없이 자신의 의지대로 산 자다. 의지대로 살기가 얼마나 어려운가.

일과 기쁨

일이 즐거워 일하는 기쁨으로 사는 자는 얼마나 될까. 대부분은 노예의 삶을 벗어나기 위해 노예의 삶을 살고 있지 않은가. 일에서 벗어날 때 비로소 인생이 아름답지만, 해야 할 일도, 하고 싶은 일도 없는 순수 권태를 살아가는 것 또한 생각 없는 자들만이 겪는 일이다.

염불

선, 정의, 평등… 인간의 본성과 맞지 않기에 사람들이 염불처럼 되뇌는 것.

자유와 질서

자유와 평등은 상호배타적 개념인 반면, 얼핏 생각과 달리 자유와 질서는 상호의존적 개념이다. 자유 없는 질서, 질서 없는 자유를 견딜 수 있겠는가. 질서는 자유의 보호막, 자유가 질서를 파괴함은 스스로를 파괴하는 것이다. 더 많은 황금을 위해 황금알을 낳는 오리의 배를 가르듯, 더 많은 자유를 위해 자유 자신의 배를 가르는.

진리와 진실

진실은 거부할 수 있지만 진리는 거부할 수 없다. 진리는 자연에 있고 진실은 세간에 있기 때문이다. 그리하여 진리는 아름답고 진실은 추악한가.

자신이 욕망하거나 지지하는 것이 진리라는 착각이 혼란과 다툼의 기저다. 진리는 인간과 멀리 떨어져 있다.

씨와 열매

자연의 원리를 발견한 자가 씨를 뿌린 자라면, 그 원리를 활용하여 성과를 창출한 자는 열매를 수확한 자다. 명목상의 영광은 전자의 것이지만 실제의 영광은 후자의 것.

단상

상상 없는 실현은 없다. 과학은 상상력이다.

우리가 내심 바라는 충고는 동의와 칭찬이다.

과거의 행복은 현재의 불행을, 과거의 불행은 현재의 행복을 배가한다.

인생은 꿈이 아닐까 의심하는 자는 거의 깨달음 앞에 있다.

"실존은 본질에 우선하고(사르트르) 존재는 의식을 결정한다(마르크스)."

사람들은 생각대로 말하지는 않지만 말한 대로 생각한다.

신이 하늘에 천국을 만드느라 한눈판 사이에 인간은 지상에 지옥을 만들어 버렸다.

효율은 개인의 몫, 정의는 정부의 몫.

부

자신이 애써 번 돈이, 자신의 권리와 기회의 상징이 아니라, 타인에 대한 책임과 의무의 상징이라고 생각하는 자는 얼마나 될까.

자유, 평등

민주주의가 부르짖는 자유, 평등은 민주주의가 끝날 때까지 부르짖을 것이다. 그것은 민주주의의 목적이자 장애물이다.

'24. 3. 7.

양심

양심은 액세서리, 마음 속에만 있을 뿐 제구실을 하는 경우는 거의 없다.

평등

부의 평등은 소수의 풍요, 다수의 빈곤을 지양하는 것이지만, 평등을 외치는 자도 자신이 더 풍요로워지는 평등을 원하지, 더 빈곤해지는 평등을 결코 원하지 않는다.

샴쌍둥이인 민주주의와 자본주의가 분리되지 않는 한, 기회와 권리의 평등을 추구할수록 부의 불평등은 심화된다. 결국 부를 나눌 것인가(무혈혁명), 가난을 나눌 것인가(유혈혁명)를 결정해야 하는 변혁의 시기가 도래한다.

결코 평등하지 않은 인간들을, 존엄성의 평등이라는 우산 아래 가두려는 시도는 얼마나 불평등한가. 만인의 평등을 주장하는 자도 마음속으로는 그런 주장을 할 수 있는 자신의 우월함을 확신한다.

나는 인간의 존엄의 평등은 인정하지만 사고와 인격의 평등은 인정하지 않는다. 사고와 인격의 수준에 따라 인간을 상중하로 나눈다면 상과 하의 차이는, 하와 원숭이의 차이보다 클 것이다.

독재와 가난

민주주의와 부처럼, 독재와 가난은 서로를 지탱한다. 가난은 (주변을 보고 자신이 살아 있음을) 감사하게 만들고 부는 불평하게 만든다.

개혁과 지지

국민의 지지를 받는 권력은 개혁을 통해 더 강해지고, 지지받지 못하는 권력은 개혁으로 망한다. 국민의 지지를 받는 개혁은 권력을 강화시키고 지지받지 못한 개혁은 권력을 퇴출시킨다. 현 정권의 의료개혁은 어떤 결과를 낳을까.

삶의 토대와 도약

경제적 기반은 정치적, 사회적, 문화적 삶의 토대가 되지만 그 삶의 도약은 경제가 아니라 의지와 관념에서 나온다.

판단의 중심

사람들의 판단의 중심은 정의보다는 이익이다. 이 평범하지만 가려진 사실에 대한 인식이 순수와 노회의 차이다.

선거권

직접 선거권은 투표 이전에는 정부의 귀책에 대한 처벌권이지만 투표 후에는 사면권이 된다.

돈

돈은 인간의 최고 가치인 행복과 오래전부터 교환되었고, 행복의 주체인 인격과도 이미 교환되고 있다. 사람들은 최소한 돈의 노예가 되지 않을 정도의 돈을 벌려고 마음먹지만, 최소한이 되면 최대한을 위해 돈의 진정한 노예가 된다. 노예의 기준은 돈의 많고 적음이 아니라 돈과 결코 교환하지 않는 인격에 있다.

탐욕과 자본주의

막스 베버는 이익을 향한 인간의 본능적 보편적 탐욕과 자본주의를 동일시하지 않았고, 오히려 자본주의를 탐욕을 절제한 이성적 자본의 합리적인 이윤추구라고 했으나, 이는 현실을 떠난 학자의 낙관적 견해다. 사실은 인간의 본능적 탐욕이 자본주의를 만들었고 자본주의는 순진한 탐욕을 교활한 탐욕으로 바꾸어 버렸다.

권력의 이동

현대 사회의 권력은 권력자에게서 부자로 이동한다. 권력은 짧고 부는 길다.

맹세

누군가 당신에게 모든 것을 바칠 수 있다고 맹세하고 그것이 사실이라면, 그는 당신의 모든 것을 앗아 갈 수도 있는 자다.

권력의 쾌감

권력의 진정한 쾌감은 상대의 자발적 복종보다는 강제적 굴종에 있다.

이해관계

단체의 크기가 클수록 인간관계보다는 이해관계로 맺어질 수밖에 없다. 가족, 사회, 국가.

소중한 하루

그저 그런 하루, 일상의 반복, 보람 없는 하루, 아무것도 하지 않은 하루, 권태로운 하루. 그러나 고통 없는 하루라면 소중한 하루다. 인생은 생각만큼 다채롭거나 보람차지 않다. 인생은 그저 그런 소소한 날들의 이어짐이다. 무사함에 감사하자. 그런 시간 끝에 평안한 죽음을 맞는다면 얼마나 다행인가.

유행

자신도 모르게 타인의 의견에 끌려가는 대표적인 사례, 유행.

'24. 3. 9.

중독과 선망羨望

가질 수 있는 것에 대한 선망이 중독, 가질 수 없는 것에 대한 중독이 선망.

성격

성격은 외모보다 오래 가고, 오래 기억된다.

좋은 사람과 좋은 책

좋은 책이 알려지는 것은 좋은 사람이 알려지는 것보다 어렵다. 사람들은 대부분 자기 자신에 몰두해 있으며 조금 형편이 나아져야 다른 사람들을 돌아본다. 책을 둘러본다는 것은 정신적, 물질적으로 상당히 여유 있다는 것이다. 게다가 타인에 대한 얘기가 회자하는 경우는 많지만 책에 대한 얘기를 나누는 경우는 드물다.

사교의 이유

외모, 돈, 지위, 권력, 성격, 미덕….

눈에 띄는 순서. 사교하는 이유의 순서. 중요도 순서. 사람들에게 타인의 외모와 돈은 강력한 사교 유인 요소인데, 미덕은 없어도 되는 요소인가.

'24. 3. 10.

모짊과 어짊

인간 사회에서 높이 올라갈수록 모진 자가 설칠 뿐 어진 자는 찾아보기 어렵다. 모짊은 통용되는 악화고 어짊은 장롱 속에 숨겨 놓고 바라만 보는 양화다.

부와 평안

우리나라 가구당 평균 순자산을 5억이라고 하자. 여유롭게 산다면 10억쯤 되겠다. 100억이 있다고 할 때 평안한 생활을 위한 10억 외에 90억은 별 필요가 없는 돈이다. 필요도 없는 그 돈을 굴리기 위해, 더

불리기 위해 얼마나 스트레스를 받는가. 이익을 보면 당연시하고 손해를 보면 괴로워하는 것이 사람 마음인데 불필요한 돈을 위해 얼마나 중요한 시간을 소모하는가. 100억 부자를 사람들은 부러워하겠지만 현자는 동정한다. 불필요한 돈은 버릴 수도 없는 짐이니. 스트레스고 어쩌고 다 좋으니 돈만 많았으면 좋겠다고?

바쁜 삶

바쁘게 사는 것은 시간을 죽이며, 허비하며 사는 것. 바쁜 시간은 자신이 그 시간의 주인이 아니라 노예다. 한가한 시간에야 비로소 자신과 세계를 돌아볼 수 있기 때문에.

지금은 성찰의 시간이 거북하다. 성찰할수록 다가오는 생의 무의미와 허무 때문에. 어서 술자리를 시작하자. 어느덧 길어진 해, 늦은 땅거미가 내려앉기 전에. 술에 취하면 이런 감상을 피할 수 있으니.

사는 이유

내가 지금 살고 있는 이유는? 행복을 위해서? 물질적 안정이 확보되고 정신적 견고함을 갖추었다면 여생이 행복할까? 행복하다고 해도 그 행복은 내가 사는 이유는 아니다. 내가 사는 이유는 오직 하나, 태어났다는 것. 모든 생물은 일단 태어나면 본능이 살게 한다. 모든 삶의 이유와 목적과 가치, 의지마저도 살려는 본능 아래 있다.

중요한 학문

이공과학은 산 자를 살리는 학문이고 의학은 죽는 자를 살리는 학문이다. 이공과학은 국민 전체를 먹여 살리고 의학은 의사 한 개인을 먹여 살리는바, 무엇이 국가의 미래를 위해 중요한가. 최우수권 학생들이 의학을 선택하는 것을 보면, 인간 대부분은 자신의 이익을 위해 전체의 공익을 버리는 이기적 동물이라는 생각이 든다.

타고난 자

 부와 멋진 외모를 타고난 자는 자신의 행운에 진실로 깊이 감사해야 한다. '생각하는 자아'가 부유한 환경이나 멋진 용모 안에 들어가 살 수 있는 행운을. 같은 확률로, 극빈 부모 아래 태어나 추한 용모 안에 들어가 있는 자신을 발견할 수도 있었음을 서늘하게 되새기며. 당연은 없다. 운은 돌고 돈다.

삶의 조건

 전쟁 중인 나라와 평화로운 나라에 사는 자의 삶의 조건은 얼마나 다른가. 개인의 의도와는 무관하게 벌어지는 피할 수 없는 비참한 삶의 조건. 자신이 그러한 삶의 조건을 벗어나 살고 있는 것은 전적으로 우연이다. 다른 우연으로 자신도 비참한 삶의 조건 가운데 있을 수 있었다. 인간은 자신에게 일어난 좋은 우연은 당연이라고 믿어 버리며, 나쁜 우연은 부당한 우발이라고 분노한다. 동정심은 보편을 생각하는 마음에 있다.

글 쓰는 시간

 글 쓰는 시간은 몰입의 시간, 300자 정도 쓰는데 한 시간이 훌쩍. 작은 타임머신을 탄 것 같다. 허망하다. 죽음 앞에 되돌아보는 시간도 이런 마음일까 두렵지만, 똑같은 마음일 것임을 이미 알고 있다. 그래서 더 허무하고 어이 없다. 삶과 죽음이라는 생의 구조가 답답하다. 이런 구조 속을 벗어날 수 없는 운명에 분노한다.

환갑에

환갑을 축하드립니다? 환갑이 축하할 일이냐, 슬퍼할 일이지!
60년을 살아왔음을 축하하는 것이지만 환갑을 맞은 사람은 살아온 날은 안중에도 없다. 중요한 것은 앞으로 살 날이다. 환갑 축하는 "앞으로 얼마 안 남으셨네요."라는 열받는 말로 들린다. "여생, 진하게 즐기세요!"라고 인사하는 것이 낫겠다.

백수의 루틴

나의 하루 루틴은 독서와 글쓰기, 산책, 탁구, 주연酒宴이다. 주연은 가장 중요한 루틴이니 거를 수 없고, 그다음 선호하는 것이 독서인데, 건강상 산책과 탁구를 할 수밖에 없어 4~5시간을 할애하면 실제 독서 시간은 3~4시간 정도. 남들이 들으면 웃겠지만 나, 백수는 정말 시간이 모자란다.

인생

인생은 고통의 먹지에 행복이라는 세밀화를 그리는 것이어도, 사람들은 삶을 붙잡고 싶어 하지만, 운명은 그들의 바람을 결코 돌아보지 않는다.

말재주

자신의 가장 뛰어난 말재주가 침묵인 자는 결코 그 재주를 사용하지 않는다. 그를 피하고 대화하지 않음이 상책이다.

아마추어의 즐거움

어떤 일(예술, 학문, 저술…)에 대한 아마추어의 즐거움은, 그 일이 직업이 되는 순간 지겨운 의무로 바뀐다. 자기가 좋아하는 일을 아마추어로서 할 수 있음은 행운인 반면, 직업으로서 해야 함은 즐거움이 괴로움으로 바뀌는 이중의 불행이다.

귀한 존재

각 개인은 세상에서 둘도 없는 귀한 존재다. 그러나 자신에게만 귀한 존재다.

'24. 3. 13.

단상

고통은 행복을 배가시킨다. 아플 때 약을 소지하듯, 행복을 위한 고통을 품고 있는 것이 현명하다.

안다고 장담하는 것은 제대로 모른다는 증거다.

사진을 찍을 때 실재의 자신이 아닌 모습을 원하듯, 욕망하는 삶은 실재의 삶이 아니다.

늙음

늙음은 추하다. 추해지기 전에 돌아감이 마땅하다. 특히 자식이 돌아가기를 바랄 때까지 살아 있음은 얼마나 치욕인가.

20대

책장 한쪽에 꽂혀 있는 소설들을 보니 그 책들을 읽던 20대가 떠오른다. 나의 20대를, 나의 젊은 날을 연민으로 바라본다. 꽃 같은 젊음이 시간의 강물에 떠내려가는 것을 속절없이 바라만 보았던 시절을. 지금의 이성理性으로 그 시절을 다시 살 수 있다면 얼마나 좋으랴.

천국과 지옥

내 의지대로 할 수 있는 곳이 천국이고 그 삶이 행복한 주체적 삶이다. 내 의지대로 할 수 없는 곳이 지옥이고 그 삶이 고통스러운 노예의 삶이다. 노예의 삶에 익숙한 사람들은 그 삶이 행복하다고 생각한다. 한 번도 살아 보지 못한 주체적 삶에 오히려 불편함을 느낀다. 자신이 자유인이라고 생각하며 노예의 생을 마친다.

욕망의 우선 순위

식욕과 성욕 중 무엇이 우선할까. 요즘 사람들이 희소성의 차이에서 성욕이라고 한다면, 배고픔은 많이 경험하지 못하고 이성에 대한 갈망은 많이 느끼기 때문일 수도 있다. 인간의 본능인 생존과 번식 중에 무엇이 우선할까를 생각하면 명쾌해진다. 선 생존, 후 번식.

노년

노년은 삶과 죽음 사이의 섬이다. 삶의 뜨거움과 죽음의 차가움에서 격리된 채로 따뜻하게 양쪽을 바라보고 느낄 수 있는. 건강한 노년은 인생의 마지막 선물이기에 짧고 귀하다. 노년을 즐기자, 쉬이 사라지지 않도록 아껴 가며.

노년은 젊음으로 향하지 못한다. 노년은 젊음을 동경하지만 젊음은 노년을 외면한다. 젊음의 생동하는 육체는 노년의 지성을 쳐다보지 않는다. 젊음은 온통 사랑으로 가득 차 있으니.

풍요

현대의 풍요는 자신을 편안하고 즐겁게 해 주는 대상들의 증가다. 그 대상들에 빠져 그것들을 잡으려고 살다가는, 풍요에 의지할 수밖에 없는 풍요의 노예가 된다. 주체 없는 풍요는 꿰지 못한 구슬, 정리되지 않은 생각과 같다. 풍요는 소화시킬 시간을 필요로 한다. 풍요 밖으로 나와 풍요를 바라보고 정리할 시간을. 풍요의 주체를 생각할 시간을.

거리 두기

거리 두기는 지혜와 행복의 유용한 도구. 인간에 대한 거리 두기, 좋아하는 대상에 대한 거리 두기… 특히 인간은 멀리서 보아야 좋은 대상. 가까이 갈수록 실망하게 되는.

대화

타인과의 대화보다 자신과의 대화가 큰 비중을 차지할수록 독립적이고 자기완성도가 높다. 수다에서 침묵으로, 어린이에서 성숙한 어른으로 이행한다. 이런 기준으로 주변 사람을 돌아보면 그의 성숙도가 눈에 보인다.

양심과 상식

상식대로 사는 사람은 많지만 양심대로 사는 사람은 드물다. 인간은 많아도 천사는 드문 것처럼. 상식에 따라 살더라도 가끔은 양심의 검열을 받아 괴로워하고 두려워한다면 그나마 낫다. 양심이 상식에 먹혀 버린 인간이 대다수이니.

돈

돈은 아무리 먹어도 배부르지 않다. 돈을 먹고 배탈이 빈번한 이유.

'24. 3. 16.

존재와 유한

모든 고민, 욕망, 걱정, 의미, 가치, 의도 등 우리가 추구하는 모든 것은 존재함에서 연유한다. 우리가 무의 상태라면 이 모든 것들은 있을 수도 없고 있을 필요도 없다. 존재한다는 것은 본질적으로 유한하다는 것이며 제한 속에 갇혀 있다는 것이다. 이 유한과 제한이, 존재하는 자의 모든 감정과 욕망, 의지와 추구의 근본 토대다. 유한이 종료될 때, 존재와 그에 따른 제한이 사라지며 동시에 무의 무한으로 돌아간다. 무한의 무에서 유한의 존재가 생겨나고 다시 무한의 무로 소멸하는 것이 섭리.

자신의 시간

자신의 의지대로 사는 자는 자신의 시간을 소유하지만 타인의 뜻을 좇아 사는 자는 자신의 시간이 거의 없다. 늘 바쁘다. 그는 자신의 삶을 살고 있는 것이 아니라 일상 속에서 사육되는 것이다.

단상

철학이 여유를 만드는가, 여유가 철학을 가능하게 하는가.

시간의 속도, 인생의 유한함, 무로서의 자신의 무한성에 눈뜰 때, 참 인생은 시작된다.

인생은 행복하기에는 너무 짧고, 고통을 감내하기에는 너무 길다.

시간

인생에서 경험하는 가장 강력한 마취제는 시간. 시간에 마취되어 시간을 느끼지 못하고 어느새 늙고 죽는 것이 인생.

가르침

가르침은 대답이 아니라 물음이다. 진리를 말하는 것이 아니라 진리에 눈뜨게 하는 것. 가르침은 점화다. 가르칠 확고한 진리는 없다. 자기 안에서 완성되는 진리가 있을 뿐. 진리는 구하는 자 안에 있다.

지혜

지혜는 뒤돌아볼 때 생긴다. 환갑, 지나온 60년을 뒤돌아볼 때 나에게 어떤 지혜가 결정結晶되어 있는가. 회한만 가득 차 있지 않은지. 인간이기에 여생을 어떻게 살아야 하는지 고민도 하지만, 어떻게 산다 한들 이제는 거의 정해져 있음도 안다. 하루하루 다가오는 자신의 미래를 이미 예견한다는 것은 이 나이에 즐겁지만은 않다. 나를 기쁘게 할 것은 많이 남아 있지 않다.

철학과 문학

삶의 고난을 이겨 내기 위해 철학이 필요한 젊은이들은 문학을 읽고, 삶의 위안을 위해 문학이 필요한 늙은이는 철학을 읽는다. 젊은이에게 철학은 따분하고 늙은이에게 문학은 무감하다.

효도와 용서

출생의 직접원인이 부모임은 자명하다. 인생이 행복한 자는 부모에게 효도함이 마땅하고, 불행한 자는 부모의 무지를 용서할 수밖에 없다. 불행한 이유가 자식에게 있다 해도, 그 또한 부모의 유전자 영향이다. 행위자가 법적 책임을 지지 않는 유일한 경우는 출생이다. 어찌하겠는가, 이미 태어난 것을.

절망과 희망

절망은 새로운 출발이다. 더 이상 바닥은 없다. 희망은 날개다. 한껏 부풀어 날 수 있지만 대다수는 추락한다. 그렇지 않다면 희망이라 부르지 않을 것이다.

절망은 희망을 내포하고 희망은 절망으로 향하기 쉽다. 비관주의의 열매는 작은 희망이고 낙관주의의 열매는 큰 실망이다.

두 가지 중독

알코올 중독과 일 중독은 서로를 경멸한다. 두 가지 모두에 중독인 경우는 거의 없다. 알코올 중독자인 나는 일 중독자를 얄로 본다. 알코올 중독은 정신 건강에는 좋지만 일 중독은 정신 건강에도 해롭고 회사의 주변인도 괴롭힌다. 가족의 이득이라면 본인의 과로사에 따른 금전이다.

바쁨과 여유로움

바쁨은 삶과 행복의 장애물이요, 죄악이다. 생계를 위한 바쁨은 어쩔 수 없지만, 그 밖의 것을 위한 바쁨은 시간적 자살이다. 여유로움은 권태의 씨앗이라 해도 그 자체로 인생의 미덕이다. 가장 불쌍한 인간은 여유로울 수 있는 환경에서 바쁘게 사는 자다.

친구

서로 이해하고, 대화하고, 시간을 함께하는 것이 즐거운 동성친구도 좋지만, 그럴 수 있는 이성친구는 더 좋다. 그 이성친구가 서로 원할 때 함께 밤을 나눌 수 있고 여전히 흔쾌한 친구로 지낼 수 있다면 더더욱 좋겠지만, 이성친구와의 육체적 관계는 우정을 깨뜨릴 수 있는 폭발물이 될 수 있다.

협동

원시시대 인간의 협동, 협업은 이종 동물의 사냥에서 연유했으나, 현대에는 동종의 인간 사냥이라는 전쟁에 효과적으로 사용된다.

선, 악, 처벌

한 사람이 한 명 이상을 죽이면 살인자로서 처벌받는다. 중세 마녀사냥에서는 다수가 한 사람을 죽여도 처벌받지 않았다. 다수가 벌이는 전쟁에서는 한 명 이상을 죽이면 처벌은커녕 영웅이 된다. 한 사람의 광기는 정신병이지만 다수의 광기는 종교나 이데올로기다. 선과 악, 처벌의 기준은 이념과 숫자에 달려 있다.

'24. 3. 17.

마음의 주인

내가 내 마음의 주인이었던 적이 있었나. 나는 마음을 의지대로 조정할 수 있는가. 내 마음의 주인은 누구인가. 나와 의지와 마음의 관계는 무엇일까.

나는 의지의 표상이며 마음은 의지의 바다다. 의지는 마음의 바다를 항해하는 배고 나는 의지라는 배의 이름이다. 내가 사라지면(무아) 의지라는 배도 사라지고 마음만 남아, 무아로서 나는 마음과 하나가 된다. 마음의 주인이 된다.

대범함

그의 대범함이 깊은 고뇌와 많은 경험에서 나오는 것인가, 아니면 무지, 무사고, 무관심에서 나오는 것인가. 무지를 대범함으로 오해, 착각하고 있지는 않은가.

책임과 다짐

부부간에, 부모 자식 간에 유사시 서로가 서로를 얼마나 보살필 것인가. 슬프지만 바라서는 안 된다. 아무리 사랑하는 사이라도 남이다. 오직 예외는 자식. 천륜은 부모에게 책임으로서 부가되는 것이지 자식에게 의무로서 지워지는 것이 아니니. 병들고 어려울 때 배우자나 자식의 도움을 바라지 말자. 스스로 책임지자.

예외

우리는 예외라는 구멍 많은 통계에 의지하고 살아가는 하루살이다. 타인의 자동차 사고는 당연시하고 나의 사고는 예외로 생각한다. 인간은 운명을 벗어날 수 없는 하루살이, 내일은 당연이 아니라 다행임을 생각하며 오늘 하루를 살았음에 가슴을 쓸어내려야 하는. 사는 곳이 전쟁 속이든 평화로운 곳이든 상황은 같다.

짧은 인생

망각, 분주함, 시간낭비가 인생이 짧은 세 가지 주된 이유인바, 어쩔 수 없는 망각은 일기와 메모로 대처할 수밖에 없지만, 분주함과 시간낭비는 깊은 성찰을 통해 상당 부분 개선될 수 있지 않을까. 인생이 짧고 긴 것은 세월이 지난 후에 평가할 수 있는 것이니, 쉽지도 정확하지도 않지만. 세 가지 이유를 다 해결해도 어차피 돌아보는 인생은 짧을 것이고.

다다익선

많을수록 사람들이 좋아하는 것은 이익과 자유다. 인간의 본성에 위배되지 않기에. 정의가 자신의 자유를 침범하거나 평등을 때문에 손해 본다면 정의와 평등을 결코 원하지 않으리라. 인간은 자신의 이익과 자유가 모든 판단의 기준이다. 위로의 평등은 환호하나 아래로의 평등은 거부한다. 자신을 위한 정의는 찬성하지만 자신의 양보를 전제로 하는 정의는 반대한다.

철학의 무덤

기존 진리는 기착지일 뿐, 진리를 향한 무한 욕망과 추구가 철학함이다. 달성 불가능한 추구지만, 언제, 어디에서인가 그 추구가 멈출 때, 그 시간이 철학의 죽음이고 그곳이 철학의 무덤이다.

언어와 욕망

우리는 언어를 배우듯 욕망을 배운다. 그 언어는 내가 만든 언어가 아니라 이미 타인이 사용하고 있는 언어다. 나의 욕망은 타인의 언어와 같다.

무아

나는 태어나 타인의 언어를 배우고 타인의 언어로 생각한다. 내 몸은 내 밖의 음식물을 섭취하고 성장한다. "나는 생각한다, 고로 나는 존재한다."고 하지만 존재하는 '나'는 내가 생각하는 '나'이지 실재의 '나'가 아니다. 나는 실재의 '나'를 포착할 수 없다. 나를 이루고 있는 정신적, 육체적인 모든 것이 본래 나의 것이 아니었기 때문이다. 있다고 생각하는 상상 속의 '나'가 있을 뿐이다. '나'는 없다. 무아.

상상

자신이 바라보는 자신과 타인과 세상은, 생각이라는 상상이지만, 그런 상상이 없다면 인간은 살아갈 수 없을 것이다. 자신과 타인과 세상에 대한 핑크빛 환상이 아닌, 실제의 모습을 보고 살아야 한다면 얼마나 고통스럽겠는가. 자신이 원하는 진실과 실제 진실의 간격이 그 고통의 크기다.

단상

범인은 자기 밖의 지혜를 찾고, 현자는 자기 안의 무지를 찾는다.

"한 인간의 가치는 자신이 추구하는 것에 따라 결정된다."

유지본능

소멸(죽음)에 대한 거부는 존재의 (유지) 본능이다. 죽지 않아야 할 아무런 이유도 없으면서 무조건 죽음을 거부한다. 존재 이전의 무 상태에서도 본능이 있다면 존재하게 되는 것도 거부할 것이다.

'24. 3. 19.

욕망과 행복

인생의 목적은 행복이라고 하지만 행복은 어떤 결과에 대한 부산물, 좋은 느낌이다. 좋은 느낌을 갖고자 함이 인생의 목적이라면 조금 부족하다. 인생의 목적은 내가 바라는 것(욕망)의 성취며 그때의 기분이 행복이다.

바라는 것이 없으면 행복을 느낄 수 없는가. 성취했을 때의 짜릿한 행복감은 아니지만 그에 버금가는 평안을 느낄 것이다. 현자들이 무욕을 추구(?)하는 것은 성취에 따른 행복이 일시적인 반면, 무욕이 동반하는 평안은 지속되기 때문이다. 범인으로서는 무욕을 유지하는 것이 욕망을 추구하는 것보다 어려울지 모르겠지만.

인생의 가치

인생이란 태어나 살다 죽는 것, 통찰하면 인생은 보잘것없고 무의미하다. 그나마 한 인간의 가치는 그가 어떤 생각으로 고민하며 어떻게 살았는가에 달려 있다. 본능에 충실한 생각과 행동으로 평생을 살았다면 굳이 평할 가치는 없다. 인생을 잘 살아 냈다는 것은 자신에게는 대단한 일이지만 타인에게는 당연한 일이다.

사람들은 생의 무의미를 극복하고자, 본능을 넘어선 생각과 행위를 하고 죽기 전에 무엇인가를 남기려고 한다. 물질적 공헌일 수도 있고 정신적 유산이나 사상일 수도 있다. 무엇을 남기든, 그것이 가치 있든 없든, 후대에 어떤 평가를 받든, 남기는 자는 남기지 못한 자보다 낫다. 죽기 전에 무엇인가를 남기는 것이 인생의 중요한 목적일 수도 있는바, 나는 무엇을 남길 수 있을까.

진리의 아이러니

진리의 사전적 의미는 참된 이치, 보편적인 법칙이나 사실이다. 학문하는 자의 최종 목적은 불변의 보편적 진리를 찾는 것이다. 하지만 진리는 시대와 사회구조에 따라 변한다. 사전적 진리의 의미는 박제된 정의일 뿐 실제로는 그런 의미의 진리는 존재하지 않는다. 실제의 삶에서는 한 시대에만 통용되는 진리, 가설적 진리를 믿고 살아도 큰 문제 없다. 오히려 시대를 뛰어넘는 보편의 진리를 주장하다가는 낭패 볼 수도 있다. 진리의 아이러니. 갈릴레오의 진퇴양난.

규범

규범은 인간이 따라야 하는 행동양식 즉 법, 전통, 제도 등이다. 인간은 규범을 따르는 척하지만 실제로는 규범 밖에 한 발을 걸치고 산다. 규범에서 벗어난 자유를 상상하고 욕망한다. 규범은 사회에게는 '필요'지만 개인에게는 '악'이다. 규범을 떠나 자신의 이성에 따라 사는 자는 진정한 자유인이자 광인이다.

시대

인간은 시대라는 함수의 상수가 아니라 변수다. 그 사실은 인간의 한계인 동시에 생존의 토대다.

후회에 대한 고찰

인간은 자신의 생을 뒤돌아보며 더 좋은 행위, 더 좋은 선택을 못한 것을 후회할 수밖에 없다. 생각해 보라. 어느 때, 행한 자신의 행위가 그 당시 할 수 있었던 모든 행위 중에 가장 좋은 행위일 수 있겠는가. 더구나 매 순간의 행위의 합이 인생이라면. 자신이 한 행위가 최선은 아니지만 중간 정도는 된다고 생각하고 아쉬움 정도에서 끝내는 것이 현명하다.

사실과 기억

사실은 기억을 만들고 기억은 사실을 만든다. 기억은 사실에 기원하지만 사실을 지배하는 힘을 갖게 된다. 시간이 지날수록 사실은 의미를 잃고 기억 뒤에 숨는다.

기원起源

현대에 접할 수 있는 모든 기원은 기록된 기원이다. 기록은 사실이 사라진 기억과 같다. 우리는 기원을 직접 접할 수 없고, 접할 수 있다 해도 그것은 만들어진 기원이다.

존재와 무

무는 존재하지 않음 또는 존재하지 않는 것으로 표현되며, 존재하는 실수에 대한 존재하지 않는 허수(i)와 같다. 존재하지 않는 것으로서의 무는 텅 비어있는 무가 아니라 비존재들로 가득 찬 무다. 가상의 왕국을 이루는 무수한 비존재들로. 사이버 세계는 대표적 예다. 존재의 배경이었던 과거의 무는, 이제는 존재의 세계를 삼켜 버리는 무의 세계로 확장되고 있다.

사유

사유를 통해서 사유의 주체는 사유의 대상과 분리된다. 내가 내 앞에 있는 꽃에 대해 생각하지 않을 때, 나는 그 꽃이 나와 분리되어 있음을 알지 못한다. 사유하는 의식과 내 존재도 그와 같다. 의식이 나를 성찰하지 않는 한 나는 의식과 분리되지 않는다. 의식이 성찰하는 순간, 의식은 나와 분리된다. 분리된 의식은 어디에 있는가. 나는 어디에 있는가. 의식이 내 안에 있는가, 내가 의식 안에 있는가.

기억

평일에는 생각나지 않던 딸인데 주말에는 딸의 부재를 느낀다. 세면대 위에 나란히 있던 칫솔의 부재가 딸을 생각나게 하듯이, 특정 시간과 공간, 사물이 그와 연관된 마음속의 대상을 불러일으키는 것이다. 사랑했던 사람 또한 특정 시간과 공간, 특정 상징물로 압축되어 마음속에 저장되어 있다가 어떤 조건하에서 실제보다 풍성하게 되살아난다. 기억은 압축된 폭발물이다.

오늘과 내일

당신이 오늘의 주인은 아닐 수도 있지만 내일의 주인이 아님은 확실하다. 오늘 로또에 당첨되어 30억을 소유한다 해도, 햇빛에 밝아 오는 내일의 청량한 아침과 바꿀 수 있겠는가.

돈의 효용과 욕망

돈은 효용체감의 법칙을 따르지만 돈에 대한 욕망은 그 법칙을 따르지 않는다. 돈은 일정 수준 이상이면 삶을 유지하는 데 실제적인 효용이 없다. 그럼에도 돈에 대한 욕망이 꺼지지 않는 것은 돈의 권력성 때문이다. 돈을 추구하는 자에게는 부의 순위가 권력의 순위다. 그 서열에 따라 주종관계가 형성되고 돈은 지배의 도구가 된다. 이 모든 것은 돈에 대한 욕망에 눈감는 순간 신기루처럼 사라지지만, 눈감을 수 있는 현자는 드물다.

돈의 한계효용이 "0"이기 때문에 돈을 욕망하지 않을 수 있지만, 돈의 한계효용이 "양수(+)"임에도 돈을 욕망하지 않는 자는 현자다.

지폐에 표시된 숫자는, 로제타 석(Rosetta Stone)에 음각된, 돈이라는 욕망의 상형문자다.

단상

운명에 따라 행위하는 것이 아니라 행위가 운명을 만든다.

욕망은 행복을 향하지만 욕망과 행복은 제로 섬(zero sum).

물질적 쾌락은 작게, 정신적 쾌락은 크게 하는 것이 행복의 지름길.

돈에 대한 갈구는 언제나 충분을 초과한다.

관념철학

비판철학의 대가 칸트는, 관념철학을 '이성의 예술'이라며 실천철학과 비교하여 넌지시 비판했지만, 그의 경력을 고려하면 웃고 넘어갈 수 있다. 문제는 관념 없는 실천이다. 관념철학은 그 자체로 존속할 수 있지만 관념철학 없는 실천철학은 맹목이다. 자기계발서가 한 예이며 그 수준의 대화는 공허하다. 사고와 성찰 없는 대상과의 접촉은 권태롭다.

'24. 3. 24.

가능성

혁명은 압제에 신음하는 자들이 아니라 자유를 맛본 자들이 일으킨다. 압제를 더 이상 견딜 수 없도록 하는 것은 압제를 벗어날 수 있을 것처럼 보이는 상황이다. 가능성이 없으면 시도하지 않는다. 가능성은 보이지 않는 힘이다. 혁명에도, 사랑에도.

두 마음

늙은 부모에 대한 양가兩價의 마음. 돌아가시면 어떡하나, 돌아가시지 않으면 또 어떡하나. 어린 자식을 남겨 두고 눈감는 부모 마음만큼 안타까우랴마는, 늙은 부모를 남겨 두고 눈감는 자식의 마음도 알 것 같다.

인생의 즐거움

인생의 즐거움은 점 백짜리 고스톱. 물질적인 큰 성취나 정신적인 큰 깨달음은 아기자기한 인생의 행복과는 거리가 있다.

처음이자 마지막

모든 것은 처음이자 마지막이다.
저 붉은 노을, 떨어지는 동백꽃, 현재의 사랑, 지나가는 바람, 오늘의 삶, 나의 죽음, 이 순간의 시간… 눈물마저도.

소망

자신이… 초자연적 존재, 우주를 벗어나 통찰하는 실재적 존재, 진리의 입법자, 운명의 조정자라면… 좋을까?

깨달음

깨달음이란 외부에서 발견하는 것이 아니라 이미 가지고 있던 것, 이미 알고 있다고 생각하던 것에 대한 재발견, 새로운 인식이다. 알지 못한 채, 알고 있다고 믿었던 것을 실제로 아는 것이다.

변화와 인식

변화는 점진적이나 인식은 간헐적일 수밖에 없다. 시간의 마술.

아는 자

어떤 것(ex. 슬픔)을 아는 자는 그것을 생각한 자이고, 얼마나 그러한지(슬픈지)를 아는 자는 그것을 체험한 자다.

머리로 사는 (아는) 삶과 몸으로 사는 (체험하는) 삶 사이의 심연.
아는 죽음과 체험해야 하는 죽음의 괴리.

'24. 3. 28.

미래의 안녕에 대한 확신

한 인간이 현재에 즐겁고 평안하기 위해서는 미래의 안녕이 보장되어야 한다. 그가 현재 진실로 즐겁다면 이미 미래의 안녕을 확인한 것이다.

한 현자가 현재에 즐겁고 평안하기 위해 미래의 안녕이 반드시 필요하지는 않다. 그는 외부에 의지하는 바 없이 자신의 운명에 안주할 수 있기 때문이다.

한 염세주의자에게는 내일은 오늘의 악화惡化, 미래는 현재의 악화다. 악화의 최종 도착지는 죽음이다. 그의 평안은 극한의 비관에 기대어 있다. 더 이상 바랄 것 없는 세상임을 알기에 그 무엇도 그의 평안을 어지럽힐 수 없다.

'24. 4. 1.

두 가지 침묵

하나는, 의지를 따르는 침묵. 말하는 것을 의지가 막는 침묵, 말할 수 없는 침묵. 상황에 맞서는 침묵. 원인은 의지.

다른 하나는, 의지를 따를 수 없는 침묵. 의지는 말하라고 재촉하지만 표현할 수 없어 말 못 하는 침묵. 상황에 휩싸인 침묵. 원인은 충만과 넘침, 숭고함.

욕망의 한계

욕망의 한계는 경험과 지식이다. 경험하지 못하고 알지 못하는 것을 욕망할 수 있겠는가. 따라서 욕망은 평등하기도 하지만 평등하지 않기도 하다. 욕망하는 것을 (알기에) 욕망할 수 있지만, 욕망하는 것을 (모르기에) 욕망할 수 없다.

귀족의 욕망 vs. 천민의 욕망, 철인의 욕망 vs. 범인의 욕망.

전자는 후자의 욕망을 욕망할 수 있으나, 후자는 전자의 욕망을 욕망할 수 없다.

미래

미래는 전형적인 관념이며 형이상학이다. 미래는 현존할 수 없는 상상의 세계다. 인간을 문명 시대로 이끈 것도, 인간에게 행복을 부여한 것도, 끝 없는 고통 속을 헤매게 하는 것도 미래에 대한 관념이다. 내일을 생각하지 않을 수 있는 자는 매우 행복한 자고, 내일을 생각하지 않아도 되는 자는 행복한 자며, 내일을 생각해야만 하는 자는 불행한 자다.

인간은 미래를 생각할 수 있는 능력으로 인해 불안하다. 현재의 평안은 언제 올지 모르는 파도에 전복되고 말 종이배와 같다. 게다가 마음 속 깊은 곳에는 죽음이라는 미래의 공포를 깔고 있다. 생각하지 않을 수 없는 미래.

진실한 행복
진실한 행복에는 마술램프의 지니가 필요하지 않다. 지니는 '소유하면 행복할 것 같은 것'만을 제공할 뿐이다.

자살의 이유
자살의 현실적인 주요 동기는 불치병의 고통, 갚을 수 없는 많은 빚, 주변인의 괴롭힘 등이다. 불치병의 고통을 면하기 위한 자살은 안락사라는 제도를 만들 정도로 자의적이며 최선이다. 갚을 수 없는 많은 빚은, 사회를 살아가는 인간으로서는 불치병의 고통과 유사하지만, 자살이라는 이유가 돈에 한정된 것이라는 점에서 수긍할 수는 있으나 최선은 아니다. 괴롭힘에 의한 어린 학생의 자살은 안타깝다. 그 시간을 벗어나면 저절로 벗어나게 되어 있음을 미처 생각하지 못한 미숙한 판단이니. 하지만 어린 시절 그런 괴로움을 경험한 자는 그 심정을 충분히 알 것이다. 촉법소년 연령은 충분히 하향해야 한다.

영원을 담다

'죽음의 집행유예'인 인생이라는 짧은 시간 안에, 어떻게 하면 영원을 담을 수 있을까. 삶은 죽음으로 인해 긴장되고 비장해진다. 삶 속에 있는 자는 자신의 생이 얼마나 짧을지 길지를 모르지만 통찰하는 자에게 그 차이는 의미 없다. 순간에 영원을 담을 수 있는 자에게 긴 시간은 불필요하다.

'24. 4. 6.

변증법적 모순

삶과 죽음은 변증법적 모순을 내포하고 있다.

하나, 삶이라는 '정'과 죽음이라는 '반'에서는 합이 도출되지 않는다.

둘, 삶을 '정'으로 죽음을 '반'으로 설정할 수 없다. 삶에는 이미 죽음이 내재하기 때문이다.

돈

정상인에게 돈이란 많이 벌기도 어렵지만 마구 쓰기도 어렵다.

고통의 크기

없어서 못 먹는 자와 있어도 못 먹는 자, 누구의 고통이 더 클까.

불가능의 고통 vs. 인내의 고통.

다르지만 같은

헤라클레이토스의 "만물은 변한다."와 파르메니데스의 "존재는 변화하지 않는다."는 사상은 일견 상반되는 것 같지만 이면으로는 같은 것을 말하고 있다. 즉 변한다는 것은 외형이 변한다는 것이고 변하지 않는다는 것은 성분, 질료가 변하지 않는다는 것이다. 만물은 형태는 지만 그 성분이나 질료(원자?)는 변하지 않는다.

자유를 구속하는 것

인간의 자유를 구속하는 것은 자기의식(자아)과 선택능력(분별). 자기의식은 인간 고유의 능력이지만 욕망의 원천이자 고통의 원천. 선택능력은 인간의 자유이자 형벌.

도가의 현자는 자유를 얻기 위해 자아에서 벗어나고자, 분별을 초월하고자 노력했다. 대표적으로 위진남북조 시대의 죽림칠현은 세속초탈, 분별초월, 자기 멋을 추구한 자유인이며 그들을 풍류가라고 한다.

진화론적 선택

사람들이 진리나 정의보다는 이익을 선택하는 것은 진화론적으로 당연하다. 인간의 뇌는 진리나 정의를 인식하기 위해 진화한 것이 아니라 생존을 위해 진화했기 때문이다. 지금도 현실적 생존보다 진리나 정의가 더 가치가 있을까?

자식과 축복

자식이 많다는 축복, 자식이 없다는 조금 더 큰 축복, 자식이 단 하나라는 많이 큰 축복. 자식이 여럿인 자는 결손이 두려워 모든 자식을 잘 키우려고 고통을 참고 살지만, 자식이 없는 자는 고통이 아닌 아쉬움을 갖고 살 뿐이다. 고통과 아쉬움의 차이. 나라면 아쉬움을 선택하겠다.

자식은 활시위를 당긴 후의 화살이다.

독서 관리

책을 다 읽으면 책 이름과 평가를 같이 메모한다. Excellent, Good+, Good, Good-, B+, B. Excellent 쪽으로 갈수록 인식의 지평을 넓혀 준 책이고 B 쪽으로 갈수록 소득이 없었던 책이다. 나에게는 인식의 경계를 질주하는 - 애써 노력해야 인식할 수 있는 - 책이 가장 좋은 책이다.

의미

대부분, 후행하는 것이 선행한 것의 의미를 설명한다. 인생의 의미 또한 그런 것인지도 모른다. 그려지고 있는 그림처럼 인생이 아직 남아 있는 한 그 의미는 희미하다. 그림이 완성되어 죽음에 등을 기대고 과거를 돌아볼 때 비로소 인생의 의미와 가치를 알게 되지 않을까. 그때 우리는 어떤 생각을 할까.

현재를 사는 법

현재에는 숨어 있던 존재의 의미는 과거로 흘러갔을 때 드러난다. 자신은 이미 죽었고 죽은 자신이 현재를 지켜보며 살아가고 있다고 생각하라.

현재를 과거로서 살아가는 것, 즉 미래의 시점에 서서, 현재를 이미 지나간 것으로 보고 현재의 삶을 과거의 삶처럼 살아가는 것은, 현재의 삶을 성찰하며 진지하게 살 수 있는 비법이다. 현재를 막연히 사는 것과는 다르게, 과거로 흘러가 버린 현재의 아련한 아쉬움과 현재의 의미를 느끼며 살 수 있는 삶, 조금 더 후회 없이 살 수 있는 삶이다. 미래의 내가 오늘을 회고할 때 아쉬움이 남지 않도록 살 테니.

'24. 4. 7.

기대수명

1964년생의 기대수명, 남자 54세, 여자 60세. 나는 기대수명보다 6년을 더 살았다. 남은 삶은 행운 아니면 형벌이다. 행운의 삶이 형벌의 삶으로 넘어가지 직전이 내가 나를 거둘 때다. 정신이 육체를 지배하지 못할 때 인간의 존엄은 사라지니. 그때를 인식할 수 있기를, 그때까지 결심이 흔들리지 않기를, 생을 마감할 수 있는 존엄한 방법이 생기기를.

무지의 용감함

죽음에 대해서는 "무식한 자가 용감하다."는 말이 적확하다. 죽음의 필연성에 대한 인식은 행동을 마비시키고, 죽음의 시기에 대한 무지는 행동을 야기한다. 노년의 사려와 젊음의 에너지, 충동. 삶을 이어 가고 창조하는 것은 무지의 힘이다.

인재가 필요한 분야

경험에 의존할 수밖에 없는 의학, 상상이 필수적인 과학.
기억력이 필요한 의학, 창의력이 필요한 과학.
뛰어난 인재가 필요한 분야는 의학인가 과학인가.

'24. 4. 14.

의지와 운명

 의지가 살아 있는 한 운명은 힘을 쓰지 못한다. 의지가 사라지는 시점에 운명이 의지를 대신한다. 삶이 의지라면 죽음은 운명이다.

경험과 진화

 경험 없는 진화는 없다. 경험은 진화에 선행한다.

소유물

 일반적으로 나의 소유물은 내 안에 있거나, 최소한 내가 조종할 수 있도록 나와 연결되어 있다고 생각한다. 실제로 나와 연결되어 있는 것은 입고 있는 옷밖에는 없다. 나는, 내 소유물이라고 생각하는 모든 것과, 유리되어 있다. 이 세상에 그렇게 왔고 또 그렇게 간다. 에피쿠로스의 쾌락(허기, 갈증, 추위에서 벗어남)이 주어진다면 그 이상에 대한 소유는 욕망의 망상이 일으키는 쾌락과 고통의 원인일 뿐이다.

인생의 의미

 인생의 의미는 과거가 아니라 미래에 있다. 인생의 관조적, 통찰적 의미는 희미하고 불확실하여 결국에는 무의미로 수렴할 수도 있지만, 인생의 현실적 의미는 명확하다. 잘 사는 것, 즐겁게 사는 것. 인생의 의미는 삶 자체다. 내다볼 미래가 많을수록 인생의 의미는 크고, 돌아볼 과거가 많을수록 인생의 의미는 줄어든다. 죽음을 앞에 둔 자에게 무슨 인생의 의미가 있겠는가.

삶은 죽음으로 향하고 과거에는 의미가 없으니, 좋은 삶이라는 인생의 의미는 좋은 죽음이며, 이를 위해서는 오늘만 살 것 같은 삶을 사는 것이 현명하겠다. 단, 죽음 이후에도 인생의 의미가 이어지는 유일한 방법은, 생전에 자신을 넘어 타인의 좋은 삶을 위한 기여의 다리를 만들어 놓는 것이리라. 좋은 삶을 살아가는 타인의 인생의 의미 속에 스며드는 것. 이 또한 자신의 인생의 의미라고 스스로 생각한다면.

과거의 의미는 미래의 함수

과거의 의미 = f(미래). 과거의 의미는 상수 항이 없는 미래의 함수다. 변수인 미래가 0이 될 때 과거 또한 0이 된다. 미래(시간)가 남아 있지 않은 자에게 과거는 무의미하다.

시간

시간은 미래가 현재로, 현재가 과거로 흘러가는 흐름과 같다. 흐르지 않는 시간, 멈춘 시간, 시간이 남아 있지 않은 상태는 시간이 아니라 사진 속의 공간, 움직임 없는 공간에 가깝다.

인생의 속도

삶으로의 행진은 슬로 비디오처럼 느리지만, 죽음으로의 행진은 수 배속으로 가속된다. 인생을 80세까지라고 하면, 40세까지는 슬로 비디오, 60세까지는 정속, 70세까지는 작은 가속, 70세 이후는 자유낙하다.

성찰

과거와 현재와 미래를 성찰하는 의식 없이, 과거에 대한 후회 없이,

미래에 대한 걱정 없이, 죽음에 대한 고뇌 없이, 영원한 현재를 즐겁게 살 수 있다면 그런 삶을 선택할까. 의식을 끄면 그런 삶을 살 수 있겠지만 성찰하지 않는 삶은 인간의 삶이 아니다. 성찰능력은 진화가 만들어 낸 지혜와 고뇌의 양날의 검이다. 깨침만이 고뇌의 날을 무디게 만든다. 과거, 현재, 미래를 성찰하면서도 후회, 걱정, 고뇌 없이 평안할 수 있도록.

자신 안에 갇힌 자

자신 안에 갇힌 자는 보고 싶은 것만 보고, 듣고 싶은 것만 듣고, 믿고 싶은 것만 믿는다. 모든 상황이 자신을 위해 존재한다. 감정에 사로잡히는 것도 내 안에 갇히는 것이다. 자신 밖에 있는 자는 감정조차 관조한다.

놀람과 당황

놀람은 인식의 불연속성에서 기인하고 '어느덧, 벌써, 언제'라는 부사가 따른다. 노화, 죽음에 대한 인식 등.

당황은 인식의 예측불가능성에서 기인하며 '어떻게, 왜'라는 부사가 따른다. 우연, 돌발상황에 대한 인식 등.

단상

인식에는 사실성이 어느 정도 담보되어 있지만 믿음은 욕망과 의지로 채워져 있다.

진실을 말할 수 있는 만남은 드문 만큼 행복한 만남이다.

누구에게나 가장 먼 미래는 죽음이다.

'24. 5. 1.

언어

세상만사를 현미경으로 들여다보려고 하지만 그 현미경으로 하늘을 볼 수 있을까. 언어는 상징과 개념의 도구, 한 분야에서 통용되는 언어는 다른 분야에서는 통용되지 않을 수 있다. 1 더하기 1은 2라는 것은 수학 일반의 언어고 1 더하기 1은 1이라는 것은 형이상학(철학)의 언어다. 일자(우주)에 일자를 더해도 결국은 일자이니. 삶 더하기 죽음은 무엇일까.

해외여행의 강제쇼핑

해외여행에서의 강제쇼핑은 최면이다. 홈쇼핑의 최면보다 더 강력하다. 낯선 공간, 제한된 시간, 정보의 부족, 은근한 협박 때문에. 경험해본바, 정상가의 2배 이상 바가지를 씌운다. 정상가보다 싸다면 가짜일 확률이 크다. 그 상품을 구매하는 것이 소비자에게 이득이 된다면 판매자가 왜 그렇게 팔려고 애쓰겠는가. 상품이 무엇이건 그들(쇼핑판매자, 여행가이드)은 사기꾼이다.

미래 없는 의지

"내일 세상의 종말이 온다 해도 나는 오늘 한 그루의 사과나무를 심겠다."던 자가 스피노자건 누구건 간에 생각할수록 정말 대단한 자다. 주관적 나의 죽음이 객관적 세상의 종말인바, 내일 죽더라도 오늘 사과나

무를 심겠다? 의지는 미래를 향한다. 오늘의 고통을 벗어나려는 행동을 제외하면 모든 행동은 내일을 위한 것, 미래는 현재의 모든 행위의 출발이요 동인이다. 죽음이라는 블랙홀에 빨려 들어가면서 기어코 사과나무 하나를 움켜잡으며 의미를 남기려는 그 자는 성인인가, 바보인가. 이 또한 세속제가 아닌 승의제인가.

'24. 5. 4.

기억과 행위

(기쁜, 즐거운, 슬픈, 아련한, 분노의…) 감정이 담긴 기억들은 현재의 행위에 매달린다. 어떤 행위도 웬만해서는 그것들을 뿌리칠 수 없다. 세월에 의한 망각만이 벗어나게 한다.

시간과 공간

공간은 어느 정도 우리의 의지에 속해 있다. 금전과 권력에 비례하여 더 많은 공간을 차지할 수도, 섭렵할 수도 있지만 시간은 의지 밖에 있다. 빈부귀천에 관계 없이 누구나 시간의 노예이며 지혜만이 시간을 달랠 수 있다.

'24. 5. 5.

삶의 안쓰러움

결혼하던 해, 나 28세, 아내 26세. 그때의 나를 생각하면 왜 그리 안쓰러울까. 그때의 아내를 생각하면 왜 더 안쓰러울까. 젊음의 방황과 한계성, 그 시절의 아픔들과 그것을 바라보는 회한 때문이리라.

하나, 28세의 내가 60세인 지금의 나를 생각한다면 어떤 마음일까. 아마 더 안쓰럽지 않을까. 영원한 불가능, 결코 손쓸 수 없는 절대적 무에 이미 근접해 있으니.

노화

나이 들수록 몸의 노화보다 의지의 노화가 더 두렵다. 지혜를 가장한 몸 사림보다 다소 무모한 용기가 더 필요하지 않을까.

'24. 5. 9.

지혜와 무지

누군가 진리를 전할 때, 진리를 숭배하는 것(철학)과 진리의 전달자를 숭배하는 것(종교). 영원의 상 아래서 대상(ex. 죽음)을 생각할 때, 영원의 상에 몰입하는 것과 대상에 몰입하는 것. 지혜와 무지.

사람들은 현실을 살아가기에 진리의 전달자를 숭배하거나 그의 뒤를 캐며, 자연의 필연성이 아니라 현상에 몰입한다. 진리는 전달자의 성품이나 행위와 무관하지만, 사람들은 진리가 아니라 전달자에 관심을 쏟는다. 영원의 상은 하나의 대상이 아닌 자연의 필연성이지만, 사람들은 필연성보다는 눈앞 현실의 대상에 집착한다.

진리와 위안

"감정이 위안을 진리로 만들 수 없고, 이성이 진리를 위안으로 만들 수 없다."

- 미겔 데 우나무노

깨달음

깨달음은 당연에 대한 놀라움, 선취적 인식. 미래에 언젠가 알고 놀라게 될 것을 지금 선취하는 것. 우리가 태어나고 살고 죽는 당연한 사실에 놀라고 천착하는 것.

존재

존재는 모든 가치의 원천이며 모든 가치의 표상이고 목적이다.

필연성과 인과

나는 왜 태어났고 왜 죽어야 할까. 자연의 필연성에는 인과를 초월한 목적은 없는가.

미래지향

미래지향은 야망과 도전을 품고 있는 멋진 말이지만 허울 좋은 말이기도 하다. 미래지향은 욕망과 등치 된다. 그 멋짐은 현재를 도구화할 수밖에 없는 황량한 공허에 둘러싸여 있다. 미래지향적인 삶이 공허한 삶이 되지 않으려면 적정수준의 지향점이 미리 설정되어야 한다. 그렇지 않다면 현재는 뒤로한 채 언제까지나 미래의 쳇바퀴를 돌다 죽을 수밖에 없으니. 시쳇말로, 모아 놓은 돈 써 보지도 못하고 황천길로 가니. 불쌍하기는, 없어서 못 쓰는 가난뱅이나 벌기만 하고 쓰지 못하는 자나, 똑같다.

부모 마음

자신은 세상 고민 다 하면서, 자식은 그냥 해맑게 살기를 바라는 마음은 뭘까.

삶이라는 모험

삶은 모험이다. 모험의 기저에는 근원적으로 위험과 죽음이 있다. 위험을 피하려는 의지의 한계는 공간에 제한된다. 시간에 따른 위험은 누구도 피할 수 없다.

모험은 자신 밖으로의 모험 즉 공간상의 이동을 의미하는 모험과, 자신 안으로의 모험 즉 정신적 미지의 세계를 탐구하고 자신의 무지를 일깨우는 모험이 있다. 태어난 자는 누구나 죽음으로 향하며 그 시기는 중요하지 않음을 인식한 자는 어떤 모험도 두렵지 않을 것이다. 안타까운 것은 한자리에서 아무 생각 없이, 또는 생존경쟁에 몰입하다가 죽는 것이다. 사는 목적이 더 잘 먹고 더 잘 싸는 것이라면 굳이 인간으로 태어날 필요가 있었나.

'24. 5. 12.

시간

모든 것은 시간에 종속된다. 공간은 나의 의지 안에 있다 해도 시간은 나를 지배한다. 인간이 추구하는 모든 것 또한 시간의 부속물, 행운이든 불운이든 세상에 나왔으니 남아 있는 한정된 시간 안에 어떻게 내 의지대로 살 것인가. 시간의 노예인 상황에서 또 다른 것(부, 권력, 명예 등)의 이중, 삼중의 노예가 될 수는 없지 않는가. 시간으로부터의 자유는 죽음뿐이다.

자유인

나는 소유한 것, 지킬 것, 얽매이는 것, 해야 할 것 없이, 걱정, 미래, 죽음을 초월하여, 항상 하루만을 살 수 있는 자유인이 될 수 있을까.

소유와 자유

욕망은 소유에 비례한다. 자유는 소유에 비례하는가. 소유한 것 덕분에 하고 싶은 것 다하고, 누리고자 하는 것 다 누리면 자유로운가. 가진 것 없어 오히려 욕망할 것 없는 자의 자유와 비교하면 어떨까. 전자와 달리 후자의 자유는 갈증 없는 자유, 뒷걱정 없는 자유다. 에피쿠로스의 쾌락에 수렴하는 자유. 아타락시아.

스토아 철학의 정수

자신의 의지 안에 있지 않는 것(삶, 죽음, 부, 권력, 명예, 평판…)은 무시하라. 그것은 자신과 무관한 것이니.

자신의 의지 안에 있는 것(판단, 견해, 생각…)을 함양하라. 모든 사건에 대한 감정은 사건이 아니라 사건에 대한 자신의 견해에서 연유하는 것이니.

직장생활

사회생활, 특히 직장생활이 어려운 것은 물질을 위해 정신을 저당 잡혀야 하는 것. 돈을 얻기 위해 비굴해져야 하는 것. 사람들은 자신의 육체적 비평에는 관대해도 정신적 비평에는 분노한다. 그러나 아이러니하게도 자신의 육체가 남에게 지배당하는 것은 분노하지만 자신의 정신이 남에게 지배당하는 것은 크게 신경 쓰지 않는다. 자신이 육체적 노예임은 쉽게 알아차리고 분개하지만 정신적 노예임은 쉽게 깨닫지 못하며 깨닫는다 해도 체념한다. 목구멍이 포도청이라는 말 뒤에 은신하는 것이다. 스토익이라면 어떻게 살까.

만남

기쁘고 재미있고 즐거운 만남은 좋은 만남이다. 상대로 인해 자신이 고양된다면 더욱 좋은 만남이다. 전자는 흔하나 후자는 드물고 어렵다. 이도 저도 아닌 만남, 혹은 저질의 싸구려 만남, 숨막히는 만남은 지속할 필요가 없다. 생은 유한하다.

대가代價

무예의 고수가 되려면 많은 시간과 노력이 필요하듯, 훌륭한 삶, 지혜의 삶에도 많은 대가가 필요하다. 여기에는 자신만의 노력도 필요하지만 타인의 비난이나 조롱에 대한 인내라는 사회적 비용도 지불해야 한다. 소크라테스는 죽음도 불사했다.

되고 싶은 사람

어떤 사람이 되고 싶은가를 물으면 부, 권력, 명예 등으로 대변되는 소유 측면의 대답을 주로 한다. 인내, 관대함 등 인품의 수준을 말하는 경우는 드물다. 실제로 권력을 가진 사람은 인정받아도 훌륭한 인품을 가진 사람은 별로 인정받지 못한다. 정작 그런 인품의 소유자는 신경조차 쓰지 않겠지만.

쇼펜하우어의 말처럼 "철학자의 수는 왕의 100분의 1"이지만 철학자는 우리의 기억 속에 거의 살아남았는데 그 많은 왕들은 다 어디로 갔는가. 어느 왕이 땅 따먹기를 얼마나 잘했는가가 우리에게 무슨 의미가 있을까. 반면, 세계를 정시正視하고 삶을 잘 살도록 길을 터준 철학자들은, 우리 삶에 도움이 되기에 아직도 회자되고 있는 것이리라.

결핍과 상실의 고통

사랑, 정의 등 정신적인 감각대상에 대해서는 결핍의 고통보다 상실의 고통이 크다. 결핍되어 경험하지 못한 것보다는 경험했으나 상실한 것에 대한 회상의 고통이 크기 때문이다.

기아, 갈증, 추위 등 육체적인 감각대상에 대해서는 상실의 고통보다는 결핍의 고통이 크다. 회상보다는 현재 경험하는 고통이 크기 때문이다.

결핍의 고통보다 상실의 고통이 큰 대상(사랑, 자식 등)에 대해서는 신중한 접근과 선택이 필요하다.

중요한 것

사람들이 중요시하는 세 가지 건강, 시간, 돈. 가장 중요시하는 것은 건강이지만 가장 불가역적인 것은 시간이다. 노년으로 갈수록 얻음의 기쁨보다는 상실의 고통을 중시하기를. 크로이소스의 우행을 명심하기를.

반란

반란은 정의를 위해서가 아니라 반란자 자신의 생존(죽음 면하기)을 위해서 결행하는 것. 성공한 반란을 반란자 스스로 혁명이라 부른다.

'24. 5. 18.

어머니와 동치미

86세의 어머니가, 당신이 만든 동치미를 가져가라고 하신다. 내가 동치미를 좋아한다고. 나는 마뜩잖아서 건성으로 알았다고 대답만 했다. 며칠을 알았다며 넘어간 어느 날, "네가 먹기도 전에 동치미가 시어진다."는 어머니의 걱정스런 말에 갑자기 눈가가 뜨거워졌다.

뭐 그리 바쁘다고, 뭐 그리 잘났다고 이 핑계 저 핑계로 어머니의 동치미, 어머니의 작은 소망, 어머니의 자식 사랑을 거부하고 있는가. 만약 그 동치미를 받지 않은 채 어머니에게 무슨 일이 생긴다면 나는 얼마나 후회할 것인가. 아, 때로는 부담스럽다 못해 귀찮을 정도로 찐득찐득한 이 부모의 내리사랑을 어떻게 생각해야 할까. 나 또한 그럴 것인데.

영원의 상

영원의 상 아래서 일어나는 모든 사건과 그 고통을 나는 무심히 바라볼 수 있는가. 자연의 필연성에 칠정을 품지 않을 수 있는가. 필연은 당연, 당연에 감정을 싣는다는 것은 무지 또는 호들갑임을 알면서도 나는 왜 처음인 양, 모르는 척 연극을 하는가.

좋은 날

사람들은 출근하는 평일 아침, 이렇게 조용한 호수공원 정자에 홀로 앉아 하품할 줄을 꿈이나 꾸었던가. 평안 속에 지극히 사소한 걱정으로 하루를 시작할 줄을 어찌 알았겠는가. 매일 걱정과 고민으로 살았던 젊은 시절을 생각하면 지금은 가히 극락이라 하겠다. 시간과 철학에 힘입은 바 크다. 오늘 하늘색은 아무 건더기 없는 진정 하늘색이다.

진리와 마음

잘 변하지 않는 것의 대명사는 진리고 잘 변하는 것의 대명사는 사람 마음인데 사람들이 전전긍긍하며 잡으려는 것은 어찌하여 진리가 아니라 인심인가. "인생살이 어려움은 산 높고 물 깊은 데 있지 않고 뒤집히는 인정에 있다."는 사실을 모르기 때문은 아닐 텐데.

'24. 6. 2.

인간

영원, 무한, 우주… 이런 말을 주머니 속의 알사탕 꺼내듯 사용하는 인간은 얼마나 대단한 존재인가. 그런 단어의 의미 앞에 인간은 얼마나 티끌 같은 존재인가. 이런 단어들을 들을 때마다 모골이 송연하다. 범접할 수 없는 대자연 앞의 미물이라는 생각에.

환갑에

삶의 가치, 의미, 목적 등은 인생 전체를 놓고 보면 모호하고 막연하다. 시간과 공간을 특정할 때 비로소 가치, 의미, 목적이 분명해질 수 있다. 환갑의 올해에 어떤 가치를 추구해야 하나. 어떤 의미와 목적으로 살까.

믿음과 의심

믿음은 의심으로 숨쉰다. 이면에 의심이 작동하지 않는 믿음은 맹신, 사회적 암이다.

목표

형이상학적 목표가 있는 자는 목표를 향해 인생이라는 바다를 항해하는 자이지만, 그러한 목표가 없는 자는 세파에 휩쓸려 주변을 이리저리 맴도는 자며, 실존한 것이 아니라 그저 존재했을 뿐이다.

소유와 가치

모든 대상은 소유하면 가치가 떨어진다. 교환가치의 중심에 있는 금전조차도.

권태예찬

연일 이어지는 공가독작公家獨酌에서 서서히 올라오기 시작하는 권태. 권태는 과도한 행복임을 알기에 용인한다. 권태는 정신적 공허에서 시작되지만 넘치는 안락을 필요조건으로 하는 사치병이다. 대다수는 진정한 권태를 경험하지 못한다.

권태, 안락한 공허여! 지루한 달콤함이여!

자기합리화

자기합리화, 자기기만, 가면… 살기 위해 자신을 속일 수밖에 없는 인간. 우리가 말하는 인간의 불완전성조차, 그 안에 자신의 거짓을 숨기려는 자기최면 아닌가. 인간은 얼마나 교활한 동시에 불쌍한 존재인가. 그렇게밖에 살 수 없는 인간 사회와 문화는 얼마나 척박하고 부자유한가.

인간다운 삶

어릴 적 학교수업 때 선생님의 질문이 두려워 눈을 마주치지 않듯, 생각하기 어렵거나 두려운 문제(삶, 죽음, 섭리, 자유…)를 외면하기 위해 현실의 사소한 것에 몰입하는 삶은, 위험이 닥치면 몸통은 드러낸 채 머리만 감추는 꿩의 삶과 무엇이 다르랴.

자기기만과 환상

누군가 나를 좋아한다거나 존경한다고 하면 나는 양가의 상태에 빠진다. 그럴 수 없는 나를 알지만 스스로 눈감는 자기기만과 혹시 내가 정말로 그런 사람이 아닐까라는 환상.

목적

돈을 모으는 목적이 부자가 되는 것이고, 건강을 지키는 목적이 오래 사는 것이라면, 그 목적은 공허하다. 부자가 되려는, 오래 살려는 이유가 또 필요하기 때문이다. 목적은 스스로의 목적이 될 수 없다. 돈을 모으는 목적은 돈에서 자유로워지기 위함이고 건강을 지키는 목적은 건강에서 자유로워지기 위함 아닐까.

인식과 수용

환상, 가짜, 시뮬라크르가 이미 지배하는 세상에서 그것을 깨부수고 진실의 세계를 찾으려 노력하며 사는 것과, 그것을 인식한 채 모르는 척 수용하며 사는 것 중에 무엇이 현명할까.

뻔한 대화

비록 사회화되어 사회적 인간으로 살아가지만, 그 사회 안에서 일어나는 뻔한 그저 그런 이야기들로 대화를 채우기에는 시간이 아깝다. 색다름 없는 대화가 무슨 의미랴. 뻔한 대화를 피하려면 대화할 사람이 없고, 대화하려면 뻔한 대화를 할 수밖에 없는 아이러니.

'24. 6. 9.

섭리와 운명

운명의 한 자락을 붙잡고 감정을 품으며 생각하는 인간이, 섭리 전체를 이해할 수 있을까. 마하바라타의 아르주나가 두려워했던 한 자락의 운명과, 크리슈나가 일깨워 주었던 섭리는 다른 차원의 진리이리라. 섭리를 한눈에 조감하지 못하고 사는 우리는 불행한가, 다행인가. 선과 악, 사랑과 배신, 무수한 부조리가 판치는 세상을 빚어 내는 섭리를, 무엇을 통해 관조하고 이해할 수 있을까. 나는 언제까지 한 자락 운명을 붙잡고 희비할 것인가. 언제 운명을 넘어 섭리를 통찰할 것인가. 그것은 인간의 영역이 아닌가.

인생의 목표와 수단

인생의 목표와 수단이 적절한 삶을 살고 있는가. 목표와 수단이 전도된 삶을 살고 있지 않은가. 타인들처럼 부, 권력, 명예 등을 인생의 목표로 추구하며 살고 있지 않은가. 그것을 위하여 살아온 삶과, 그것을 위하여 간과한 소중한 것들 앞에 후회하지 않겠는가.

  삶은 끝나지만 부, 권력, 명예 등을 추구하며 삶을 지속하려는 욕망은 끝없다. 끝나는 삶이 욕망을 끝낸다.

'24. 6. 16.

두 층위의 삶
  '현재를 사는 나'와, '영원한 상 아래에서 사는 나'가 동시에 사는 삶. 현재를 사는 나는 행복할 수도 고통스러울 수도 있지만 인생과 시간 전체를 통찰하는 나는 감정을 초월한다. 현재만을 사는 삶은 하루살이의 삶이다. 시간에 쫓기지만 시간이 주어지면 어찌할 바를 모른다.

단상
  자신에게 사랑하거나 존경할 수 있는 사람이 있다는 것은 축복이다.

  습관은 능력의 척도다.

  실제의 삶이 원하는 삶의 도구가 되어서는 안 된다.

  욕망은 가난이다.

  절제는 쾌락의 양념이다.

단정

'세상은 ~한 거야'라는 사람들의 단정 속에는 '세상은 ~하지 않다'는 반대의 경우들이 많이 있음을 내포하고 있다. 자신도 그 사실을 알고 있으나 그 많은 경우를 일일이 대응하기 두려워 스스로 단정한다. 자신의 단순하고 안락한 환상 속으로 도피하는 것이다.

'24. 6. 23.

집착과 초연

어떤 대상에 대해 집착하는가 혹은 초연한가는 그 대상을 얻을 때가 아니라 잃을 때 알 수 있다. 집착한다면 소유했을 때조차 상실에 대한 걱정 때문에 그 대상이 주는 기쁨을 제대로 느낄 수 없다.

인간의 욕망

100년 이상을 살려는 인간의 욕망은 자신의 존재 전후의 무한한 시간에 비추어 볼 때 얼마나 가련한가. 전 세계를 제패하려는 자가 얻을 수 있는 공간은 무궁한 우주에서 내려다볼 때 보이기나 할지. 인간의 욕망 중에 (사회 안이 아니라 혼자 산다면) 실제로 그에게 필요한 것은 얼마나 될 것인가. 대부분의 욕망은 필수 욕망이 아닌 사회적 욕망이다.

판단

자신을 판단할 때 타인의 의견보다는 자신의 의견을 따르라. 스스로 가치 있는 사람이 명예 있는 자보다 나으니. 사자는 개 짖는 소리에 무심한 법.

선에 대한 태도

우리는 악인과 비열한 자를 경멸하고 결코 그런 자가 되지 않도록 노력한다. 한편 덕 있고 사람을 존경하지만 왜 그런 사람이 되고자 적극적으로 노력하지 않을까. 왜 악은 두려워하면서 선은 부담스러워할까. 왜 악은 확실히 멀리하면서 선을 가까이하는 것에는 미온적일까. 남는 게 없어서?

돈과 시간

돈은 아까워하지만 시간을 아까워하는 사람은 많지 않다. 대부분 시간의 낭비에는 무감하고 관대하다. 자신에게 돈은 더 필요하지만 시간은 무한하다고 착각한다.

돈이 피라면 시간은 목숨이다. 피는 살 수 있지만 지나간 시간은 살 수 없다. 지나간 시간만큼 목숨이 잘려나간 것이다. 죽을 때 돈이 없어 죽는 사람이 얼마나 될까. 죽을 때 시간이 더 필요할까, 돈이 더 필요할까.

현재

사람들에게 현재는 잡아 놓은 물고기다. 사람들은 과거라는 놓쳐 버린 물고기와 미래라는 잡지 못한 물고기에 온 신경을 쏟는다. 자신이 유일하게 소유하고 즐길 수 있는 것은 잡아 놓은 물고기일 뿐인데도. 과거에 대한 허상과 미래에 대한 환상 속을 헤매다 결국 현재를 즐기지도 못하고 숨을 멈춘다. 이 순간, 무엇을 더 소유할 것인가가 아니라, 소유한 것을 어떻게 즐길 것인가를 생각하고 실행하는 일이 가장 중요하다.

통찰의 초점

영원의 상 아래에서 본다는 것을, 과거와 현재와 미래를 결정하는 자연의 필연성을 통찰한다는 것으로 이해할 때, 통찰의 초점은 미래가 아닌 현재에 있다. 현재의 사건과 사태가 어떻게 이어질 것인가, 어떻게 되는 것이 타당한가를 과거와 미래를 꿰뚫는 자연의 필연성을 통해 파악하는 것이다.

시간

자신의 시간과 노동을 팔아 돈을 산다는 것은 자신의 시간과 노동보다 돈이 더 중요하다고 생각하는 것이다. 결국 자신보다 돈이 더 귀하다고 판단하는 것이다. 먹고살기 위해서는 어쩔 수 없다 해도, 그렇지 않은 상황에서도 자신을 돈에 파는 자는 실제로 자신의 영혼을 돈에 파는 것 아닌가.

'24. 7. 1.

분화

곁에 있던 가지가 자라나 그 끝이 서로 멀어지듯, 대부분의 우정과 사랑도 세월에 따라 옅어진다. 어릴수록 생각에 큰 차이가 없어 금방 친해지지만 나이 들수록 생각은 분화되어 멀어진다. 우정과 사랑을 시간을 넘어 지켜 주는 것은 관대함이다.

존재함

내가 칠정을 느끼며 생각하고 존재한다는 것은 당연할 수도 있으나,

이 무한하고 어두운 우주에 무가 아니라 내가 존재하고 생각하고 있다는 사실은 얼마나 경이로운가.

시간

과거는 기억 속으로 사라졌고 현재는 벌써 지나갔고 미래는 이미 시작되었다.

인간

다른 종처럼 인간은 인간을 가장 사랑하지만, 다른 종과는 달리 인간이 가장 두려워하는 것도 인간이다. 선의는 그 자체로 존재하지만 악의는 선의의 가면을 쓰고 존재한다.

'24. 7. 7.

고독과 사교

고독과 사교의 관계는 고통과 권태의 관계와 같지 않을까.

스토아적 연습

감각과 지각은 생각과 견해로 포장되어 감정이 된다. 감정을 이성 아래 둘 수 있는 스토아적 연습이란 그 상황을 이미 100번 이상 겪었던 사람처럼 행동하는 것. 철학적 연습은 '어떤 상황에 대해 인간으로서 숙명적일 수밖에 없는 미숙함'에서 벗어나 오랫동안 그 상황을 겪은 사람의 완숙함을 얻기 위함이다. 그러한 완숙함에 이른 사람은 사랑하는 사람을 잃었을 때 그 슬픔을 잘 알고 이해하지만 슬픔에 빠지지는 않는다.

현자의 삶

　현자는 살고 싶은 대로 사는 것이 아니라 살아야 하는 대로 살며, 살 수 있을 때까지 사는 것이 아니라 살아야 할 때까지 산다.

상장과 노화

　성장은 순간 훌쩍 일어나고 노화는 계단식으로 일어난다고 생각하는 것은, 성장과 노화에 대한 '인식'이 간헐적이기에 놀랍고 갑작스럽게 느껴지는 것이리라.

'24. 7. 14.

격언

　계모는 계부를 만들고, 계부는 계모를 만든다.
　- 계모는 친부를 계부로 만들고 계부는 친모를 계모로 만든다.

　눈은 눈썹에 찔리고, 혀는 이에 씹힌다.

　시간은 기다리지 않고, 식은 음식은 맛없고, 아껴둔 욕망은 실현되어도 허탈하다.

성욕

　여자는 수줍음으로 가리고 남자는 신사다움으로 포장하는 것, 성욕.

한 시대의 진리

한 시대의 선과 악, 진과 위, 옳고 그름 등 그 시대의 진리는 지배 계급의 의견, 다수의 의견일 뿐이다.

'24. 8. 4.

성찰

성찰이라는 말은 도처에서 회자되지만 실제로 그것이 행해지는 경우는 드물다. 자기 자신에 대해서 윤리적, 사회적, 정치적, 종교적으로 깊은 성찰을 해 본 자가 얼마나 되랴. 자신의 내면으로 들어가는 문은 대부분 굳게 닫혀 있다. 타인의 마음속으로 들어가는 것보다 어려울지도 모른다. 자신을 성찰하고 있다고 생각하는 대부분의 사람들은 자기 자신이 아니라, 자신이라고 스스로 만들어 놓은 관념적 대상을 들여다보고 있는 것이다.

우정

관포지교에는 관대함이 필요하지만 지음지교에는 교감능력이 필요하다. 친구의 현실적인 사정을 이해해 주는 관포지교도 좋지만 관념을 나눌 수 있는 지음지교의 우정을 원한다. 대화가 통하는 친구가 그립다.

가족 관계

나는 배우자에게, 자식에게 어떤 존재인가. 혹시 곁에 있으면 불편한 존재가 아닌지. 존재하는 것은 좋은데 눈앞에는 없었으면 하는, 가장으로서 금전적 지원만 잘하길 바라는. 가족이 진정 원하는 것이 나의 존재가 아니라 나의 역할이라면, 나는?

황혼이혼

황혼이혼은, 어느 한쪽이 배우자가 싫어도 자식이나 경제적인 이유로 참고 살다가, 그 이유가 해소되거나 더 이상은 참을 수 없을 때 행해진다. 로라의 가출도 유사한 범주일 것이며, 영주와 기사의 관계로 굳어진 오랜 우정이 끝남도 유사하다. 공통점은, 남은 세월 더 이상 참고 살지는 않겠다는 것. 황혼이혼은, 이혼하는 자에게는 자유, 이혼당하는 자에게는 배신일까.

운명의 전복

평생을 운명에 머리를 조아리고 살았다. 환갑이 지나 이제야 겨우 운명을 비웃을 수 있게 되었지만, 지금 곁에는 무엇이 남아 있는가. 알토란 같이 소중한 젊음은 빛나지도 못한 채 운명의 시중을 들다 시들어버리고, 결국은 얼마 남지 않은 여생을 늙어 버린 몸으로 통곡할 수밖에 없는 것이 인생인가. 살기 위해 굽신거렸던 젊음을 토닥여야 하나 경멸해야 하나. 평생을 속박 속에 살다가 속박을 벗어나니 이제 곧 죽음인가. 이것이 인생인가.

할 수만 있다면 지나온 삶, 내 운명을 전복하련다. 죽을 때까지 운명에 조아리다가 맹목의 죽음을 맞을 수는 없지 않은가.

'24. 8. 11.

법, 윤리, 도덕

  법, 윤리, 도덕은 인간의 행위를 당위로 이끌기 위한 체계지만 현실에서는 그 체계를 벗어나는 행위들이 은밀히 또는 버젓이 행해진다. 오히려 그 체계에 걸리지 않는 한 정당하다는 면죄부가 되기도 한다. 죄의식과 수치심이 자신에게서 나오는 것이 아니라 그 체계가 지적해 부과하는 것처럼.

멍부의 재앙

  멍부보다 똑게가 낫듯, 생각 없는 근면 성실보다 생각 있는 게으름이 낫다. 생각하지 않는 자는 악의 수족이 되곤 한다. 악과 불의를 근면 성실하게 이행한 아이히만을 생각해 보라. 한나 아렌트의 말처럼 '생각하지 않는 것은 악'이다.

진심

  어릴 적에는 몰랐었다, 진심도 변할 수밖에 없다는 것을. 바래지 않을 것 같던 단짝과의 우정, 이 세상 전부였던 어머니에 대한 마음, 떠나온 고향에 대한 그리움, 사랑하는 연인에 대한 뜨거움… 이 모든 것은 진심이었지만 시간에 묻혀 희미해지고 기억나지 않고 그리워하지 않게 된다. 시간이 진심을 변하게 한다는 사실을 아는 지금이, 그 사실을 몰랐던 시절보다 행복한가?

가족여행

딸 하나인 우리 가족은 세 명. 오랜만에 부부여행을 가려고 하는데 딸이 같이 가자고 하여 가족여행이 된다. 23세의 딸과 가족여행을 할 수 있는 시간이 얼마 남지 않았음을 알기에 흔쾌히 반긴다. 여행이 시작되는 순간부터 귀가하는 시간까지 나는 외톨이가 됨을 알고 있었지만 그 기분은 매번 까먹는다. 모녀는 재잘재잘, 나는 멀뚱멀뚱. 여행 내내 꾸어다 놓은 보릿자루. 그나마 저녁에 반주하며 기분 좋아진 내가 이런저런 얘기를 하지만 마누라는 끄덕끄덕 의무방어, 딸년은 스마트폰. 부부여행은 몰라도 가족여행은 안 하리라 결심한다. 지난번 가족여행 때 결심했던 것처럼.

여행

하수는 여행 공간을 즐기고 고수는 여행 시간을 즐긴다.

'24. 8. 18.

관점

60세인 현재의 나는, '미래에 어떤 가능성이 있을까'라고 의문을 갖지만, 70세가 된 미래의 나는, 60세의 내가 엄청나게 많은 가능성을 품고 있었음을 회상할 것이다.

의연함

삶에 대한 의연함은, 삶이 죽음을 넘지 못함을 재인식하는 것에서 오며, 죽음에 대한 의연함은, 죽음을 마치 몰랐던 것처럼 행동함이 유치하다는 것을 인식하는 것에서 연유한다.

'24. 9. 1.

의문

　의문, 물음은 성찰의 중요한 도구이자 형식이며 성찰은 자기 검열이다. 성찰은, 물음에 정확한 답을 내놓지는 못할지라도 저열하거나 나쁜 것을 답으로 선택하지는 않는다.

자아

　자아는 기억의 다발, 기억은 시간이 지날수록 희미해지고 탈락되고 부정확해진다. 자아는 찰나의 현재에 피어난 상상이다.

형이상학적 대상

　신, 자아, 영혼 등 형이상학적 대상에 대한 깊은 사고와 연구는 그 대상이 실재하지 않는다는 결론에 이르는 경우가 많다. 한 예로 원시적부터 내려오는 여러 신들과 종교를 비교 분석하면 이러한 것들이 인간의 필요에 의해 만들어진 것이며 그 시원적 사실을 인식할 때, 더 이상 신을 믿을 수는 없는 것이다. 신이 필요악임을 인정한다 해도.

행복

　필요한 것을 바라는 자는 행복할 수 있지만, 바라는 것을 필요로 하는 자는 행복할 수 없다.

고귀한 영혼은 행복을 자신 안에 품고 있다. 과도한 욕망의 실현을 행복의 조건으로 삼는 것은 스스로 비천한 영혼임을 반증하는 것이며 결코 행복에 머물 수 없다.

유한한 인생에서 소유한 시간은 의미 없다. 만족한 시간이 의미 있다. 많이 소유할수록 행복한 자는 그만큼 행복하기 어려운 불행한 자다.

행복은 미래의 상상이나 과거의 기억으로 존재한다. 현재의 행복을 인식하는 것은 결코 쉽지 않다.

제철과일
미네르바의 부엉이는 황혼이 되어야 날듯, 선취하고자 정진했던 깨달음은 결국 제철과일이었나.

사물(thing)
우리는 우리의 분별 기준으로 인간, 동식물, 사물(事物) 등으로 대상을 구별하지만 자연에서는 모두가 하나의 사물(thing) 아닌가. 사물(thing)은 사물(死物)이다.

본능
모든 욕망은 본능, 즉 생존과 번식을 위한 식욕과 성욕을 근간으로 피어난다. 금전, 권력, 명예 등에 대한 욕망도 강하지만, 방해받지 않고 식욕과 성욕을 무제한으로 충족시킬 수 있는 조건으로 다른 욕망을 포기해야 한다면, 그렇게 하지 않을 사람은 얼마나 될까.

집착

주식투자 결과(주가)에 대한 집착은 흡연의 유혹과 유사하다. 흡연을 지속하게 되듯 지속적으로 주가를 조회하게 된다. 흡연이 육체 건강을 해친다면 주가에 대한 집착은 정신 건강을 해친다.

무와 탄생

부처와 불교 수행자들이 결혼을 하지 않은 이유는 생(生)이라는 고(苦)를 만들지 않기 위해서일 것이다. 나 또한 무의 적(寂) 속에, 존재 전의 기(氣)로서 남아 있을 수도 있었는데… 나는 왜 존재하여 이렇게 살고 있는가. 삶의 기쁨이, 사랑의 열락이 아무리 크다 한들 탄생 이전의 무의 평안과 견줄 수 있겠는가.

운명

운명은 과거형이지 미래형이 아니다. 운명은 (인생을, 사건을) 앞서가지 못한다. 뒤따를 뿐이다. 원인으로서의 운명은 없다. 결과를 놓고 운명이라 칭할 뿐이다. 결과를 놓고 보면 모든 것은 운명을 따를 수밖에 없는 것이다.

'24. 9. 8.

단상

"지옥은 장소가 아니라 상태다." - 호르헤 루이스 보르헤스

소유하지 않을수록 필요한 것이 적어진다. 필요한 것이 최소일 때,

쾌락은 최대가 된다.

욕망이 소유의 원인이 아니라 소유가 욕망의 원인이다.

배우와 관객

배우는 연극의 주인공으로서 연기에 몰입할 뿐 자신의 연기와 연극에서 일어나는 모든 것을 관조할 수 없다. 관객은 연극의 주인공은 아니지만 배우의 연기와 그 밖의 모든 것에 몰입할 수 있고 동시에 관조할 수 있다. 자신의 행복을 위해 둘 가운데 어떤 삶을 지향할 것인가.

노는 놈, 일하는 놈

회사를 그만두고 놀고 있는 내게 한 친구가 무슨 일을 하냐고 묻는다. '그냥 논다'고 하면 내심 안됐다는 표정을 짓기에.

- 나 : 너는 왜 일하냐?
- 친구 : 머뭇머뭇
- 나 : 나중에 잘 놀려고 일하는 것 아니냐?
- 친구 : 끄덕끄덕
- 나 : 야, 나는 노는 지 한참 됐어!
- 친구 : 놀고 있네!

감정과 영감

책이든 풍경이든 대상을 접하고, 다양한 감정과 영감이 우러나오는 자의 능력과 지혜는 타고난 것일까. 멋진 표현을 읽고 그런 멋진 대상을 경험한 것을 부러워할 것이 아니라, 그런 멋진 표현 능력을 부러워하라던 쇼펜하우어의 말이 생각난다.

지껄이는 자

대화에서 혼자 쉴 새 없이 지껄이는 자의 혀 밑에는, 침샘이 아니라 무지가 가득 고인 허영의 샘이 있다.

경제와 욕망

사치품을 선호하고 사치품이 잘 팔리는 (자본주의) 사회가 사치품을 경멸해야 하고 생필품을 선호해야 하는 (사회주의) 사회보다 더 잘사는 것은 도덕적으로는 이해할 수 없는 아이러니다. 경제는 도덕이 아니라 욕망을 따른다.

'24. 9. 22.

존재의 고통

존재하려는 모든 행위는 고통을 수반한다. 자아가 형성되기 전의 아이는 그나마 행복하지만 자아가 생기고 존재를 위한 투쟁에 참여하게 되면서 고통은 시작된다. 삶이 지속될수록 고통이 커지다가 죽음에 이르러서야 탄생 이전의 무의 평화로 돌아간다.

자기애와 자긍심

자기애와 자긍심은 삶과 행복의 뿌리다. 이 뿌리가 깊이 자라야 비로소 정상적인 이타심과 자발적 희생의 열매가 열린다. 국가와 교육과 종교는 뿌리를 깊게 하기보다는 열매를 맺도록 세뇌하고 가르친다. 국가의 이데올로기, 종교의 신에 세뇌된 자는 자신의 가치를, 국가의 이데올로기, 종교의 신에 대한 헌신과 희생으로 맹신하며, 국가와 종교의 도구로 전락한다.

나의 본능

단편적 성찰을 통해 본 내 인생은 행복본능보다는 생존본능에 지배된 삶이었다. 평생 오늘을 즐기기보다는 내일을 걱정한 만큼, 행복한 기억은 많지 않다. 이제 여생이 많이 남지 않았고, 생존과 미래를 걱정하지 않아도 되는 상황하에 있음에도 무의식은 여전히 행복보다는 생존에 몰입한다. 사치한 행복추구는 불편하다.

하지만 이제는 깨달아야 한다. 걱정할 내일은커녕 즐길 내일조차 얼마 남지 않았음을.

'24. 9. 29.

돈의 액수와 교환가치

미래를 위해 돈을 모아야 했던 젊은 시절에는 돈의 교환가치를 생각해야 했지만 이제는 그냥 액수만 생각하는 것이 좋겠다. 교환가치를 생각하면 쓰기 어렵다. 얼마 남지 않은 인생, 언제까지 쓰지 않고 모으기만 할 것인가. 큰 범위 안에서 용납되는 지출은 교환가치를 생각하지 말 것.

감각과 인식

감각을 앞세운 인식이란 얼마나 유치한가.

감각 없는 인식이란 얼마나 어려운가.

존재와 진리

자신의 목숨을 바칠 가치가 있는 진리 또는 신은 존재하는가. '진리 또는 신을 위해 목숨을 바친다.'는 말은 논리적인가. 자신(존재)이 없는데 진리 또는 신은 무슨 의미가 있는가, 무슨 소용인가. '선 존재 후 진리'가 참이다.

원하는 삶

이제는 자기검열에서 벗어나 자신이 원하는 삶을 살 때가 되었다. 종교적, 사회적 당위를 벗어나 타인을 의식하지 않고 오직 스스로가 원하는 삶을. 이순耳順이 지난 지금, 이미 자신과의 갈등을 넘어 자신과 합일되었다면 종심從心까지 기다릴 필요가 있을까.

의식

인간의 의식은 시공간과 같다. 그 자체로는 아무런 기능도 역할도 하지 못한다. 시공간상에 어떤 물체나 사건이 던져져야 비로소 시간과 공간이 드러나듯, 의식에 어떤 대상이 나타나야 비로소 그 대상에 대한 의식이 가동한다.

나의 주인

내가 내 생(삶과 죽음)의 노예가 아니라 주인이라는 것이 얼마나 다행인가. 내가 매 순간 무의식적으로 죽음이 아닌 삶을 선택하는 것은 나의 이성이 그 선택을 용인하는 것이다. 어느 순간 나의 이성은 무의식적인 삶의 선택을 벗어나 의식적으로 죽음을 선택하리라. 자살은 신과 모든 생명체 중에 인간의 유일한 특권이다. 전능한 신이 자살을 못하는 이유는 인간이 신을 자살할 수 없는 존재로 설정했기 때문이다.

'24. 10. 6.

목적으로의 대우

칸트는 "인간을 수단으로 이용하지 말고 목적으로 대하라."고 했지만, 타인과 사회는 나를 항상 목적으로 대했는가. 나는 타인을 늘 수단이 아닌 목적으로 대했는가. 칸트의 말의 배경은 대부분 착하게 살지 않기에 "착하게 살아라."라는 말이 나온 배경과 같지 않을까.

똑똑한 백성

군주는 똑똑한 백성을 원치 않고 종교지도자는 똑똑한 신도를 원치 않는다. 자신보다 똑똑한 아래 사람이 따지고 드는 것을 누가 좋아하겠는가. 사회와 권력은 자신의 유지를 최우선으로 하며 그것에 장애가 되는 것은 가차 없이 잘라 버린다. 사회와 권력의 이면이다. 사회와 권력에 세뇌되어 사회에서 성공한 자로 살 것인가, 그 사회를 통찰하고 일깨우는 등으로 살 것인가.

부모에 대한 감사

자식은 어떤 경우에 자신을 낳아 주었음을 부모에게 감사할까. 유복한 환경에 감사할까, 자신에게 희생해 주어서 감사할까. 부모의 희생은 낳은 자식에 대한 의무라고 생각할 때, 나는 부모에게 감사한 적이 딱

한 번 있다. 삶이 공짜라는 것과 원할 때 죽을 수 있음을 깨달았을 때.

행복한 척

행복해 보이는 타인을 부러워하는 자신은, 행복하지는 않지만 행복한 척한다. 가장된 행복의 연쇄, 거짓 행복의 뫼비우스 띠. 행복하게 보이는 사람들 중에 실제로 자신보다 행복한 사람은 얼마나 될까. 자신에 대한 만족 수준에 달려 있다.

현실적 지혜

현실적으로 중요한 지혜는 책임져야 할 일을 만들지 않는 것. 자식, 맹세, 보증, 공언… 숙고에 숙고를 거듭하고 결정해야 할 일들을 순간의 감정으로 행할 때 그 책임은 평생을 짓누르는 법.

거짓

진실을 알아야 거짓말이 가능하듯, 가장한다는 것은 스스로 사실을 잘 알고 있다는 것. 가장한 삶을 살아가는 사람들은 최소한 생각 없이 사는 사람들보다 영리하다.

행복 안의 불행

자신의 불행을 탓하는 살아 있는 사람들은, 그 불행조차 행복 안에 있는 것임을 죽기 전에는 깨달을까.

퇴직 병

사람들은 아무 일 않고 있는 것을 못 참거나 두려워한다. 특히 은퇴

한 사람들은 이것저것 하다가 시간만 날리고 재수 없으면 돈까지 날린다. 그냥 자유를 즐기면 될 것을.

봄

짧으니까 아깝고 덧없으니 소중하다. 청춘, 사랑, 봄.

희망

희망 자체는 그 무엇도 책임지지 않는다. 희망을 품은 자에게 책임이 있을 수밖에.

여행의 동인

역사 플랫폼으로 들어오는 기차를 보고 마음이 설레지 않는 사람은 몇이런가. 업무 차 출장이 아니라면. 낯선 공간으로의 이동은 가슴 졸인 설렘을 동반한다. 이것이 여행의 1차적 동인이리라.

말해 다오

누군가 말해 다오, 삶은 의무인가 권리인가. 내가 왜 살아야 하는가. 태어났기 때문에? 이 무슨 개소린가. 내 의지와 상관 없이 시작된 이 삶을 의무로서 살아가라고?

"실존은 본질에 앞선다.", "인간은 자유에 처해졌다."라는 말로 대표되는 실존주의는 삶의 플라시보(Placebo)다.

육체

육체는 고통의 원인이기도 하지만 쾌락의 원천이기도 하다. 영혼들만이 있는 고통 없는 세계에서는 무슨 재미가 있을까. 천국이나 극락에 있는 자들은 필히 이 세상을 그리워하여 고통을 무릅쓰고라도 다시 오고 싶어 하리라.

사자와의 약속

자신의 삶에 부담이 되는, 사자死者와의 약속을 지키며 산다는 것은, 그 약속을 자신의 삶의 신조로 삼는 것과 같다.

세상과 존재

현재의 세상과 그 속의 존재를 완전한 것으로 인식하는 것은 인간의 본능에 어긋난다. 거기에는 늘 부족하고 부재한 것이 따라다니며 인간은 그것을 메우고자 행위하는 것이다. 불만족에 따른 욕망 추구, 배고픔에 따른 식욕… 이 세상과 모든 대상이 완전한 것으로 인식된다면 삶은 멈추어 버릴 것이다.

감상

어느 날, 자려고 이불 깔고 누우면 애수 어린 상념에 한참을 뒤척인다. 얼마 남지 않은 생을 걱정하는가. 무엇이 감상으로 몰아가는가. 이것은 병인가.

한탄

세월이 감을 한탄하는 것은 인간의 기본 감정이지만, 하루가 감을 한탄하는 것은 영혼이 살아 있는 자만이 느끼는 감정이다.

노인의 기준

노화에 민감하고 노화를 늦추려고 하는 한 아직 노인이 아니다. 나는 노화에 익숙한 노인.

남긴 음식

남긴 평범한 음식은 식욕 없음, 까탈스러움을 말해 주지만, 남긴 귀한 음식은 자제력, 부유함을 말해 준다.

살아 있음의 표상

힘, 거스름, 마찰음, 반항, 도전, 혁명, 파괴… 나는 살아 있었던 적이 있었나.

'24. 10. 12.

어느 날

어느 날, 씹고 난 껌처럼 힘 없고 초라한 자신을 발견할 때, 시간이 가져간 육체와 영혼의 정수를 생각한다. 시간은 다 빨아먹고 찌꺼기만 남겨 놓았다.

가을

무엇을 해도 좋은 날이라는 가을에 '무엇'을 하는 자는 얼마나 될까. 그 '무엇' 아닌 '뭘 하고 이 가을을 보내고 있나'라는 걱정 없이, 청명한 하루를 즐기자.

생각

어떤 대상에 대한 생각은 그 대상에 대한 포로라는 증표. 생각이라는 미늘에 꿰어 있는 것이 인간의 삶. 좌망坐忘이 쉽다면 얼마나 좋을까. 어렵기에 동경하는 것.

배팅

"빈 수레가 요란하다."는 속담을 투영하여 사태를 바라보기는 쉽지 않다. 보통 외면을 보고 배팅하지만, 이면을 꿰뚫고 배팅하기는 어렵다. 인생은 포커판, 두뇌와 배짱을 겸비해야….

육식六識

"등잔 밑이 어둡다."는 말은 현상적 사실이지만 심리적 상황에 비유된다. 이 경우, 육식(의식, 생각)은 전오식前五識(색성향미촉, 경험)의 산물이다.

치열과 관조

동물은 생존과 번식 면에서 치열하지만 그 외에 대해서는 무심하나, 그 외에 대해 인간은 끊임없이 두리번거린다.

직장

직장은 생계를 위해 돈을 버는 곳이지만, 젊은 시절 직장은 삶 자체를 갖다 바치는 곳, 생계수단이 아니라 상전이었다. 왜 그런 생각으로 살았을까.

삶

알렉산더 대왕의 삶보다 디오게네스의 삶이 더 좋을 수도 있는 이유는, 어떤 삶이든 그 자신의 삶이기 때문이다.

평가

내가 그보다 위에 있을 경우, 그에 대한 과대평가는 그를 망치고, 내가 그보다 아래 있을 경우, 그에 대한 과대평가는 나를 망친다.

행복

행복한 상태란 단지, 이전보다 덜 고통스러운 상태다.

책임과 평가

많은 사람들을 우울증으로 몰아가고 그중 일부를 자살로 치닫게 하는 것은, 일에 대한 책임과 그에 따른 타인의 평가에 대한 과도한 의식이다. 그들은 자신의 능력부족에 대한 자괴감과 평가의 두려움에 사로잡힌다. 마치 그 일이 인생의 전부인 것처럼. 그런 상황에 처하면, 자신의 능력의 한계를 수용하고 결과에 대한 두려움 없이, 능력만큼만 일하는 것이 최선일 것이다. 타인은 자신의 일이 아닌 이상 나의 일에 별 관심 없으며, 일의 결과가 좋지 않더라도 수용할 수밖에 없다. 인생의 모든 사건은 과거로 흘러가면 하나의 에피소드이며 모든 것은 다 지나간다. 그 당시는 죽을 것 같아도 시간이 가면 멀쩡하게 살고 있을 것이니. 이러한 우울증과 자살 충동은 그 시기를 지나고 돌이켜보면, 과도한 나르시시즘에 의한 발작 아닐까.

'24. 10. 13.

초탈과 회의주의

초탈과 회의주의라는 두 단어는 현실을 벗어나거나 비웃는다는 의미에서 유사하다고 생각되지만 사실은 반대말에 가깝다. 초탈은 현실적(세속적) 한계를 벗어남이고 회의주의는 현실적 진리를 의심하는 것, 즉 현실 속에서 벌어지는 현실과의 다툼이다.

독서

재미나 시간 죽이기로 책을 읽는 것이 아니고 생각의 마중물로서 읽으려는 경우는 독서하는 시간과 장소가 중요하다. 하루 종일 주변의 사건과 그에 대한 생각에 시달린 저녁보다는 이른 잠 깬 새벽이 좋다. 생각은 결국 뇌의 산출물이니.

합의

다수의 진리가 하나의 비진리로 변하는 것. 각 진리의 모순을 무디게 함으로써 진리를 변질시키는 필요악적인 결정방식.

관계

존재 자체의 불행(행복은 상상일 뿐이다) vs. 존재 자체의 행복(존재함 자체가 행복이다)

= 번뇌 vs. 보리

세사世事

　세사라는 먹구름. 한바탕 비가 쏟아지면 개지만 그 아래 있는 한 먹구름에 시달린다. 먹구름을 뚫고 올라가는 초탈!

인문학과 과학

　인문학은 합리론의 연역법과, 과학은 경험론의 귀납법과 유사하다. 인문학은 자기완결형, 비확장적인 반면, 과학은 비완결형 확장적이다. 시쳇말로 하면 인문학은 그 밥에 그 나물이고 과학은 새로운 열매를 맺는다. 그래도 사람들이 인문학에 천착하는 이유는, 경험론이 합리론에 의지할 수밖에 없고 귀납법은 연역법을 기반으로 하는 것에 있다.

인간에 대한 신뢰

　세상과 타인에 대한 무례, 이기주의적 본성에 대한 적극적인 포용 없이는 인간에 대한 신뢰가 불가능하다. 자신을 신뢰할 수 있겠는가를 성찰할 때, 보살이 아니고는 신뢰하기 어려운 것이 인간, 아니 자신 아닌가. 법, 윤리, 도덕이 존재하는 이유다.

인간의 미래

　인간의 최후의 미래는 죽음이다. 죽음 이후에 대한 생각은 결코 알 수 없는 상상이다. 죽음 이후에 대한 상상이 실현된다면 생전에 대한 상상은 당연히 실현되어야 한다. 생전에 대한 상상이 실현된다면 죽음은 없다.

모순

　탄생은 우연인데 죽음은 필연이라니!

원죄설이 사실이라면 죄를 잉태하여 세상에 내보낸 부모의 죄는 얼마나 클까. 지옥은 모든 부모들로 만원 아닐까.

가까운 사이일수록, 생겨난 실망, 미움, 원한은 더 깊다.

시간에 대한 태도

하수 - 시간을 채우지 못해 무료한 자.
중수 - 바쁘게 사는 자.
상수 - 시간을 여유 있게 즐기는 자.

미래

미래는 미래를 기다리는 자, 미래를 기대하는 자의 상상 속에만 존재한다. 모든 미래를 현재 안에 흡수한 자에게는 현재만 있을 뿐 도래할 미래는 없다.

깨달음과 이해

깨달음은 이해를 초월한다. 통찰이 성찰을 초월하듯이. 이해하려는 자는 깨달을 수 없다.

알코올

메피스토펠레스보다 알코올이 더 두렵다. 메피스토펠레스에게는 결코 영혼을 팔지 않을 자신이 있지만 술 앞에서는….

슬픔

슬픔은 짧다. 슬픔의 현장이 과거로 밀려나는 순간 대부분의 슬픔은 일단락된다. 과거보다는 현재, 현재보다는 미래에 연연하는 것이 인간이기에.

진리와 인생

인생이란 진리에 대한 의심을 잠재우는 과정인가, 이미 알았지만 무시했던 진리를 확인하는 과정인가. 우여곡절 끝에 진리를 확인했을 때는 이미 그 진리가 소용 없을 때가 아닌가.

존재와 시공간

존재는 공간을 지배할 수 있지만 시간에는 지배당한다. 공간은 존재와 같은 차원에 있으나 시간은 다른 차원에 있다. 인간과 다른 차원의 존재인 그리스의 신이 인간을 지배한 것처럼, 시간은 존재와 무관하지만 존재를 지배한다.

베트남 나뜨랑에서

나뜨랑의 10월의 한낮. 처음 와 본 베트남. 듣던 바대로 오토바이가 점령한 도로는 소음과 뒤섞여 습한 더위와 함께 사람을 질리게 만든다. 지난 8월의 제주도 여행에서 더위에 고생하고도 이 더운 나라에 온 나는 진정 치매인가. 더운 날씨의 여행은 걷기를 즐기는 자에게는 고통인 바. 이번 여행은 호텔방에서 하루 종일 맥주 마시다가 저녁에 또 소주로 반주하러 나가는 것으로 마음을 굳혔다. 밤에 집에 와서는 사 놓은 와인을 처리하고. 술과 영감을 주는 책과 함께 수형생활 하리라. 그나마 오션뷰라 낫다.

여행의 목적은 일상의 탈피이고 동시에 일상의 소중함에 대한 확인이다. 여행은 전장으로의 진입, 귀가는 전장에서의 탈출. 여행 자체는 결코 낭만적이지 않다. 여행에 대한 상상과 잊혀질 듯한 기억이 낭만적일 뿐.

'24. 10. 14.

욥의 저주

자신의 태어남에 대한 욥의 저주는 신의 시험에 의한 집안의 풍비박산 때문이며, 지속적으로 유복하게 살았다면 결코 저주하지 않았을 것임을 고려할 때, 욥의 저주는 상황의존적일 뿐 성찰을 통한 깨달음은 아니다. 요즘같이 출생률이 낮은 시기에 비록 자신에 한한 것이지만 탄생을 저주한다는 것은, 사회의 눈 밖에 날 행위지만 문제되지는 않을 것 같다. 자신의 탄생을 저주하는 사람은 거의 없으니.

무의 자유

자유는 존재를 필요로 한다. 존재 없는 자유는 공허하다. 동시에 자유는 제약을 필요로 한다. 자유는 무엇으로부터의 자유이므로. 무의 자유는 부자유 속의 존재가 열망하는 상상 속의 자유다. 존재가 무가 되면 자유도 무가 되므로.

삶의 기쁨과 고통

사람이 살아가는 것은 삶의 고통보다 기쁨이 많아서일까. 아니면 삶의 고통보다 죽음의 고통이 두려워 참고 살고 있는 것일까. 아니면 기쁨도 고통도 아닌 세월이 많아 습관처럼 살고 있는 걸까. 이런 생각을 하는 자는 얼마나 될까. 왜 이런 생각을 하는 걸까.

존재의 인식

한 사람에게 대상은 인식을 통해 존재한다. 그에게 인식되지 않은 대상은 그에게는 없는 존재와 같다. 인식의 반경이 삶의 반경이기에 사람마다 다른 크기의 세계에 살고 있다. 그 반경이 클수록 평안하고 좋은 삶은 아니지만 인간 존재는 동물의 삶의 크기에 만족하지 않는다.

영원의 진리

죽음과 무라는 영원의 진리 안에서 생존과 안락이라는 순간의 진리를 사람들은 아무 문제 없이 추구하며 살고 있다. 단편적으로 생각하면, 죽음은 모르겠고 죽을 때 죽더라도 목숨이 붙어 있는 한 잘 살고 보자는 것. 영원의 진리에 대한 통찰과 정리 없이는 순간의 진리 추구가 불편한 자, 소수다.

통찰과 자유

통찰과 자유는 인과관계인가, 은유관계인가, 유비관계인가, 아니면 동의어인가.

사교 범위

나이 듦에 따라 만나는 사람이 정해진다. 사회생활의 축소도 한 영향이겠으나 대화가 안 되는 사람들은 굳이 만나지 않기 때문이다. 점점 만나는 사람 수는 줄어들 것이다. 지금은 만남의 기준이 대화의 수준이지만 앞으로는 서로를 이해하는 수준으로 바뀌어 갈 것이니, 그 수가 작아져 0에 수렴할 때 나는 내 이름 안으로 축소되어 내 이름의 비석 아래 묻힐 것이다.

상대적 행복추구

절대적 행복감이 없다면 상대적 행복을 추구할 수밖에 없다. 그 상대는 타인과 처한 환경 정도일 것이다. 타인에 대한 비교우위, 안락한 환경의 비교우위가 상대적 행복일 것이다.

인문학 글

저자의 견해나 감정이 포함되지 않은 인문학 글은 무미, 무의미하다. 자연과학 분야의 글이나 학술자료가 아닌 이상, 네이버에 나오는 텍스트의 가공물은, 일기라면 몰라도 공표할 글이 아니다.

인간의 선호

인간은 자기가 부러워할 만한 사람을 좋아하지는 않는다. 자기가 연민해야 할 사람을 좋아한다. 그래서 사람들은 자랑은 숨기고 슬픔과 고통을 털어놓기 마련. 한편, 슬픔과 고통도 현실적인 것보다는 형이상학적인 것이 두 배로 환영받는다. 현실적 슬픔과 고통(병, 죽음…)은 위로할 방법이 많지 않고 자신도 슬픔과 고통에 물들지만, 형이상학적인 것(실연, 고독…)은 물들지 않고도 위로할 수 있는 말이 무궁무진하기 때문이다.

삶의 방향

정진을 통해 삶을 통찰하고 죽음을 정리했다는 정신적 오만은 두 가지 삶의 방향을 제시한다. 더 이상의 삶은 여분이니 대충 살다 가자는 방향과, 한 번 오기 어려운 삶이니 남은 삶은 더 진한 쾌락을 추구하며 살아야 한다는 방향.

해방구

불행이나 고통의 해방구를 모르거나 없을 때 사람들은 어쩔 수 없이 참고 견디지만 해방구를 인식하거나 해방구가 생겼을 때는 더 이상 견디지 못한다. 혁명.

평정과 소유

마음의 완전한 평정을 얻기 위해 내주어야 할 현실적 소유물은 어느 정도일까.

자신이 가진 모든 것. 조금이라도 남은 소유물이 있다면 평정이 흔들릴 것이고 완전한 평정에 이르렀다면 소유물이 필요 없을 것이므로.

타협

많은 사람들은 겉으로는 정의를 추구하지만 속으로는 불의와 타협한다. 이것이 인간사회가 유지되는 핵심요인인지도 모른다. 정의는 날카로워 타협하지 못한다. 정의롭지 않은 인간 사회에서 정의의 이름으로 칼을 휘두를 때 살아남을 자가 얼마나 되랴. 사람들이, 선명하게 정의롭지만 관용 없는 원리주의자, 급진주의자를 꺼리는 것도 같은 이유다. 자신들의 정의 선명도로는 감당할 수 없기 때문이다. 인간 사회에서 불의는 필요악일 수도 있다.

액세서리

머리는 액세서리고, 소화기와 생식기가 대화의 대부분을 차지하는 사람들을 볼 때, 시기와 연민이 교차하는 것은 왜일까.

모순

이 세상도 카오스지만 저 세상이나 이전 세상은 더 카오스일 것이다. 자유와 무는 카오스에 가까운 바, 코스모스적인 자유와 무를 바란다면 모순인가.

모순의 대척점에 있는 개념은 부합, 일치보다는, 이율배반, 양립 아닐까.

접신接神

접신(신과의 조우)에 대한 생각은 두 가지다. 무신론자의 미신이라는 의견과 유신론자의 동경하는 의견.

사람들이 미래를 예견한다고 생각되는 무속인들을 진정 존경하거나 부러워하지 않는 이유는 무엇인가. 그런 능력을 꺼리는 것인가, 그런 능력을 가진 그들의 삶이 행복하지 않다고 생각하기 때문인가.

진실

공표된 사실을 진실이라고 하지 않듯, 진실은 속성상 가려져 있다. 사람들의 심리는 진실의 실마리를 발견하는 순간 저급한 호기심을 최대한 발동하여 진실을 추적한다. 결국 드러나는 진실은 대부분, 그 호기심을 충족시킬 만큼 비정상적이고 추악하다.

소수의 특성

외부환경에 대한 대응과 전략적 행동은 인간을 포함한 모든 동물의 특성이지만, 내면에 대한 성찰은 인간만의 특성이다. 엄밀히 말하면 소수 인간만의 특성이다.

'24. 10. 16.

환상과 환멸

한 리더가 제시하는 비전에 따라 생성된 동일한 환상은, 결집되어 혁명을 일으킬 수도 있지만 그것의 환멸은 말 그대로 지리멸렬하다.

포커 판의 인간

인간은 결국 질 것이 확실한 포커 판에서 질 것을 알면서도 끝없이 배팅하는, 멍청한 동시에 비장한 도박꾼이다. 포커 판의 판돈은 이미 그들의 것이 아니다.

단상

세월은 젊음의 오만을 노쇠라는 비판을 통해 응징한다.

주관과 객관 사이의 심연에는 감정의 강이 흐른다.

모든 것은 순간만 존재한다. 모든 것은 유일하다.

무와 허무의 관계는 객관과 주관, 사실과 감정의 관계다.

일어섬과 누움. 불안과 평안. 공격과 방어. 카오스와 코스모스. 분별과 초월.

다시는 만날 수 없는 사람, 죽은 사람과 같다.

모든 것은 지나가리라. 그러나 죽을 때까지 반복되리라.

자기성찰의 한계

자기성찰의 한계는 자신이 자신을 돌아본다는 것. 자위의 한계를 벗어나지 못한다. 자신의 몸을 아무리 만져 봐야 느낌이 없듯, 자기성찰 또한 날카롭거나 충격적일 수 없다. 타인으로서 자신을 바라보는 것이 그 한계를 뛰어넘는 것. 자기 객관화의 방법은?

희망

절망의 끝에서 희망을 본다는 말은 이해할 수 있으나 삶의 끝에서 희망을 본다는 말은 이해되지 않는다. 죽음 앞에서 희망을 보다… 희망이란 미래에 대한 기대여서 시간이 남아 있을 때 사용되는 말인데….

호모사피엔스

지구상에 출현한 모든 생물체 가운데 가장 악한 종을 꼽으라면, 양심을 가진 자라면 호모사피엔스라고 할 것이다. 이 사실을 아는 나는, 지구에 대해, 지구의 다른 생명체에 대해 어떻게 사죄해야 하나.

노년의 두뇌

노년으로 갈수록 새로운 생각을 하기보다는 과거의 기억을 들추는 이유는 뇌 용량 한계 때문인 것 같다. 젊은 시절에는 새로운 작품을 발표하며 잘나가던 작가들도, 나이 들면 전기나 역사소설로 기울어지는 것도 한 예일 것이다.

저술과 독서

책을 쓰는 것과 읽는 것 사이에는 심연이 있다. 아무리 허접하게 생각되는 책도 그 만큼이나마 쓰려고 해 보면 알게 된다. 평론가는 결코 저술가를 능가할 수 없다. 창작과 모방, 숙주와 기생의 관계이니.

솔직한 대화

예절의 가면을 벗고 솔직하게 대화할 수 있는 사람이 몇 명이나 될까. 권력이나 부귀 속에 있는 사람일수록 그 수는 적을 것이다. 자신은 솔직해도 상대는 솔직할 수 없기에. 그는 자신의 부귀로 인해 갇혀 있을 수밖에 없으며 상대의 비자발적 복종만이 그의 위안이다.

좋은 책

좋은 책은 독자에 따라 그 가치가 정해진다. 좋은 책은 독자의 이해를 위한 것이라기보다 독자의 상상과 영감을 위한 것이다.

사상

사상은 순전하게 사상으로 남을 때 철학이 된다. 시가 노래 가사로 되면 더 이상 시로 생각되지 않듯, 사상이 이데올로기가 될 때 그 사상은 군중을 조종하는 도구가 된다.

최선을 다하는 자

최선을 다하는 자는 말리기 어렵다. 그 목적이 돈이든, 무지든, 죽음이든.

자식을 위한 독서

자식이 자발적으로 독서하도록 독서를 강요하지 않고 책 읽는 모습을 거의 항상 보여 주었는데, 자식은 완전히 책과 담쌓았다. 교육학의 말은 너무 낭만적이다. 회초리를 사용할 걸….

은혜의 질곡

은혜… 보답해야 한다는 당위로서의 질곡. 은혜에 대한 감사와 보답은 은혜를 주고받는 그 시점에서 끝나야 한다. 보답을 바란다면 은혜가 아니라 거래다. 베풂의 기쁨을 보답으로 여겨야 하며 베풂에 대한 감사로 끝나야 한다. 보답해야 한다는 당위는 은혜를 속물적 수준으로 끌어내리는 것이다. 충효도 그러한 범주 안에 있어야 한다.

'24. 10. 17.

제한의 벽

금지, 금기, 제한의 벽을 넘는 것은 달콤한 긴장을 동반한다. 사소한 위법과 부패의 행위마저도. 금기를 넘으라는 어떤 유혹은 너무 강력하여 혼미함에 도저히 저항할 수 없는 것도 있다. 이브에 대한 뱀의 유혹,

아담에 대한 이브의 유혹. 모든 남자에 대한 여자의 유혹….

착해지는가

나이 들수록 더 착해지는가. 그럴 리가 없는데. 폭력적인 영화에 나오는 욕설이 점점 듣기 싫어지니… 착해지는 것이 아니라 약해지는 것?

겁먹은 인생

내 무의식을 들춰 보면 거의 평생을 세상과 타인들에 대해 겁을 먹고 두려워하며 살아온 것 같다. 자신의 모자람, 결핍, 불완전성을 지나치게 의식하며. 그런 것들로 인해 의식 속으로 투영되는 실패, 가난, 죽음 등의 생각들에 억압되어 살아왔다. 여러 과정을 거친 후 그런 생각들에서 깨어나 보니 결국 어려움과 고통은 나의 무지 때문이었다. 나는 (비교)할 수 없는 것들을 (비교)하려 애쓰며 스스로 고통받고 살아온 것이다. 잡을 필요가 없는, 잡을 수 없는 바람을 잡으려 했다.

질곡

고통스럽고 행복하고, 슬프고 기쁜, 그리하여 벗어나기 두려운, 삶이라는 질곡.

삼법인三法印

일체개고一切皆苦인 현실의, 완전한 치료제인 제행무상諸行無常, 제법무아諸法無我. 그러나 현실은 제행유상諸行有常, 제법유아諸法有我로 가득 차 있고, 이들의 유혹과 장애물을 넘어 치료제를 얻으려면 너무 고통스럽고 힘들어, 마침내 일체개고를 잊게 된다. 그리하여 일체개고를 벗어나는 것인가.

완전과 무

　부족, 결핍 없이는 아무것도 일어나지 않는다는 면에서 완전, 완성, 만족, 선善…은 무無와 같다. 완전한 인간들의 완전한 세계는 무의 세계일 것이다. 완전한 인간은 거의 신이며 신은 스스로 자족하는 존재니. 불순물이 반도체를 만들듯, 모든 결핍과 그에 따른 악은 세계를 움직이는 원인이다.

의식

　행복과 그것의 지속인 권태 속에서 의식은 사고하지 않는다. 불행과 고통 속에서 의식은 (스스로를 마비시킬) 행복과 권태를 향한 사고를 시작한다. 의식 자체는 활동하기를 원치 않지만 호모 사피엔스의 발전의 동력은 행복이 아니라 고통이다.

단상

　익숙함은 기억에서 사라지는 것.

　인생은 운명에 대한 순응과 반항의 직물.

　부도덕한 자유라는 말이 성립한다면 어떤 경우일까. 부도덕과 자유가 공존할 수 있을까.

　생각은 마찰의 산물. 자신, 타인, 환경, 세상과의 마찰.

사랑은 눈물의 씨앗, 눈물은 자기 연민, 자기 연민은 성찰의 씨앗.

고독과 외로움

외로움은 불안하게 주위를 둘러보는 간절함이며 어쩔 수 없는 수동적 감정이지만 고독은 주위를 물리치는 견고함이며 스스로 맞는 자발적 감정이다. 외로운 자는 애처롭지만 고독한 자는 당당하다.

적반하장

사건이나 상황이 아닌 인간에 대한 비판은 상당히 어려운 일이지만 사람들은 타인을 너무 쉽게 비판한다. 자신은 결코 그러한 비판을 받지 않을 사람인 것처럼. 자신은 동류의 인간이 아닌 것처럼.

후회

과감한 행동이나 도전에는 후회가 따르지 않는다. 후회는 머뭇거린 행동이나 포기에 뒤따르는 경우가 많다.

이기심과 관대함

이기적인 사람과는 친구가 될 수 있지만 관대함으로 포장된 사람과는 친구가 될 수 없다. 이기심은 본능이고 관대함은 교양이니.

지의 불행, 무지의 행복

몰랐다면 전혀 필요하지 않을 대상을, 앎으로써 욕망하고 소유하고 그것에 노예가 되는 불행, 그 대상을 모름으로써 그것에 얽매이지 않아 자유로운 무지의 행복.

당연과 고통

같은 액수라도 얻으면 당연하고 잃으면 고통스러운 것, 도박, 주식. 알면서도 계속하는 이유는 잃지 않으리라는 근거 없는 낙관. 더 많이 가지려는 인간의 욕망에 돈을 걸면 잃지 않을 것이다. 지구의 종말까지 변하지 않을 것은 신의 뜻보다는 인간의 욕망이니.

인간과 미래

인간은 미래를 위한 욕망의 힘으로 현재와 과거를 부정할 수밖에 없는 존재다. 모든 실패는 물론 성공마저도 미래의 발전을 위해 부정되어 제물이 된다. 현재를 긍정하는 인간은 두 가지 종류, 놓아 버린 자와 영혼이 입술을 떠나는 자.

주식

투자한 주식의 지속적 주가상승은 기분 좋은 권태에 그치지만 주가하락은 단 한 번이라도 적지 않은 후회와 반성을 일으킨다. 하물며 지속적인 주가하락이라면.

냉소적인 인간

냉소적인 인간은 행운에 겨운 자이거나 불운에 시달린 자다. 대부분의 인간은 '별거 아니야.'와 '어차피 안 돼.' 사이에 있다.

만 원의 행방

만 원의 행방에 연연하는 자는 그 돈이 중요한 자이거나 필요한 자다. 천만 원을 가진 자가 만 원에 연연한다면 천만 원을 소유할 자격이 없다.

고갈

미련한 자는 고갈시킨다. 마중물, 종자씨, 최소한의 휴식마저 모두 써 버려 더 이상 재생될 수 없게 만든다.

육체적, 정신적 에너지의 소모가 적은 자일수록 성찰이나 철학과 가깝게 지낼 수 있다.

평화

한 인간 안의 평정도 어려운데 인간들 사이의 평화는 얼마나 어려울까. 인간들 사이의 평화가 천국, 불화는 지옥이라고 할 때, 이 세상은 어느 것에 가까운지.

맨 정신

몸은 비록 삶과 죽음에 메여 있지만 혼미하지 않은 정신이라면 삶과 죽음 밖에 있어야 하지 않겠는가.

진화론적 매력

성적 매력이 없는 이성의 몸은 부담스럽다. 알아 버린 연인의 성적 매력이 얼마나 지속되랴. 상대의 성적 매력은 사라지지만 욕망은 생생하기에 다른 상대를 찾는 것이리라.

헬레네를 원하는 자는 100명인데 그것을 막을 자는 메넬라오스 한 명. 헬레네가 페넬로페가 아니라면 막는 것이 가능할까.

과거의 영향

현실에서는 엄청난 고민과 고통, 즐거움과 행복도 과거의 기억 속에 자리 잡으면 시간이 지날수록 크기와 정도가 작아지고 희미해진다. 어떤 연유로, 아득한 기억을 되살린다 해도 대부분의 감정과 감각이 탈락된 하나의 사건으로 표상될 뿐이다. 우리는 많은 것을 과거에 일어난 일에 의지하고 사는 것 같지만 사실은 잊고 사는 것이 대부분이다. 현재에 영향을 미치는 과거는 드물다.

인생

진리는 아름답고 진실은 추악하듯, 오해하면 아름답고 이해하면 처연한 것이 인생인가.

존재의 불행과 행복

존재의 불행. 존재는 불행하다. 한 가지 고통은 백 가지 행복을 압도하고 존재 자체가 고통의 연속이니. 행복을 느끼는 때는 고통을 망각하는 순간뿐이니. 설령 행운의 힘으로 행복이 많은 존재라도 존재 이전, 무의 평안을 따라갈 수 없으니.

존재의 행복. 존재 자체가 행복이다. 행복과 고통을 맛볼 수 있으니. 존재함을 즐기다가 언제라도 무의 평안으로 돌아갈 수 있으니. 시쳇말로 재벌 상속인이 직장인의 애환을 경험해 보는 격이니.

잠

우리가, 자신의 잠든 모습을 볼 수 없고, 잠든 밤을 기억할 수 없듯, 잠든 시간들은 삶에서 사라진 시간들이다. 깃털같이 많은 날들이 남아 있던 시절에는 잠에 쫓기며 살다가, 살 날이 얼마 남지 않은 노년에 잠이 없어지는 것은 자연의 배려인가.

정신승리

우리를 고통스럽게 하는 것은 경제문제 등 현실적으로 우리를 괴롭히는 것들과, 후회, 불안 등 정신적으로 우리 스스로 괴로워하는 것들이 있다. 전자는 어쩔 수 없이 맞서거나 해결해야 하지만 후자는 정신승리로 피할 수 있다. 실제로 후자는 전자와의 싸움에 몰입해 있을 때는 드러나지 않다가 그 싸움에서 이겼을 때 망상적 복병으로 나타나는 것이므로 실재하는 것이 아니다. 그러나 우리 대부분은 그 비실재적인 문제로 고통받고 있다. 이것들을 어쩔 수 없는 생리현상으로 치부하여 정리해 버리면(정신승리하면) 상당한 자유가 밀려올 것이다.

관념적 손님

멀리 떨어져 살고 있는 지인은, 가까이 살고 있는 지인보다 더 자주 만남에도 불구하고 우선 손님 대접을 받는다. 손님의 개념이 공간적 거리에 우선할 때, 그는 영원히 관념적 손님이다.

관념적 손님은 전혀 도움이 안 되는 경우가 많다. 늘 손님 대접을 받으면서도 보답은 거의 하지 않기에. 한 예로 외국에 거주하는 친구가 상을 당해 한국에 오면 한국에 있는 친구들은 조문하지만, 한국에 있는 친구가 상을 당했을 때 외국에 있는 그 친구가 조문은커녕 조의라도 표하는 경우는 드물다. 야박하게 들릴 수도 있지만, 예에 어긋남을 말하는 것이다.

'24. 10. 20.

철학을 하는 한 가지 이유

　죽음의 시간이 미정인 상태에서의 죽음과, 확정인 상태에서의 죽음은 매우 큰 차이가 있다. 그 차이를 좁혀 일치시키는 것이 철학을 하는 중요한 이유다.

통찰

　창조와 파괴는 물론 선과 악조차도, 상호부조, 양면관계임을 인식하지 못하여 초월할 수 없다면 통찰은 요원하다.

꿈속

　부처님 손바닥 안에서 근두운을 타고 자유를 느끼는 손오공이 될 것인가, 그 사실을 알게 되어 자유롭지 않은 손오공이 될 것인가. 삶이라는 꿈에서 일찍 깨어난 자 중에는 꿈에서 깨어난 것을 후회하여 그 꿈을 다시 꾸고 싶은 자도 있을 것이다. 꿈속이 더 안락할 수도 있으니.

개종자

　사람들이 개종자, 배교자, 전향자를 탐탁지 않게 생각하는 이유는 무엇일까. 개종, 배교, 전향을 일종의 배신이라고 생각하기 때문일까. 사고의 정반합적 진보라고 생각하여 시기하는 것일까.

가을 아침에

　어제 아침부터 지금까지 지구가 스스로 한 바퀴 돌았고, 지난 가을부터 지금까지 지구가 태양을 한 바퀴 돌았음을, 그 움직이는 광경을 그리며 느껴 보면 숭고함과 신기함 속에 잠기게 된다.

깨달음

깨달음이란 자신의 삶은 물론 죽음과 그 이후까지도 관조하는 존재가 됨을 말하는 것 아닐까. 범인에게는 전부인 삶, 죽음, 행복, 고통 등 그 모든 것, 모든 사건이, 깨달은 자에게는 하나의 에피소드가 아닐까.

삶의 영역

인간은 성장할수록 인식의 범위는 넓어지지만 그에 따라 점차 자신의 삶의 영역이 좁다는 것도 인식한다. 그는 결국 한 평 남짓한 마지막 삶의 영역만을 가지게 된다. 그조차 운이 좋은 경우다.

관습

관습은 여러 타당함을 토대로 만들어졌겠지만 태어나는 사람 즉 (관습을 만들지 않은) 거의 모든 사람에게는 부자유다. 인간은 선조들이 만든 안가安家, 또는 감옥에서 살고 있다.

부모

젊은 시절, 넘치는 사랑을 나눌(바칠) 사람이 필요해서 결혼한다. 여기까지는 그런대로 괜찮지만, 오해에서 비롯되는 운명적 욕망 때문에 자식을 낳는다. 부모와 자식은 우군이 아닌 적군인 경우가 대부분이며, 부모는 후회할 수 없는 후회를 하며 평생을 살아간다. 부모란 환상에 의해 교미 후 잡아먹히는 사마귀 같은 존재인지도 모른다.

행운

행운은 당연에 가려지고 고통에 드러난다. 인간에게 행운은 당연시되며 행운이 사라져 버린 뒤에야 그것이 행운이었음을 깨닫는다.

부부애

오랜 부부애의 이면은 상처와 실망으로 얼룩져 있다. 다만 얼룩지지 않은 부분이 더 많기에 그때까지 살아온 것이다. 다만 여자는 얼룩진 부분을, 남자는 얼룩지지 않은 부분을 주시한다.

'24. 10. 21.

무한 시간의 응시

지난 수십 억 년 이상의 무와 앞으로의 수십 억 년 이상의 무 사이에, 100년도 안 되는 동안 생겨나 있는 자신의 존재를 생각할 때, 자신의 존재 이전과 이후, 영겁의 무의 시간을 생각할 때 어떤 기분인가. 그동안 누군가 우주의 모든 별들을 응시하고 있다고 생각하면 어떤 기분인가.

유혹과 회의

대부분의 인간은 유혹당할 준비, 믿을 준비가 되어 있다. 회의懷疑할 준비가 되어 있는 인간은 드물다. 대부분은 믿음을 선호하며 회의를 피곤해한다. 즉 회의를 통한 진실보다는 맹목의 안정을 원하는 것이다. 정신을 차리지 않으면 무의식은 유혹을 덥석 문다. 그 사실을 후회하는 자는 일부, 대부분은 자신의 맹목을 합리화한다.

영악한 사회

순진함이 아닌 순수함조차 어리숙함으로 치부하는 영악한 인간 사회는 더 발전할 수 있을까. 더 발전해야 할까.

대화

어떤 물질이 녹아 스며드는 것을 용해라고 하는바, 대화의 내용이 머릿속에 스며드는 것을 이해라고 하고 대화의 내용이 체화되는 것을 용해라고 하면, 용해되는 대화는 어떤 것일까… 감화, 감격, 의기투합.

우연과 필연

모든 사건은 시점始點에서 보면 우연, 종점終點에서 보면 필연이다. 또한 현재에서 과거를 바라보면 필연, 미래를 바라보면 우연이다. 우연은 무한한 가능성을 내포하고 있지만, 필연은 우연의 다른 모든 가능성이 탈락되고 남은 한 가지 가능성의 실현이다.

자유

자유는 태생적으로 기존 체제에 대한 이단과 반항을 내포하고 있다. 마음대로 한다는 의미에서의 자유를 행위적 자유라고 한다면 ~으로부터의 자유는 인식적 자유라고 할 수 있다. "~" 안에 들어갈 수 있는 말은 확대된 의미의 "앙시앵 레짐" 정도가 되겠다.

변증법적 진보

훌륭한 멘토를 만나 그와 똑같이 되려 하거나, 외국 문물을 배울 때 그 나라 사람과 똑같이 되기를 원해서 실제로 그렇게 되었다면 작은 진보고, 상대의 장점을 토대로 자신의 장점을 적용하여 더 나은 결과를 창출했다면 변증법적인 큰 진보다.

나의 존재

나의 존재는 주관적으로는 매우 중요하지만 나의 존재가 중요한 타인들은 얼마나 될까. 나 또한 중요시하는 타인이 얼마나 될까. 객관적으로 나의 존재는 중요하지 않다. 이 말은 내가 사라져도 아무 문제 없다는 말이다. 대부분의 개인은 별로 중요하지 않기에 '소중한', '사랑받는' 등의 수사로 위무하는 것이다.

케네디와 아베가 암살당해도 세상은 아무 문제없이 잘 돌아갔다.

고통과 동정

행복은 지극히 개인적인 반면 고통은 보편적이다. 각 개인에게 행복은 다르지만 고통은 거의 같다. 사람들은 타인의 행복에는 공감하지 않지만 고통에는 공감한다. 인간의 유일하게 진실한 감정은 동정이고 동정의 기반은 고통이다.

습성

일 없이 지내다 보면 자유의 대상이 의무의 대상으로 바뀌곤 한다. 안 해도 되는 것을 꼭 해야 하는 것으로 착각한다. 자유를 벗어나려는, 의무 속에 갇히려는, 오래되어 굳어진 습성.

소유와 자유

소유자는 소유물의 지배자인 동시에 소유물의 노예다. 소유물은 처음에는 자유를 가져다주지만 곧 의무를 부과한다. 소유한 것이 많은 자, 내려놓을 것이 많은 자는 자유로울 수 없다. 본원적 자유는 무에서 출발한다.

행위와 성격

성격은 일관적이지만 행위는 가변적, 돌발적이다. 사람들은 행위로 성격을 판단하곤 하지만 행위와 성격은 반드시 일치하지는 않는다.

생각 정리

떠오르는 생각들을 의도적으로, 생각할 것과 생각하지 않을 것으로 분류해 정리하면 원치 않는 생각들을 어느 정도 피할 수 있다. 스스로 생각하지 않아도 되는 것이라고 승인하는 것, 책임지는 것이다. 감정의 불안을 이성이 책임지는 것이다. 실제로 생각하지 않아서 책임 질 일은 거의 일어나지 않는다.

관대함

승자의 관대함은 저열한 자에게는 은혜지만 고결한 자에게는 멸시가 될 수도 있다.

존재하는 것

모든 창조된 것, 생겨난 것, 존재하는 것은 무의 평안을 박차고 세상으로 나온 것이다. 살아 움직이는 것이 아름답게 보일 때도 있지만, 지구 아닌, 생명체 없는 다른 행성의 광막한 광경을 상상할 때, 무의 숭고함에 압도당한다.

이기주의

 자기중심주의의 배경에는 자신의 특별함, 우월함이 스며 있다. 유아적 특징이다. 성인이 될수록 자신의 열등함을 인식하는 경우가 많다. 자신을 객관적으로 보는 것이다. 노년이 되면 어린애가 된다는 말처럼 다시 이기적, 자기중심적이 되는 경향이 있다. 지적 능력의 하락보다는 도덕, 윤리, 타인에 대한 배려 등에 대한 피로감에서 연유하는 것 같다. '내가 살날이 얼마나 남았다고 이것저것 신경 쓰며 살랴.'라는 생각이 그 이유일 것이다.

과음하지 않은 밤

 과음하지 않은 밤에는 첫잠에서 깨면 다시 잠이 오지 않는 경우가 많다. 4시간 이상 잔 경우에는 다시 잠을 청하기보다는 독서하거나 글을 쓴다. 내 글은 특정한 주제나 줄거리가 있는 것이 아니라 단상이므로 갑자기 떠오르는 영감을 따르는 경우가 많다. 새벽에는 머리가 맑아서인지 영감과 상상력이 활성화되어 글이 잘 써진다. 걱정이나 할 일이 많으면 정반대가 되고. 두세 시간 정도 지나 졸리면 다시 눈을 붙인다. 모짜르트는 작곡하느라 과로사했다는데 나는 괜찮을까 걱정하는데, 들려오는 내면의 소리, '너는 과로할 틈이 없잖아. 과로가 아니라 과음이 문제야.'

24'. 10. 22.

공멸空滅

 부모는 한때 자식이 천재인가라는 생각을 하는 경우가 있고, 우리도 자신이 한 분야에서 뛰어나다고 생각하는 때가 있다. 상당히 기분 좋은 시간이지만 그런 공상들은 시간이 흩뜨려 오래가지 않는다. 환멸 아닌 공멸.

말 많은 사람

말이 유창한 사람의 글이 유려한 경우가 드물듯, 말 많은 사람의 언변이 유창한 경우는 드물다. 그의 혀는 두뇌를 제치고 앞서나간다. 자신이 무슨 말을 하고 있는지 모르고 스스로 길을 잃어, 누군가 자신의 얘기를 끊어 주길 바란다.

역사

개인의 자유의지는 사회 안에 있고 사회는 역사의 흐름 안에 있다. 역사는 우연이라는 각본 없는 사건이다.

행복

어떤 행복이든 행복은 최고치의 주가다. 떨어질 일만 남은, 미래 가치가 없는. 행복한 순간, 그 행복을 팔아 버리는 혜안을 가진 사람이 몇이런가.

안락한 자연

"안락한 자연"은 말이 되는가. "자연"이라는 명사는 "안락한"이라는 형용사와 어울리는가. 자연은 끊임없이 변하지만 "안락한"에는 변화의 개념이 없다. 본래 자연은 안락하지 않다. 거칠다.

안락이란 노년의 로망이다. 청춘에게 안락은 일종의 감옥이다. "안락한 노년"은 말이 되지만 "안락한 청춘"은 어색하다. "뽕 맞은 청춘"의 느낌이다.

선과 정의

개인의 선, 사회의 정의다. 선은 개인의 도덕이고 정의는 사회의 공정함이다. 이것이 선과 정의가 상충될 때 선보다는 정의의 편에 서야 하는 이유다.

좋은 글

좋은 글에는 자신의 생각과 의견과 철학이 반드시 들어 있다. 공표된 사실, 타인의 의견으로 도배한 글은 위폐僞幣와 같다. 공허하다. Anthony A. Long의 책, "헬레니즘 철학"처럼. 요즘에는 공허한 책들이 많이 출간된다. 주로 다작하는 작가들의 소행이다. 짜집기한 내용물에 자신의 양념을 살짝 뿌려 만든 쓰레기 같은 책. 내용에 책임지지 않고 날로 먹는 책.

불행 이야기

인간은, 타인의 불행에 대해 전후 원인과 결과를 포함한 이야기를 만드는 것을 가장 즐겨 하고 잘한다. 그다음이 자신의 행복, 그다음이 타인의 행복에 대한 이야기 만들기. 마지막이 자신의 불행인데, 이 이야기를 만드는 능력을 가진 자는 소수다.

어느 나라 헌법 1조 1항

"우리나라는 민주공화국이 아니고, L건희의 나라도 아닌 K건희의 나라다."

말세 末世

세상은 항상 말세였다. 춘추시대의 "시경"이나 헤시오도스의 "노동의 나날"에는 그 당시를 소위 "말세"로 표현하고 있다. 요즘도 사람들은 말세라는 말을 종종 한다. 예나 지금이나 당대를 말세라고 표현하는 까닭은 무엇일까. 과거에 대한 향수와, 변화에 대한 거부의 심정을 바탕으로, 특히 예절과 풍속의 변화, 빈번한 전쟁 등을 타락으로 내닫는 말세로 본 이유인 것 같다. 지금도 예외는 아니다.

신의 질투

행복의 극에서 몰락하는 것을 사람들은 신의 질투라고 표현한다. 에너벨리의 죽음, 트로이의 몰락, 젊음의 노화… 사실은 무상無常. 변화의 섭리.

AI(Artificial Intelligence)

AI의 발전은 인류에게 편리함을 약속할지는 모르지만, 인류의 쇠퇴를 확정할 것이다. 최후의 인류의 모습은 뇌뿐일 것이다. 그것도 AI가 들고 있는 상자 안에 담겨 있는, AI 없이 혼자서는 아무것도 못 하는.

주체(목적)과 수단

보수에 근거하지 않은 진보는 닻 없이 돛만으로 떠 있는 배다. 급진적 자유와 평등이라는 이데올로기를 등에 업은, 격랑에 휩쓸려 전복되는, 모두를 패자로 만드는 배.

주체와 그를 위한 수단이 그 역할을 제대로 하기 위해서는 지속적인 성찰과 경계가 필요하다. 수단은 주체를 넘으려는 경향이 많기 때문이다. 돈, 이데올로기가 주체를 전복하곤 하는 대표적인 수단이다.

생존과 번식

생존과 번식이 보장된 동물원의 동물들은 무기력한 권태 속에 있다. 인간도 생존과 번식이 보장되면 유사할까. 끝없는 욕망이 충족되지 않는 한 인간은 무기력할 틈이 없을 것이다.

부러움

부러움의 배경은 시기. 시기의 기원은 '타인의 행복은 나의 불행'.

재성찰再省察

탄생과 죽음 사이의 존재. 탄생 이전과 죽음 이후는 무. 무한한 과거와 미래로 이어지는 시간을 상상한다. 내가 존재하는 최대 100년을 그 가운데 위치시킨다.

100년 / 무한 = 무無.

결국 무로 수렴할 100년을 어떻게 사는 것이 현명한가. 100년 이전과 이후는 무인데. 역사에 남을 훌륭한 사람이 되어도 본인은 결국 무가 되는데. 역사와 문화는 존재하는 동안, 존재하는 자들에게만 의미가 있는데. 무가 될 운명 안에서 존재하는 동안 느끼는 칠정, 부귀영화, 명예, 명성… 모두가 소용 없는데. 죽을 때 "즐거웠다"고 말할 수 있으려면 어떻게 살아야 하나.

죽을 때, 가지고 가는 것은 소유한 것이 아니라 경험한 것, 존재하는 동안 즐기는 것이 가장 현명한 것 같다. 법, 윤리, 도덕에 어긋나는 것이 아니라면 에피쿠로스의 쾌락(기아, 갈증, 추위에서의 해방)을 넘어 경험할 수 있는 가능한 많은 쾌락을 즐기는 것이 가장 후회 없으리라. 신앙, 봉사 등에서 희열을 느낀다면 그것을 하라. 단, 어떠한 보답도 없음을 명심하고.

'24. 10. 24.

선과 정의

선과 정의보다는 악과 불의가 선명하게 보이고 확실히 분별되는 까닭은 본래 선과 정의가 모호한 것이기 때문인가, 당연 속에 묻혀 보이지 않기 때문인가.

은유와 개소리

움직이는 사람들, 걸어 다니는 시체들. 순간적으로 보면 개소리, 통시적으로 생각하면 지독한 은유.

인간과 욕망

욕망은 스스로 성장하는 생명체이며 처음에는 천사였다가 시간이 갈수록 악마로 변한다. 인간과 유사하다.

유와 무

유는 무에서 나왔으니 시간적으로는 무가 우선이지만, 유가 없으면 무가 정의되지 않으므로 논리적으로는 유가 우선이다.

(무는 논리적으로 '무엇이 없다'로 정의되는데 '무엇' 자체가 없다면 무는 무의미하다.)

음주상태

행복, 기쁨, 환희… 비생산적인 감정들. 뽕에 취한 듯 기분 좋지만 아무것도 할 수 없는 상태. 알코올중독자가 사랑하는 음주상태. 매일 천국의 4시간, 18시~22시.

철학

기존 철학은 철학의 무덤이자 발판, 독이자 필요악이다. 기존 철학에 기대거나 그것을 발판으로 삼는 철학은 아류에 그친다. 철학은 허공에 거미줄을 쏘는 것. 사상思想의 누각樓閣이다.

배움

"배움에는 끝이 없다."는 말은 주로 노년에게 하는데, 이 말은 노년에게 용기를 북돋우는 말이기도 하지만, 비웃는 말이기도 하다. "배움은 도돌이표다."라는 의미에서.
"배우면 뭐 하냐, 돌아서면 까먹는 걸!"

남자가 원하는 것

어릴 적에는 "대통령!"? 어른이 되면 "예쁜 여자랑 사는 것!"?
피터팬 혹은 애늙은이가 아니라면 YSY는 하나를 선택해야 했다.
그러나 "KKH=예쁜 여자"라는 말은 결코 아니다.

본연의 이기심

"살 만큼 살았으니 이제는 무슨 일이 일어나도 괜찮다."는 말의 짙은 안정감은 인간 본연의 이기심의 표현이다.

권태의 방편

각종 행사, 축제, 스포츠… 인생의 권태와 무료함을 달래기 위한 방편들. 인간이란 삶에 대한 고통과 죽음에 대한 공포 속에서 살도록 운명 지어진 존재인가. 고통과 공포를 벗어나면 바로 권태 속을 헤맬 수밖에 없는가.

'24. 10. 27.

주체로서의 자유

사람들은 자신을 구속하고 있는 보이지 않는 경계를 모르는 한 자유롭다고 생각한다. 가두리 양식장 속 물고기의 자유, 자신의 구속 상태를 모르고 자유롭다고 느끼는 것. 구조주의 체제하에서 "자유에 처해졌다."고 외치는 실존주의자의 자유.

단상

"개체발생은 계통발생을 반복한다."는 에른스트 헤켈의 주장은 베단따학파의 경전인 우파니샤드의 아트만 사상(각 아트만 안에 브라만이 있다.)의 연장이라고 볼 수 있다.

생존과 건강

내 존재의 목적은 생존인가 쾌락인가. 건강하게 오래 생존하는 것이 최선인가. 그것을 위해 술, 담배, 오락 등 건강에 나쁜 것들 하지 않고, 무료해도 금욕적으로 오래 사는 것이 좋은 것인가. 살 만큼 산 지금, 오래 사는 것이 큰 의미 없다고 생각한다.

생존 없는 쾌락은 불가능하지만 쾌락 없는 생존을 나는 원치 않는다. 내가 생존을 위해 있는 것이 아니라 생존이 나를 위해 있는 것이니. 쾌락 없는 생존은 무의미하며, 부끄러운 생존은 죄악이다.

"현자는 결코 큰 빵을 고르지 않는다. 그는 달콤한 빵을 고른다." - 에피쿠로스

절제의 절제

욕망의 해소를 통한 평정이 금욕을 통한 평정보다 안정적이다. 금욕의 평정에는 억눌린 욕망이 숨어 있으니. 아리스토텔레스의 말대로 중용에 이르려면 모든 것에는 절제가 필요하다. 쾌락에 절제가 필요하듯 금욕에도 절제가 필요하다. 절제도 절제해야 한다.

현대인의 불행

현대인은 자신의 행복을 위해 노력하면서도 타인의 행복을 곁눈질하기에는 최선을 다한다. 자신의 행복은 타인의 행복에 달려 있다. 자신의 불행 또한 타인의 불행에 달려 있다. 자신의 삶이 타인의 삶에 달려 있는 것이다.

정치가 개판인 이유

정치가 개판인 이유는 정치인들의 고도의 전략이다. 정치에 혐오감을 느끼도록 만들어 정치에 대한 무관심을 조장하는 것. 정치는 정치인들만의 놀이터가 되도록 하는 것. 훌륭한 정책을 제시하여 국민들의 관심과 지지를 이끌어 내는 것이 아니라, 정치 자체에 무관심하도록 만들어, 자기들끼리 나누어 먹는 "손 안 대고 코 푸는" 전략. 국민들의 정치적 권리에 대한 약탈을, 정치에서 해방되었다고 생각하도록 유도하여, 아Q적 정신승리에 만족하도록 하는 전략. "나는 모르겠고, 니들끼리 해쳐먹든지 말든지."라고 무관심하도록 만들어 실제로 자기들끼리 해쳐먹는 전략.

현대사회

공적 가치보다 사적 가치를 추구하는 현대사회. 공적 관심보다 사적 관심에 몰입하는 사회. 공적 기득권 소수가 사적 다수를 지배하는 사회. 이 모든 것을 부추기는 소수의 전략에 놀아나면서도, 그 사실에 관심 없는 다수를 만드는 사회.

편견

정상인과 저능인 또는 치매환자 중에 누가 더 행복할까. 누가 고통이 적을까. 행복과 고통은 인식능력에 비례하므로 저능인보다 정상인이 더 행복하고 더 고통스러울 것이다. 반면 누가 더 평정을 유지할까. 평정은 감정의 기복이 적은 쪽에 가까우므로 저능인이 더 평정을 유지하며 살 것이다. 정상인이 저능인을 불쌍하다고 생각하는 것은 저능인의 삶을 살아보지 못한 피상적인 견해 아닐까.

설득

설득하는 쾌감은 우월감이고 설득당한 불쾌감은 열등감이다. 설득당하지 않으려는 의지는 설득하려는 의지보다 강하며, 열등감의 불쾌감은 우월감의 쾌감보다 진하다.

나

남이 보는 나는 그다지 복잡하지 않지만 내가 보는 나는 매우 복잡하다. 너무 복잡해서 잘 드러나지 않는다. 나는 나의 일부만을 볼 수밖에 없다. 내가 두렵다.

'24. 10. 28.

생각한다는 것

생각한다는 것은 과거를 복기하는 것이 아닌 한, 생각하는 대상과 일치하지 않았다는 것. 그 대상과 불화하고 있다는 것. 생각은 깨어 있다는 증거임과 동시에 깨닫지 못했다는 증거.

'24. 11. 1.

거짓과 관조

진실을 말하는 자는 자신을 관조할 필요가 없지만 거짓을 말하는 자는 자신을 관조할 수밖에 없다. 진실을 아는 '나'가 거짓을 말하는 '나'를 관조하는 것이다.

결정

 느린 결정보다는 급한 결정을 후회하는 경우가 많다. 갑자기 맞은 상황에서는 결정을 늦출 수 있는 한 이것저것 알아보고 늦게 결정하는 것이 현명하다. 구매, 치료….

일과 자신

 법에 관련된 국회, 법원 일에 종사하는 자들은 자신이 법인 양 거만 떨고, 돈에 관련된 금융 일에 종사하는 자들은 자신이 돈을 만드는 양 거들먹거리고, 신에 관련된 종교 일에 종사하는 자들은 자신이 신인 양 거룩한 체한다. 이런 자들을 어떻게 다루어야 하나.

삶의 환희

 매일 죽음을 연습해도, 동틀 무렵이나 망가진 전날의 숙취가 사라질 무렵, 이따금씩 찾아오는 삶의 환희는 물리칠 수 없다. 공포영화나 참혹한 전쟁영화를 보고 나올 때 몸을 휘감던 '다행'이라는, '살아 있다'는 환희.

차이

 '~일지도 모른다'는 관념적 느낌과 '~이다'라는 경험적 사실의 차이. 희망과 현실의 차이. 이 차이는 맹목적 추구의 동력이기도 하고 실망의 심연으로 떨어지는 원인이기도 하다.

상상과 경험

 상상 속의 태풍과 경험한 태풍이 많이 다르듯, 자책할 때와 비난받았을 때의 기분은 매우 다르다. 자신에게 죽음이 곧 올 거라고 상상할 때와, 실제로 죽음이 얼마 남지 않았다는 선고를 받았을 때의 느낌은 얼마나 다를 것인가. 그 차이를 어떻게 줄일 것인가.

야만

　야만, 인간이 멸시하는 인간 본연의 상태. 인간 안에 내재한, 지울 수 없는 유전자. 문명의 옷을 하나씩 차례로 벗으면 결국 드러나는 인간의 본모습.

선택

　건강한 20년의 삶과 행복한 10년의 삶 중에 선택해야 한다면 어떤 삶을 선택할 것인가. 세상은 전자를 부추기고 사람들은 건강한 삶이 최선인 양 따른다. 마치 사는 이유가 건강인 것처럼. 행복 없는 건강한 삶을 오래 사는 것이 무슨 의미랴. 공허할 뿐이다.

궁극적인 것

　궁극적인 것에는 의미와 목적이 없다. 그 자체가 모든 의미와 목적이기에. 불교의 해탈, 열반은 그 의미와 목적을 설명할 길이 없다. 다만, 짝퉁으로 만든 개념이 기독교의 천국과 유사한 극락이다.

깨달음

　범인의 깨달음은 머물 수 있는 상태가 아니다, 마치 행복처럼. 물 위에 떠 있기 위해서는 물속에서 팔다리를 쉼 없이 움직여야 하듯, 깨달음을 유지하기 위해서는 끊임없이 긴장하고 정진해야 한다. 범인은 사는 데 도움이 되기 위해 깨달음을 원하지만, 깨달음은 깨달음 자체를 유지하는 데 온 삶을 바쳐야 하기에, 사는 데 별 도움이 될 수 없다. 산에 간 자는 깨달아도 하산하지 못하는 것이다.

행복했을까

내 안의 욕망, 분노, 동경… 이것들을 제어하는 이성과 제약하는 현실이 없었다면, 내가 무엇이든 할 수 있는 능력을 가졌다면, 나는 무엇을 했을까. 행복했을까. 행복하지 않더라도 그런 삶을….

'24. 11. 2.

생生

삶이 괴롭고 힘들 때, 자신이 누명을 쓰고 생生이라는 시지프스의 형벌을 받고 있음을 깨닫는다면 어떤 행동을 해야 할까.

인간의 이해

체면과 위엄을 걷어내고 자신의 내면으로 침잠한 상태에서만, 인간은 서로를 이해할 수 있다. 그것은 목욕을 같이 하면 친해지는 이유와 같다.

돈

돈은 인간을 천박하게 만드는가, 고귀하게 만드는가. 돈은 인간을, 고귀함을 가장한 천박함 속에 가두어 버린다. 그 감옥에서 벗어나려면 그야말로 돈을 휴지처럼 생각해야 하는데, 벗어날 자가 얼마나 될까.

존재감

　태양계의 모든 행성은 차치하고, 그중 하나인 지구가 지금도 자전과 공전을 하고 있는 중이라는 사실은, 내 존재를 얼마나 미미하게 만드는지.

고통과 관조

　크고 작은 환희와 기쁨 속에서는 그 상황 속에 빠지게 된다. 관조할 수 없다. 큰 고통 속에서는 저절로 자신과 상황을 관조하게 된다. '내가 왜….', '얼마나 더….'라는 생각과 함께.

전제의 오류

　죽음이 부당하다면 탄생도 삶도 부당하다. 부당한 삶이기에 죽음은 정당하다.

사는 게

　"사는 게 죄다."라는 말이 있지만 "사는 게 벌이다."라는 말이 더 적합한지도 모르겠다. 요즘처럼 큰 걱정과 고통 없는 삶이라면 이 말들이 옳지 않다고 하겠지만, '걱정과 고통 없는 삶'을 이루기 위해 통과해야 했던 '긴 걱정과 고통의 시간들'을 고려한다면 이 말들이 옳지 않다고 할 수는 없다. 더구나 운이 좋다는 것까지 감안한다면. 태어나지 않은 무의 상태와 비교하면, 윤회를 벗어나지 못하고 산다는 것은 죄인 동시에 벌이다.

분주함

　분주함은 축지법縮地法이 아닌 축시법縮時法을 쓰는 것이다. 성찰하는 자가 100년을 산다면 분주한 자는 10년이나 살까. 분주함은 현재의 불안, 걱정과, 미래의 공포로부터의 도피다. 사려 깊게 살고 싶지 않은 것이다. 분주한 자는 안쓰럽다.

가능성과 기대

기대하는 대상이 달성 가능한 참이라면 그 기대는 삶의 동력이다. 달성 불가능한 거짓이라면 삶의 늪이다. 돌아보면 기대하는 대상이 달성 가능한 참인 경우가 별로 없었다. 삶을 겪으며, 이제는 그 분별을 더 정확하게 할 수 있게 되었는데, 아직도 많은 사람들은 늪에 빠져 있다.

궁극의 깨달음

깨달음의 정도는 무수히 많겠지만 궁극의 깨달음은 무엇일까. 자신과 대상, 인간과 섭리에 대한 참다운 이해가 아닐까. 다 깨닫고 나면 존재할 이유가 있을까. 다 깨닫고 나면 오히려 깨닫지 못한 때를 그리워하지 않을까. 천국이나 극락에 간 자가 되려 이곳을 그리듯.

과거

세속에 사는 자, 머무르는 자에게는 과거의 추억이 필요하고, 정진하는 자, 떠나는 자에게는 과거의 청산이 필요하다. 세속에 사는 자에게 과거는 따뜻한 휴식처지만, 정진하는 자에게는 자신을 묶는 사슬이기 때문이다.

오늘

영원히 살 것처럼 살기보다는 오늘만 살 것처럼 사는 것이 더 낫지 않을까. 내일에 대한 기대 없이.

필멸의 존재

인간, 아! 이 필멸의 존재들은 무엇을 위해 사투를 벌이는가. 사투의 목적물을 쟁취해도 그것을 즐길 존재가 사라지고 마는데.

아이들 싸움

어른이 되면 아이들의 싸움이 가소롭게 생각되듯, 한 시대를 걸고 싸우는 이념적 투쟁도 그다음 시대의 사람들에게는 아이들 싸움처럼 생각될 것이다.

'24. 11. 9.

배반과 상실

가까이 있던 주종主從의 존재가 서로 멀어질 때, 주 존재에게는 배반이고 종 존재에게는 상실이다. 죽음 앞에서 모든 것은 나를 배반하며, 나는 모든 것을 상실한다.

의지와 시공간

우리의 공간적 위치는 의지에 따라 지정되지만, 시간에 대해서는 의지 스스로 복종한다. 자신이 구성한 시간 속에서 살 수도 있지만, 그것은 공간적 자립보다도 어렵다.

본능과 욕망

본능에서 벗어난 욕망은 얼마나 될까. 욕망은 본능을 벗어날 수 없는 것인가. 욕망의 최대치가 본능인가. 욕망과 본능은 차집합이 없는가. 어떤 것을 원하는 욕망은 곧 본능인가.

자아 인식

자아 인식의 첫 현상은 현재에 대한 근심, 미래에 대한 불안이다. 자아 형성 전의 유아는 그런 현상이 없다. 그렇다면 자아란 없는 것이 더 좋은 것 아닌가. 자아 없는 삶은 답답하고 염려스럽겠지만, 자아 없이 살다 죽을 수만 있다면 얼마나 좋을까.

존재의 구속

존재함은 구속이다. 그 존재가 신이라 해도. 존재함을 위한 본능은, 존재하기를 원함으로써 스스로를 구속한다.

흔한 행복

한 잔 술에 취해 기분 좋게 잠들 수 있음은, 이 밤이 무사할 것이라는, 걱정 없는 내일이 올 것이라는 예상 때문. 가장 흔하고 직관적인 행복.

성격의 외재성

나는 "~이러한 사람이다."라는 말과 "당신은 저러한 사람이다."라는 말 중에 무엇이 사실에 가깝다고 인정해야 할까. 자신이 생각하는 '나'보다 타인이 생각하는 '나'가 더 사실에 가깝다면 자신은 '나'를 잘 모르고 산다는 것, 곧 주체성의 손상이다.

주체적 삶

무거운 주체적 삶의 행복과 고통, 가벼운 객체적 삶의 행복과 고통을, 각각 상쇄하고 보면 어떤 삶이 더 좋을까.

정신병

자신이 품고 있는 이따금 드러나는 정신병(분노, 광기, 우울…)을 견디기에 괴로워하며 사는 사람은 얼마나 될까. 정신병자가 아닌 이상 자신의 정신병적 성격을 인지할 텐데, 그것을 고치거나 치료하려고 적극 노력하는 자는 많지 않다. 그 또한 당연함 속에 감추고 살아가는 것이다.

몸과 영혼

아름답고 순수한 이미지의 인간의 영혼이, 화장을 지우고 가면은 벗으면 얼마나 추악할까. 영혼에 비해 수수하거나 깨끗하지 않다고 생각하는 인간의 몸은 진실하다. 기껏해야 옷가지 몇 개를 들춰내면 맨몸이 드러나니까. 영혼이 맨 영혼이 되려면 얼마나 많은 화장을 지우고 가면을 벗겨야 할까. 벗긴다고 드러나는 영혼이 있을까.

정신과 육체

정신은 육체에 기생하면서도 평생 육체를 이용하고, 지배한다. 결국 숙주인 지친 육체가 죽음으로써 기생하는 정신도 따라 죽게 된다. 자신의 숙주를 잘 보살피는 정신은 많지 않다. 숙주를 제 소유물인 양 한다. 나도 그중의 대표적 하나.

나

생과 사 사이에 일어나는 모든 것, 경험하는 모든 것을 무념으로 바라보라. 그것들이 과연 어떤 것인가를 생각해 보라. 광대한 우주의 시공간 속에 존재하는 자신의 찰나성과 미소함을 그려 보라. 자신이 오랜 세월 욕망해 온 것들이 실제로 어떤 것이었는가를 살펴보라. 그것들에 대한 집착과 몰입에서 벗어나 물끄러미 바라보라. 나 자신이 의도한 것은 아무것도 없다. 나는 그저 자연의 꼭두각시, 자연의 일회용품, 자연의 입김으로 뿜어낸 비눗방울-잠시 바람에 날려 떠다니다 곧 터져 사라지는-일 뿐이다.

회의주의자

회의주의자로 살아갈 수 있다는 것은 상당한 정신적, 물질적 기반을 가지고 있다는 것이다. 어느 시대건 인간 사회에서 회의주의자란 대다수의 비난을 받는 Minority이므로.

'24. 11. 10.

좋은 독서

독서할 때, 줄거리를 따라가는 데 몰입하면 아무런 생각이 떠오르지 않는다. 단어나 문맥에 대한 숙고, 주장에 대한 회의 등이 자신의 생각을 만들어 낸다. 좋은 독서는 책의 줄거리를 따라가는 것이 아니라, 그 내용을 재료 삼아 자신의 생각을 펼쳐 가는 것이다.

생명

본래 무無 수준의 무기물 상태에서 암수의 결합으로 유기적 화학반응을 일으켜 생명이 생겨난다. 시간이 지나면 생명을 담은 유기물이 해체되고 본래의 무로 돌아간다. 이 전체 과정에서 잠시 생겨났다 사라지는 생명을 사람들은 좋은 것이라고 감정이입 하는데, 생명을 '무기물의 병' 즉 좋지 않은 것이라고 생각한다면 지나치게 회의적인가.

자연의 악마

인간의 자존심, 자부심, 정의, 윤리 등 인간 스스로를 고귀하게 치장하는 온갖 수사들은, 다른 종과 자연이 볼 때는 사악, 교활, 잔학 등 악마적 수사로 바뀐다. 인간 이외의 것들에게 인간은 악마다. 인간의 생명유지와 먹이사슬의 한계를 충분히 고려한다 해도 그들에게 인간은 악마다.

심오한 철학

어떤 철학이나 사상이 깊이 있다는 것이 그것의 복잡함과 난해함에서 연유한다면, 이는 분별을 업으로 삼는 학자들의 시각이다. 내 견해로는, 심오한 철학이나 사상은 간단명료하되, 생각할수록 감탄의 현기증을 불러일으키는 것이다.

철학의 한계

철학의 한계이자 생명력은, 구속력이 없다는 것이다. 저기 멀찍이 좋은 담화로서 머물러, 사람들의 참고용밖에 되지 않는다는 것. 한 시대를 지배한 철학이 있었다면 시대가 변함에 따라 그 철학은 폐기되었을 것이다. 중세의 교부철학이 지금은 교부쩔학이 된 것처럼. 현재에도 회자되는 철학은, 다행히 한 시대를 지배하지 못한, 그래서 쩔학이 아닌 철학으로 살아 있는 것이다.

의지의 제한

인간의 의지와 욕망이 현실에 의해 어느 정도 제한되어 있음이 다행이다. 스스로를 돌아보라. 자신의 모든 의지와 욕망을 실현하려고 광분한다면, 모두가 날뛴다면, 세상은 어떻게 될까.

스토아철학 비교

전기 스토아철학인 에팩테토스의 철학이 유물론적이고, 후기 스토아철학인 세네카, 키케로, 마르쿠스 아우렐리우스의 철학이 관념적인 것은 지위와 신분 차이, 빈부 차이에 따른 영향이 크다. 배고픈 철학은 유물론적이고 삶을 사랑하려고 노력하는 반면, 배부른 철학은 관념론적이고 삶에 대한 지나친 사랑을 경계한다.

풍요로운 삶을 유지할 수 있는 어떤 사람이, 유물론적 생각에 묶여 있다면 사고력이 유약한 자다. 관념론적 생각을 하는 자는 상당 부분 경제적 걱정이 없는 자다. 배고픈 자가 관념적인 생각에 몰입해 있다면 본능을 넘어선 자거나 미친 자일 테니.

생각

생각은 언어에 갇히고 언어는 문자에 갇힌다. 문자는 다시 생각(해석)에 갇힌다. 그리하여 생각은 무한소로 수렴되는가.

낯선 시간

우리는 낯선 공간을 즐기려 여행을 떠나도 낯선 시간을 찾기는 쉽지 않다. 공간의 낯섦은 직관적으로 쉽게 느끼지만 시간의 낯섦은 드물게, 느리게, 사후적으로 느낀다. 우리는 매 순간 다른 공간을 살 수 있지만, 현자가 아니라면, 시간은 한 뭉텅이씩 산다. 대략 50세 이전에는 10년씩, 그 이후 60세 이전에는 3년씩, 그 이후에는 1년씩 낯선 시간을 느낀다. 낯선 시간은 자신의 내부에서 보여지기 때문이다.

한 기基의 공간

아버지 묘지 옆에 비워진 한 기의 공간, 내가 묻힐 공간이다. 우연의 존재가 필연의 세계에서 자신의 무덤을 상상하고, 상상이 현실이 되고, 현실은 기억 속에 묻히고, 기억조차 사라지면, 다시 우연 속으로 침잠한다. 존재한 것은 무와 무.

등반

계룡산 등반을 위해 일어난 새벽. 나는 원치 않는 이 산행을 왜 하려 하는가. 설렘이 아닌 피곤한 고역을. 오랜 친구에 대한 의리다.

행위의 의미

인간의 행위는 닫힌 시간 안에서만 의미 있다. 인생의 시간이 영원으로 열리는 순간, 인간의 모든 행위는 의미를 잃어버린다.

남는 시간

어떤 사람들은 남는 시간에 어쩔 줄을 모른다. 끊임없이 주변을 살피거나 휴대폰에 영혼을 맡긴다. 본래, 상황의 노예였거나 다른 인간의 노예였던 근성을 벗어날 수 없는 것일까. 자신의 영혼의 주인으로 살 능력이 없는 것일까.

영혼이 있다면 생각하는 자에게 깃든다. 생각 없이 앞만 보고 살아가는 자에게는 의식이 있을 뿐이다. 영혼은 관조력이다.

'24. 11. 15.

일관성

타인의 잘못이라면 용서할 수 있는 일이, 자신의 잘못이라면 용서할 수 없는 자. 타인의 불행이라면 '안됐군.' 하며 넘어갈 수 있는 일이, 자신의 불행이라면 고통스러워하는 자. 그는 일관성 있는가.

맹목의 삶

누구나 맹목으로 삶을 시작하지만, 죽을 때, 자신의 삶이 맹목이었음을 깨닫는 자와 자신의 삶이 공허했음을 깨닫는 자의 차이는? 지식과 지혜 차이?

가면

가면은 욕망이다. 인생의 중반을 넘어 죽음으로 다가갈수록 사람들은 쓰고 있던 가면을 하나씩 벗는다. 세월과 무의미함의 완력에 어쩔 수 없이. 시간이 드러내는 가면의 무용함. 드디어 죽음 앞에 왔을 때, 태어날 때처럼 모든 가면을 벗은 평등한 모습이 된다.

관심

타인에 대해 가십이 아닌 관심을 갖는 자는 드물다. 타인이 내면을 보여 주면 당황함을 넘어 짜증을 낸다. 자기 하나도 버거워 여력이 없는 것이다.

고정된 인간

죽음에 못 박힌, 절대에 고정된 인간. 묶여 있는 끈의 길고 짧음이 그 무슨 차이런가.

희망의 의미

희망은 실현 가능성이 거의 0이라 해도 0이 아닌 이상 의미 있다. 희망을 갖는다는 것은 희망 실현에 대한 기대를 갖는 것과는 차이가 있다. 로또를 살 때 1등 당첨을 기대하는 자가 얼마나 되랴. 희망은, 막연한 희망이라도 인간을 위무한다는 의미가 있다.

절망은 희망 없음이다. 절망과 희망은 실현 가능성 면에서 종이 한 장 차이지만 그 작은 차이에 인간은 살고 죽는다.

노년의 시작

더 이상 세상에 대한 마찰음을 내지 못할 때, 세상을 이해하고 수용할 때, 자신의 운명과 화해할 때 노년은 시작된다. 그렇지 않다면 아직 젊은이다.

작은 행복

작은 행복, 작은 쾌락은 인식하기 쉽지 않다. 작은 불행, 작은 고통은 저절로 인식된다. "인생은 고해."라는 말의 한 가지 이유이기도 하다. 철학공부와 성찰은 이 모든 것을 뒤집는 데 도움이 된다.

운명과 자유

인간은 스스로 예속되려는 경향이 있다. 신, 예정, 운명, 숙명… 등에 스스로 무릎 꿇으려는 태도가 그 방증이다. 자유는 우선 이 사슬들을 끊어 버리는 것에서 시작된다. 실존적 자유의 시작.

가치

삶의 의미, 목적, 행복 등 우리가 추구하는 모든 가치는 자신 안에서 분비된다. 외부의 것들은 재료이며, 그 재료들을 가지고 사고와 행위라는 갖가지 양념과 향료로 버무려, 가치를 만들어 내는 것은 개인의 능력이다.

버리다

"부, 권력, 명예를 버리다."는 말은 이해되지만 "죽음, 가난, 고통을 버리다."는 말은 어색한 이유는 무엇일까. 전자는 좋은 것, 소유한 것, 자신과 분리할 수 있는 것이니 버린다는 말이 어색하지 않고, 후자는 원치 않으나 자신에게 부과되어 자신과 분리할 수 없는 것이니 버린다는 말이 어색한 것인가. 그러나 후자도 버릴 수 있는 것이고, 버리려면 전자를 버리는 것보다 많은 정진이 필요할 뿐. 부, 권력, 명예를 버린 자도 드물지만 죽음, 가난, 고통을 버린 자는 얼마나 위대한가.

세계

가假의 세계, 속제俗諦의 세계, 뉴턴 법칙의 세계 vs. 공空의 세계, 진제眞諦의 세계, 일반상대성이론의 세계. 우리는 전체의 일부인 전자의 세계를 세계 전체로 인식하고 경험하고 그 세계 속에서 안정을 추구하며 살고 있지만, 실제 전체 세계인 후자의 세계를 경험한다면 머리와 심장이 터져 버릴지도 모른다.

열린 사상

천당지옥(최후의 심판)은 삶에 추가 기회 없는 일회성 심판, 가장 닫힌 사상.
영원회귀는 살아온 삶의 반복, 조금 닫힌 사상.
윤회는 살아온 삶에 대한 심판과 그에 따른 삶을 다시 살 수 있음, 열린 사상.

비밀의 무게

한 사람의 비밀은 불안과 고통을 담고 있다. 비밀이 밝혀지기 전의 불안과 밝혀진 후의 고통이 비밀의 무게다.

개념과 실재

"너를 영원히 사랑할 거라고 신에게 맹세해."라는 말에서 개념일 뿐 실재하지 않는, 실재하기를 바라는 단어. '영원', '사랑', '신'.

이혼 경험

'모든 경험은 좋은 것'이라는 말은 경험이 정신적, 육체적 성장을 도와 준다는 의미일 것이다. 범죄는 타인과 사회에 피해를 주므로 예외로 하는 것은 당연하지만, 이혼을 예외로 하는 것은 옳은가. 이혼은 개인의 성향과 사정에 따른 것, 사회에 피해를 주는 것도 아닌데. 이 문제에도 "네 의지의 준칙이 보편적 입법원리에 타당하도록 그렇게 행동하라."는 칸트의 말을 적용해야 하나. 즉 모든 사람이 이혼해도 괜찮은가.

이혼 경험에 낙인을 찍는 것은 타당하지 않다. 이혼을 권장하거나 선호하지는 않더라도 이혼을 하나의 경험으로 인정해야 한다.

'24. 11. 16.

부정과 긍정

부정은 사고가 필요하다. 그래서 긍정보다 어렵다. 부정은 이미 자신 안에 긍정을 포함하고 있다. 긍정을 알지만 더 생각한 후의 부정.

긍정은 부정보다 쉽다. 알지도, 생각하지도 않아도 긍정할 수 있다. 막무가내 긍정. 생각하지 말고 믿으라는 어떤 신앙.

회의주의

젊은이의 회의주의는 발전의 추동력을 내포하고 있지만 늙은이의 회의주의는 아무것도 하지 않고 움츠러들 뿐이다.

생명과 물질

생명과 물질, 생명체와 비생명체, 우리는 둘 중에 자신을 포함한 전자를 중요하게 여기고 후자에는 무관심하지만, 본래 물질에서 우연에 의해 생명을 부여받은 생명체와, 같은 우연으로 물질로 남은 비생명체를 차별해야 할까. 인간의 정자와 난자도 섭취하는 음식물에서 만들어지고 그 음식들은 물질에서 연유하는데. 그렇다면 자연의 우연을 숭배하는 것이다. 마치 우연히 낙뢰 맞은 나무를 숭배하듯.

우울의 위안

환희는 사고를 마비시킨다. 환희와 행복만이 이어지는 삶이었다면 인간은 다시 미생물로 퇴화했으리라. 우울과 고통 속에서 인간은 사고한다. 고통은 그것을 벗어나려는 사고를, 우울은 그 상태를 유지하려는 사고를 하게 한다. 가벼운 우울은 그 속에 파묻히고 싶은 안락함과 위안을 제공한다.

자부심

오늘 하루를 살아 냈다는 자부심, 오늘 하루를 죽지 않고 살아 낸 사람 모두에게 이 자부심을 헌정한다.

불면증

불면증을 체험하는 곳. 책상? 탁자? 부엌? 침대! 침대를 없앤다면?

나의 피

내 피 속에는 몇 명의 호모사피엔스 조상이 있을까. 몇 마리(?)의 파충류와 양서류 조상이 들어 있을까. 나의 조상 미생물은 언제 시작되었을까. 살아 있는 나에게 생명을 이어 준 조상은 얼마나 많을까. 생각하면, 그 많은 개체들을 거쳐 생명이 나에게까지 이어졌다는 사실이 얼마나 신기한가.

정치인

뻘짓하는 정치인이 없다면 무엇에 분노와 욕설 본능을 표출할 것인가. 그들이 없다면 현재의 권태를 누가 해소시켜 줄 것인가. 정치인의 역할은 정치가 아니라 뻘짓하기일 수도 있다.

초인

죽음 앞에서 두려움, 포기, 수용이 아니라 굴욕을 느끼는 자가 초인 아닐까.

고독

우리는 고독이라는 정신의 고양을 동경하지만, 사교라는 정신의 늪을 벗어나지 않으려 한다. 고독이라는 자발적 외로움을 두려워하는 것이다.

아이러니한 것

시기, 질투, 실현될 수 없는 욕망은, 그로 인해 불쾌와 고통을 겪으면서도 쉽게 놓지 않으려는 아이러니한 것.

'24. 11. 17.

수단과 목적

자본주의하에서 노동자는 자신을 위해 일한다고 생각하며 열심히 일하지만, 결국 노동자는 자본가나 권력자의 목적을 위한 수단이라는 것이 자본과 노동 사이의 진실이다. 노동자가 그 사실을 알면서도 일에서 보람과 성취감을 느끼고 자발적으로 자본주의의 구조를 강화하는 데 기여하도록 하는 것이 자본가가 노동자를 지배하는, 보이지 않는 권력이다.

자본, 노동, 잉여생산물의 관계로 이루어진 마르크스식 자본주의 하드웨어를 움직이는 실제적인 소프트웨어는 인간의 의지와 욕망인바, 현대의 자본주의는 그 의지와 욕망까지도 세련되게 지배하고 있다.

의지의 확장

인간은 의지의 확장을 욕망한다. 존재의 지속과 확장을 욕망하는 스피노자의 코나투스 개념을 인용하면 의지의 코나투스라 하겠다. 인간이 권력을 추구하고 구속을 피하려는 것도 의지의 확장과 축소 때문임은 자명하다. 의지의 확장은 곧 자유의 확장이다.

자식이 부모를 떠나려는 것도, 부모가 자식을 내보내려는 것도 자유, 의지의 확장이라는 같은 이유에서다. 부부 사이에도 좋은 배우자는 상대의 의지를 제한하지 않는 배우자인바, 배우자가 나의 존재보다 부재를 원한다면 스스로를 돌아보자. 나의 의지를 확장하기 위해 배우자의 의지를 제한하지 않았는가를.

우연의 존재

우연의 존재가 필연을 믿고 자신의 진보를 주장하다. - 배보다 배꼽이 크다.

돈의 중요함

죽음과 마지막까지 맞서는 것은 삶의 소중함이 아니라 돈의 중요함이다. 죽음이 확정되지 않는 한, 자신의 생명보다는 돈을 중요시한다.

돈은 고통의 완화제, 욕망의 해소제, 마약.

떠나는 자

떠나야 할 자에게는 남겨진 대상에 대한 안타까움과 짙은 우수가 쌓인다. 자신의 부재로 남은 자들이 겪어야 할 그리움과 어려움을 생각하며. 하나, 이 모든 걱정과 우수는 사실 자신을 향한 것이다. 자신의 부재와 상관 없이, 남은 자들은 잘 살아갈 것이며 자신이 생각했던 걱정과 어려움은 거의 느끼지 않을 것이다. 떠나는 자여, 다른 생각 말고 갈 길을 가라.

의미에 대한 단상

삶의 의미란 나를 위한 것인가, 너를 위한 것인가. 너를 위한 것이 아닌 나를 위한 삶의 의미란 무슨 의미가 있는가.

영혼이 휘발되어 버린 육체를 붙잡고 사는 것이 무슨 의미가 있는가.

매일 저녁 술에 의지해 기분 좋아하는 알코올중독자의 기쁨은 무슨 의미가 있는가.

'24. 11. 23.

진정한 자유

진정한 자유는 자아의 포기와 초월, 즉 내가 나를 버리거나 순수 관조할 수 있을 때의 느낌이다. 어떤 당의 당원이라면 당의 안위와 이익이 실현되지 않을 때 부자유함을 느끼고, 한 나라의 국민이라면 그 나라의 안녕과 발전 속에서만 자유를 느낄 수 있는 것처럼, 내가 나에 속해 있다면 나의 자유는 나의 안위와 이익에 달려 있게 된다. 나를 초월하여 나의 안위와 이익에 무관할 때 비로소 자연의 일원으로서 자유롭게 되는 것이다.

사회적 진리

진리와 현실의 진리는 괴리가 크다. 착하게 사는 것이 진리지만, 세상을 착하게만 산다면 손해만 보고 도태될 것이다. 착하게 사는 것은 현실의 진리는 아니다. 현실은 이기와 욕망이라는 보이지 않는 손이, 착하게 사는 진리를 움켜쥐고 있기 때문이다.

정치에서도, 고대 이오니아의 이소노미아 사상이나 아나키스트 사상은 권력이나 제도의 지배 없는 순전한 자유, 어찌 보면 순진한 자유를 추구했지만, 권력을 갖고 타인과 다른 세력을 지배하려는 인간의 본능과 욕망에 침몰되고 만다. 그 사상은 진리였지만 현실의 진리는 아니었다. 결국 진리와, 인간 본능과 욕망이라는 현실의 진리 사이에서 줄타기를 잘해야 하는 것이 사회적 진리인가.

생존과 번식이 인간의 최대의 목적이라면 그것을 위한 사회적 진리는 진리와 상반되는 것들을 포함한다. 이기기 위한 권모술수, 속임수… 이 목적하에서는 진리와 과학조차도 사회적 진리 즉, 인간 욕망의 도구일 뿐이다.

근심

마땅한 근심이라도 시간이 지나도록 근심이 가벼워지지 않는다면,

근심을 잊을 만큼 강제적인 일이 주어지거나 근심을 누를 만큼 욕망을 불러일으키는 것을 할 필요가 있다.

법칙

자연은 인과율로 통제되고 사회는 법으로 통제된다면, 인간은 성격으로 통제된다. 자연의 자유가 인과율의 지배를 받고 사회 속의 자유는 법을 넘을 수 없듯, 인간의 자유는 성격 속에 갇힌 자유다. 바꿀 수 있는 성격이라면 그것은 성격이 아니라 취향이다.

앞일에 대한 두려움

나이 들수록 앞일에 대한 걱정과 두려움이 커지는 것은 당연한가. 젊은이에 비해 이미 많이 살아 많은 경험을 했고, 앞으로 살날이 적은 노인이, 젊은이보다 앞일에 대한 걱정과 두려움이 크다는 것은 아이러니다. 인생을 살며 축적한 지혜는 어디로 갔는가. 지혜는 안락함 속에서만 빛나는가. 두려움을 지혜와 무관한 감정으로 생각해야 하는가.

색 없는 오온五蘊

만물에 형상, 모습이 없었다면, 색 없는 오온으로 존재했다면 세상은 얼마나 평화로웠을까. 성애性愛, 생명의 본능, 다툼의 근원.

안수정등岸樹井藤

불설비유경에 나온다는 우화 안수정등에서는, 위에는 사나운 짐승, 아래에는 독사가 있는 절벽에서 쥐가 쏠고 있는 등나무 가지에 매달린 자가 꿀을 빨고 있다고 인간사를 비유하는데, 그 상황을 인식하고 있다

해도, 그 상황에서 달리 무엇을 할 수 있겠는가. 꿀이라도 빨며 버텨야 하는 것이 삶 아닌가. 죽음을 선고 받은 시한부 삶이라도 살아 있는 한, 고통과 두려움 가운데에서도 하루를 살고, 살아 내야 하는 것이 인생 아닌가.

'24. 12. 1.

자존심과 자부심

 자존심의 원천은 자기 자신(가치, 능력, 성격 등)인 반면, 자부심의 원천은 자신과 관련된 외부의 대상(지위, 권력, 소속 등)이다. 자존심이 고갈된 자는 자부심에 의지한다.

 자존심보다는 자부심에 의존하려는 경향은 일종의 허영이다. 자신의 이름보다 권위나 명성을 나타내는 직위, 직함으로 호칭되기를 선호하는 것 등. 자신이 보잘것없음을 시인하고 사회적 지위 뒤에 숨으려는 것. 그 대척점에 있었던 내가 아는 사람은 시인 김관식이다.

"나의 임종은 자정에 오라
가장 소중한 손님을 맞이하듯
너를 위해 즐겨 마중하고 있으마.

비인 방에 호올로 누워
천고의 비밀을 그윽히 맛보노니….

그동안 신세 끼친 여숙을 떠나
미원한 본댁으로 돌아가는 길이다."

- 김관식 "나의 임종은" 중에서.

걱정과 통찰

어떤 면에서는 동물처럼 미래 걱정 없이 현재를 사는 것이, 인간처럼 미래를 걱정하며 사는 것보다 낫다. 하지만 생존본능에 따라 미래를 생각하도록 진화된 인간이 그렇게 살기는 쉽지 않은바, 미래에 나쁜 일을 생각할 때, 그것을 걱정하는 자와 통찰하는 자의 차이는 무엇일까. 시간 측면에서, 범인이 걱정하는 미래는, 걱정하는 사건이 발생하는 시점과 그 영향까지고, 통찰하는 자의 미래는 죽음 이후까지다. 형이상학적으로는, 미래에 대한 범인의 걱정은 자신의 안위에 달려 있지만, 통찰하는 자는 이미 자연과 하나가 되었기에 자신의 안위를 초월한다. 생사라는 자연의 이치와 순리를 꿰뚫고 있는 자에게 걱정이란 감정의 낭비다. 고통이 오면 그때 고통받고, 죽음이 오면 그때 죽을 뿐.

고향

산업자본주의 확산에 따른 도시밀집 영향 아래, 고향은 자란 곳이 아니라 떠나는 곳이 되어 버렸다. 그래도 떠난 곳이 있는 사람은 떠난 곳 없이 도시에서 살아온 사람보다 마음은 풍성할 수 있다. 향수라는 건더기가 있는 기억이 있기에.

철학

철학의 사전적 의미는 "인간과 세계에 대한 근본 원리와 삶의 본질 등을 연구하는 학문"이지만 나는 철학을 '삶과 죽음을 생각하고 정리하고 연습하는 학문'이라고 정의한다. 끝이 없는 학문, 죽어야 완성되는 개인의 학문. 제발 철학에 의지하는 상황이 오지 말기를, 평생 철학을 공부만 하다가 갈 수 있기를 바라지만, 필멸의 존재인 인간으로서 그 바람은 물 위를 걷고자 하는 것. 오늘도 철학에 의지하여 나와 싸운다. 우울함과 두려움과 분노와.

배우

인생을 자신이 아닌 것처럼, 연극의 배우인 것처럼 산다면, 닥친 상황에 칠정을 느끼고 표현해도, 그것에 휩싸이지는 않을 것이다. 모든 상황은 연극 속 설정이고 자신은 그에 맞는 감정을 표출할 뿐이니. 관조의 한 방법이다.

일정

은퇴한 지 수년이 지났어도 매일 저녁, 내일의 일정을 확인한다. 일정이라야 대부분 술 약속이지만 아직은 비어 있는 날이 반갑다. 그런 날이 3, 4일 지속되는 경우는 거의 없으니. 걱정거리 없이 이런 생활을 죽을 때까지 지속할 수 있다면!

무지의 원인

무지의 근본 원인은 무지하려는 의지. 무지한 채로 남으려는 것. 알기를 거부하는 것. 눈앞에 들이대도 보지 않는 것.

공포

공포는 분노의 가면을 쓴다. 혁명, 반역, 쿠데타의 근본 원인은 분노가 아니라 공포다.

의지의 자유

자유의 대부분은 의지의 자유다. 만남은 의지를 펴는 것을 지향하는 바, 의지를 펴지 못함에도 만남에 참석하는 이유는 의무나 이익, 또는 존경에 의한 자발적 복종 등이다.

'24. 12. 3.

자신에 대한 견해

자신이 어떤 사람이고 어떤 성격과 능력의 소유자인가에 대한 견해가, 스스로의 생각보다는 타인의 말과 견해로 이루어진다는 것은 아이러니한 사실이다. 이런 면에서 칭찬의 중요성은 말할 것도 없고, 쓸데없는 칭찬은 없다. 칭찬에 인색한 자일수록 아첨에 잘 속고, 또 그럴 수밖에 없다. 아첨하는 자의 마음을 알 수 없으니.

신뢰

사람들은 자신보다는 다른 사람들이 인정하는 사람을 더 신뢰한다. 자신을 돌아볼수록 자신을 신뢰하기가 어렵기 때문이다.

악행

자신이 악행을 저지른 타인은 비록 그 타인이 선량하고 훌륭해도 동정할 수 없기에 계속 미워할 수밖에 없다. 부당한 박해가 지속되는 이유다. 악행은 악행을 낳는다.

사심

사심 없는 마음은 작은 정의를 이룰 수도 있지만 무자비한 큰 불의를 일으킬 수도 있다.

원죄

인간에게 시기, 증오, 악의가 남아 있는 한 원죄를 부인할 수 있을까.

배설통로

일상 생활에서 하수구가 필요하듯 인간의 본능과 욕망의 배설통로도 필요하다. 하수구가 없으면 생활하수가 집 안을 채우듯, 인간의 본능과 욕망의 배설통로가 없다면 사회 전체가 병들 것이다. 어쩌면 종교도 신에 의지하려는 오랜 본능의 배설통로로서 필요할 수도 있겠다.

고통의 절대성

개인이 느끼는 고통은 상대적이 아니라 절대적이다. 성격과 감수성에 따라 고통의 크기는 개인마다 다르다. 개인간 고통의 크기를 비교할 수 있다면 상대적이라고 말할 수 있겠지만 비교 불가능하다. 고통에 대한 민감도는 타고난 것이며 생존을 위해서는 둔감한 자가 예민한 자보다는 유리하겠지만 나는 예민한 자로 남겠다.

근원적 오류

인간의 근원적 오류는 자신이 세상의 중심이라고 생각하는 것이며 그런 생각은 많은 고통을 만들어 낸다. 하나, 자연의 한 분자에게, 무슨 고통이, 얼마나 크랴.

'24. 12. 7.

존재의 무

모든 존재의 이전과 이후는 같다. 존재의 무다. 모든 존재는 존재의 본질이 무라는 모순 속에 존재한다. 무라는 본질에서 생겨나, 무라는 본질을 향해 존재하는 것이다.

등돌림

굳게 믿었던 사람이나, 가족을 포함한 사랑하는 사람의 등돌림을 느꼈을 때의 좌절과 공황, 두려움은 공포에 가깝다.

주어진 하루

내일 전투에 투입되는 병사나, 목숨을 건 대결에 나서야 하는 검투사에게 주어진 오늘 하루의 자유는 휴식인가, 불안, 초조, 걱정의 고통인가. 같은 상황을 1000번 겪고도 살아남은 자가 아닌 이상 후자에 가까울 것이다.

불가능한 인식

어떤 대상을 본다, 찾는다, 인식한다는 것은 그 대상을 이미 알고 있다는 것이다. 알고 있다는 것은 그 대상이 존재하거나 존재한다는 것이다. 그렇지 않다면 그런 인식행위들은 상상을 인식하려는 것이므로 인식 불가능한 것을 인식하려는 것이다.

삶의 애착

삶에 대한 애착을 놓지 않으려는 사람과, 애착을 버리려는 사람의 차이는 무엇일까. 소화기와 생식기의 활용에 몰두하는 사람과, 그 활용을 저급하게 생각하는 사람의 차이와 같지 않을까.

가상의 행복

우리는 실제가 아닌 영화나 연극을 보며 희로애락을 경험하고 그 감정들을 가상의 감정이 아니라 실제의 감정으로 인정하듯이, 실제가 아닌 것에서 행복을 느낀다면 그 행복을 거짓행복이라고 말할 수는 없다. 환멸의 현실이 두려워 그런 행복을 가까이하지 않는다면 우리가 경험할 수 있는 행복은 더욱 성기지 않을까.

이별과 죽음 차이

이별이 두려워 사랑을 하지 않을 수는 있지만 죽음이 두려워 살지 않을 수는 없다. 그 차이는 시점 차이다. 아직 시작되지 않은 것과 이미 시작된 것의 차이.

축적과 소진

대부분 인간은 재물을 축적하기 위해 자신을 소진한다. 인간의 정신과 육체는 어차피 소진되지만, 무엇을 위한 것이든 문제는 쾌락 없는 소진. 더 이상 소진할 것이 남아 있지 않을 때 무슨 생각을 할까. 쾌락 없는 소진은 허무다.

단상

돈이 생명과 건강 유지의 수단이 아니라 쾌락의 도구가 되려면 현실적으로 얼마나 있어야 할까.

죽음을 얼마나 연습해야 건강의 노예가 되지 않을까.

"부끄러워하기보다 살아남는 것을 더 중요하게 여기는 것, 사는 데 급급하여 살아갈 이유를 잃어버리는 것을 가장 큰 부끄러움으로 생각하라." - 유베날리스

사는 이유

살아가는 이유는, 삶을 그만두지 않는 이유는 무엇인가. 태어났기에? 본능이기에? 욕망 충족을 위해? 대부분은 더 잘살기 위해서 살고 있을 것이다. 생명체로서의 생존 본능.

그 외에 다른 이유로 삶을 지속하는 사람이나, 혹은 그 이유가 사라졌을 때 삶을 지속하지 않을 사람은 거의 없을 것이다. 결국 인간이란 자신의 의지로 삶과 죽음을 결정할 수 없는 동식물과 다르지 않다. 삶과 죽음에 대한 의지는 본능의 노예다.

삶에 급급할수록 삶에 대한 생각으로 가득 차 있어 삶을 생각하지 못하고, 죽음에서 도망치려고 발버둥칠수록 죽음에 대한 생각으로 가득 차 있어 죽음을 생각하지 못한다. 삶과 죽음에 대한 관조는 본능 밖에

있고, 관조에 따라 자신의 의지를 실행할 수 있는 생명체는 극소수 인간뿐.

인생은

인생은 살아 내기에는 너무 길지만 즐기기에는 너무 짧다. '즐길' 수 있음에도 기어코 '살아 내고자' 하는 인간은 얼간이인가.

죽음을 비껴간 삶의 환희에 어쩔 줄 모르는 마음을 관조하는 나는?

단순함의 행복

생각이 많은 자, 감수성이 큰 자일수록 행복과 멀다. 어린아이의 행복은 단순함에 있다. 다시 어린아이가 되기 위해 정진한다.

인간의 생각이 많아지고 복잡해가는 이유는 타인의 존재, 인간에게 타인은 필요악이다.

신비감

과학이 종교를 위축시키듯, 사실을 정확히 알수록 신비감은 옅어진다. 이성의 몸을, 각 장기의 모습과 상태와 기능을 잘 아는 의사는, 신비가 사라진 이성과의 교합을 어떻게 할까. 스스로 환상을 만들어 내는가. 마치 자신의 몸을 보고 성적 흥분을 느끼기 위해 애쓰듯.

'24. 12. 8.

불안과 무기력

이성적 생각은 견고한데 마음이 불안하다면 부교감 신경의 지나친 항진인가. 추정되는 연緣은 있으나 확실한 인因 없는 무기력과 막연한 불안-극복 여부를 알 수 없는 불행의 날이 가까운 미래에 정해져 있을 때, 그날을 초조하게 바라보며 전장에 나가는 병사처럼 의도적으로 쾌락의 시간을 보내지만, 그날이 오고 불행의 내용이 밝혀지면 불행의 정도와 상관 없이 엄습하는, 때 늦은 불안-에 빠지다. 한곳에 모였던 피가 전신으로 퍼져 가듯.

염세와 낙천

염세주의자의 눈에는 사람들의 삶과 희로애락이 순진하게 보인다. 자신은 삶의 본질을 깨달았(다고 생각하)기 때문이다. 그의 불행은 애써 도야한 그 깨달음 때문이다. 삶의 본질에 대한 직시는 염세와 낙천의 길을 제시한다. 염세를 뚫고 극복한 자만이 낙천의 길을 갈 수 있는 바, 깨달음의 정수에 이른 자다.

지적, 감각적 쾌락

지적 쾌락과 감각적 쾌락은 교집합이 없다. 육근(인이비설신의) 각각의 쾌락인 육경(색성향미촉법)의 쾌락은 서로 배타적이다. 그럼에도 오경(색성향미촉)의 감각적 쾌락보다 제육경(법)의 지적 쾌락을 추구하는 이유는 쾌락의 지속성에 있다. 감각적 쾌락은 가성비가 낮고 쉽게 질리는 반면, 지적 쾌락은 어느 지적 수준에 도달하면 가성비 높고 오래 간다.

절망

사막뿐인 미지의 혹성에 파괴된 우주선과 함께 버려졌을 때, 혹은 그런 환경에 처했음을 깨달았을 때, 밀려오는 절대적 고독과 절망.

삶의 유혹

　삶의 유혹 앞에, 다른 모든 것을 향한 의지는 마취된다. 일생을 그 상태로 지내다 죽음에 앞서 마취에서 깨어나면, 그제야 마법이 풀리듯 제정신으로 돌아오는 것이 인생인가. 비로소 종교는 사기고 철학은 농담임을 깨닫게 되는가.

밤의 고독

　빛 아래서의 활기와 접촉들이 사라지는 밤이 되면 누구나 홀로 된다. 자신 안으로 침잠해야 하는 시간. TV를 보고, 술을 마시고, 대화를 하며 그 고독한 시간을 우회한다. 어둠이 선물하는 고독이 두려워 그 주위를 배회하며 시간을 보낸다. 눈이 부셔 태양을 정시하지 못하는 본능은 어둠 뒤에서 죽음을 보는 것이 아닐까.

환경과 마음

　환경에 영향받지 않는 마음이나 생각이 있을까. 환경은 마음의 중력이다. 삶에서 죽음이 중력이듯.

단상

　죽음-삶-죽음이라는 생의 당연한 구조가 낯설어질 때, 철학은 시작된다.

　행복은 순진함 속에 깃든다.

시간의 영원성 - 선과 악, 정의와 불의, 인간의 모든 가치를 삼켜 버리는.

선, 도덕, 윤리… 삶이라는 기회를 날려 버리는 것들.

합리와 효율

삶의 원칙인 합리와 효율은 미래를 위한 것이다. 미래 없는 죽음 앞에 합리와 효율은 공허함을 넘어 악덕이 된다.

실존적 삶

관습과 시류를 따르는 삶, 남들처럼 사는 평범한 삶은 자신의 삶인가 타인의 삶인가. 그런 식물 같은 삶은 적어도 실존적 삶은 아니다. 시류와 타협하지 않고 세상과 마찰한다 해도 자신만의 독특한 삶이 실존적 삶이 아닐까. 불편과 고통과 손해가 뒤따를지라도.

시간에 대한 능동적 삶

시간을 멈출 수도 없고 시간에서 벗어날 수도 없는 우리는 시간에 수동적일 수밖에 없다. 영원한 현재에 산다는 것도 시간의 망각일 뿐, 시간을 벗어난다는 것은 아닐 것이다. 시간을 능동적으로 산다는 것은 어떤 것일까.

조소와 자조

조소가, 어떤 상황과 행위와 감정에 대한 무지를 조롱하는, 타인을 향한 것이라면, 자조는 스스로 익히 알고 있었음에 대한 연민이다. 조소는 가벼운 쾌감을 동반하지만, 자조는 성찰적 절망과 희망을 동시에 내포하고 있다.

관조적 감정

비참, 처참, 처절, 처연 등은 직관적인 동시에 관조적인 인간만의 감정이다. 이런 감정을 모르거나 느끼지 못했다면 동물이거나 유아기에 머물러 있는 개체다.

'24. 12. 14.

쾌락의 후취

"미네르바의 부엉이는 황혼에 난다."라는 말은 후취할 수밖에 없는 깨달음을 말한 것이지만, 쾌락 또한 즐길 수 있는 때가 지나서야 그러지 못했음을 후회하게 되는 것 아닐까. 깨달음이야 의지와는 상관 없는 인간의 정신적 능력의 한계로 후취할 수밖에 없지만, 쾌락은 어느 정도 의지의 영향 아래 있다고 생각되기에 아쉬움이 더 진하다. 현재의 지적 상태와 경험을 가지고 과거로 돌아간다고 그 당시 즐기지 못했던 쾌락을 흔쾌히 즐길 수 있을까. 쾌락에 따르는 부작용이나 비용을 생각할 때 과거의 판단을 반복할 확률이 크다. 결국 성격을 따르는 것이다. 기억 속에 그려 보는 쾌락은 실제보다 진하고 그래서 더 아쉽다. 시간이 앗아 간 젊음이 사라진 지금, 그때의 쾌락은 이미 지나간 것이며 결코 다시 오지 않는다. 다시 온다 해도 누릴 수 있는, 감각할 수 있는 심신이 아니기에 막연히 그리워만 하는 것이다. 쾌락의 후취불가능성.

행복과 쾌락은 의도하지 않은 부산물이다. 수동적 정신감각이다. 쾌락과 행복은 능동적으로 추구할 때, 한없이 멀어져 성취하기 어려우며, 성취한다 해도 환멸과 함께 물처럼 손가락 사이로 빠져나가는 것이다.

철학의 장점

철학의 최소한의 장점은 '베이컨의 우상'에 빠지지 않는 것. 자기 편견이나 확신의 벽에 갇히지 않을 수 있다는 것. 울타리 내의 자유와 자위일 뿐인 거짓 행복을 뛰어넘을 수 있다는 것. 코앞의 생계를 해결했을 때 밀려드는 공허와 권태에서 자유로울 수 있다는 것.

비참한 존재

인간은 비참한 세계의 비참한 현실에 비참하게 존재하고 있다. 만인은 만인의 늑대다. 이기적인 동기로 타인을 적극적으로 해치지는 않아도, 무심코 즐기는 자신의 행복과 쾌락 대부분은, 눈에 보이지 않는 타인의 고통과 불행에서 연유하기 때문이다. 마르크스의 표현대로 자본가가 노동자의 잉여를 취하듯, 부유한 자들의 통장에 쌓여 있는 잔고는 가난한 자들의 잉여고, 잔고의 일부라도 기부하는 선한 자들은 흔치 않지만, 이런 비참한 현실 구조에서 인간이 베푸는 약간의 선의가 무슨 소용이랴.

"내 돈, 내가 날 위해 쓰는데 뭐가 어때서."라며 뻔뻔스럽게 살기보다는 다소 미안함을 가지고 사는 것이 도덕적인 삶 아닌가.

현재에 살다

누구나 현재를 지나가지만 미래나 과거에 살 뿐 현재에 사는 자는 드물다. 현재에 사는 자는 현재에 만족하여 더 나은 미래나 더 좋았던 과거가 필요 없는 자, 복 받은 자다. 좋아하는 일, 행위, 환경에 몰입하듯 현재를 살기 위해서는 의지적 쾌락이 동반되어야 한다. 현재도 좋지만 미래에 더 좋은 일이 기다리고 있다면 잠시 미래에 살 수도 있지만 매사에 그럴 수는 없는 일. 안분지족은 무엇의 결과인가, 환경인가, 성격인가, 능력인가.

나는 어떤 자인가

나는 어떤 자인가. 주관의 세계에 위치하여 객관적 사고를 하는 자인가, 객관의 세계에 위치하여 주관적 사고를 하는 자인가.

자신에 대해서는 주관적으로 생각하고 타인과 세상에 대해서는 객관적 사실들의 조합으로 표현하는 자인가, 자신에 대해서는 객관적으로 생각하고 타인과 세상에 대해서는 주관적 판단으로 표현하는 자인가.

자신에 대한 성찰 없고 외부의 것에 대해서도 자신의 생각이 없는 자인가, 자신에 대한 성찰과 더불어 외부의 것에 대해서는 자신만의 생각을 가지고 있는가.

미래에 대한 만족

내일을 기약할 수 없는 인생에서 언제까지 삶과 행복이 보장되어야 걱정 없이 살 수 있을까. 1개월, 1년, 3년? 나는 1년이면 족하겠다.

인생의 허무와 초탈

"인생은 가까이에서 보면 비극이고 멀리서 보면 희극이다."라는 통찰처럼, 삶과 죽음을 정시하면 삶을 뒤덮는 허무의 강에 빠지게 되는 것이 인심이지만, 그 허무 속에서 탄생과 죽음을 순리로 인식할 때 초탈에 이르게 된다. 자신에게 주어진 삶의 조건 밖으로 나가려고 몸부림칠 때, 인생은 힘들고 허무하지만, 그 조건들의 인과와 구조 전체를 인식하면 비로소 그 조건들과 무관한 자신의 인생을 인식하게 된다.

'24. 12. 22.

시간의 감각

 과거의 시간은 빠르고 미래의 시간은 더디다. 하루는 길고 1년은 짧고 10년은 더 짧다는 말은, 지나간 1년은 365일만큼 느껴지지 않고 지나간 10년은 3,650일보다 더욱 짧게 느껴진다는 뜻이다. 그 이유는 과거 시간과 미래 시간에 대한 감각 차이. 과거로 흘러가는 시간의 속도는 미래에서 다가오는 시간의 속도보다 훨씬 빠르게 느껴진다. 새로 가는 길이 가 본 적이 있는 길보다 멀게 느껴지는 것과 유사하다.

유모차

 공원을 지나는 유모차 속에 아이보다 개가 더 많은 요즘, 사람들은 단지 환경에 적응하는 걸까, 아니면 더 현명해지고 있는 걸까.

공통점

 실존주의 철학에서 인간을 "상황 속의 존재."라고 정의하는 것과 불교철학에서 인간을 "비자성의 존재, 연기의 존재, 무아."라고 정의하는 것에는 공통점이 있다.

노인이 된다는 것

늙어 노인이 된다는 것은 행운이자 불운이다. 어떻게든 노인이 될 때까지 살아남았으니, 남은 생을 또 살아가야 하니.

형이상학적 욕망

인간이 인생과 역사의 의미를 찾고, 선과 정의를 규정하고, 과거의 사실에 의미를 부여하는 것 등은 형이상학적 욕망으로서 인간의 본능이다. 정리되지 않은 막연함과 카오스인 우주의 본연을 그대로 수용하기에는, 너무 나약한 인간의 두려움과 불안을, 벗어나려는 본능.

휴머니즘

인간 중심주의, 인간 우선주의로서의 휴머니즘은 자연의 입장에서는 인간의 독단이고 악이다. 만물 중에 스스로를 가장 우월한 동물이라고 우기고 싶어 하는, 한 동물 종의 욕망을 드러내는 것일 뿐. 어떤 종교는 신을 상정하고 그 신을 빌려 만물의 영장이라는 칭호를 받기까지 했다. 자연의 눈에는 영락없는 짜고 치는 고스톱. 지금도 인간 우월주의는 기타 생물, 생태계의 극단적 도구화와 파괴를 일으키고 있다.

언어

"언어는 존재의 집"이라기보다 '언어는 존재의 화수분'이다. 언어는 존재를 창조한다. 실재하지 않는 것도 창조하는데 이것들은 인간의 역사를 고통으로 물들인 근원이다. 선과 악, 정의와 불의, 도덕, 이념, 자아, 영혼, 신… 판도라의 상자에서 쏟아져 나오는 온갖 재앙들과 같은 것들. 형이상학은 인간의 완쾌될 수 없는 질병이다.

정의

정의는 관습의 산물, 이념은 한 시대의 광풍. 이성을 바치거나 몰입해서는 안 된다.

단상

불편한 진실을 외면하고 그것으로부터 도피하는 것은 자기기만이다.

자신이 멸망해야만 할 집단의 구성원이며, 동시에 그 멸망을 주도해야 할 운명임을 아는 자의 비애.

지속적으로 치미는 분노와 짜증의 원인은 무엇인가. 타당한 이유가 없다면 부당한 감정 아닌가.

부유하는 인생, 왜 나의 행복이 견고하기를 바라는가.

삶의 목적과 가치는, 욕망의 결정체다.

실존주의

운명론이나 구조주의 시각으로 볼 때, 실존주의는 환상에 지나지 않는다. 실존주의의 핵심 사상인 자유와 선택은 운명, 우연, 구조 안에서 이미 정해진 것이기 때문이다. 즉 자유의지가 자리할 곳은 없다. 그럼에도 실존주의자로 살아야 할 이유는 무엇일까.

필멸의 인간

필멸의 인간은 과학이라는 종교를 앞세워 불멸이라는 재앙을 추구한다. 불멸이 재앙이라는 사실은 이미 늘어가는 요양원의 숫자와 그 안에서 마지못해 불멸하고 있는 노인들로 증명되고 있다. 불멸은 선도 미덕도 아니다. 인류에게 불멸은, 핵폭탄으로 멸망하는 것보다 더 지리하고 공포스러운 멸망의 길이다.

불멸의 삶을 원치 않을 때, 비로소 불멸의 삶을 살 수 있다. 죽음 없는 삶을 원치 않을 때, 비로소 죽음 없는 삶을 살 수 있다.

수용하기 어려운, 단정 오류

"몇몇 사람들이 자유를 추구한다고 해서 모든 인간이 자유를 원할 것이라고 추론하는 것은, 날아다니는 물고기가 있다고 해서 나는 것이 물고기의 본성이라고 믿는 것과 같다."

- 조세프 드 메스트로

인간의 추구

인간이 추구하는 대상이 진정 좋은 것인가를 판단하는 한 가지 방법은 '그것을 동물들도 추구하는가.'의 여부다. 동물들이 아닌 인간만이 추구하는 것들은 인간을 구속시킨다. 인간의 형이상학은 인간에게 자유와 구속이라는 양날의 검이다. 그 형이상학 중에 동물들이 추구한다고 해도 이상하지 않은 것은 추구할 만하다. 인간은 동물이다.

'24. 12. 29.

노동과 노예사회

본래 노동이 존중받는 사회는 노예사회뿐이다. 인간의 역사에서 최근 프로테스탄트 윤리가 퍼지기 전에는 노동은 안 할수록 좋은 것, 살기 위해 어쩔 수 없이 하는 경멸의 대상이었다. 자본가에 의해 프로테스탄트 윤리가 뒤덮고 있는 자본주의 사회는 노동을 신성시하고, 자발적 노예들을 양산하는 노예사회다. 이 사회는 휴식을 노동을 위한 재충전으로서 권장할 뿐, 노동이 배제된 휴식과 여가를 경멸한다. 노는 사람을 멸시하고 대부분 스스로 노예로 남으려고 발버둥친다. 애꾸마을에서 두 눈 가진 사람이 이상하게 취급받는 것과 같다.

자본주의는 '일을 통한 자기실현'이라는 말로 사람들을 유혹하지만 '일을 통한 자기실현'을 한 사람이 얼마나 될까. 오히려 일은 인간을 사물화하고 생각 없는 바보로 만든다. 일을 할 때 그는 없다. 일은 생존의 마취제로서 최소한으로 족하다.

반복되는 삶

반복되는 삶의 무의미함을 인식하지 못한다면 발달장애인일 것이다. 그런 삶을 계속 이어 갈 수 있으려면 무의미한 삶이지만 살 만하거나 즐거워야 한다. 반복되는 즐거움에서 권태 아닌 즐거움을 지속적으로 느낀다는 것 또한 무뇌의 삶이다. 이 생각을 왜 지금에서야 할까.

순리에 대한 감정

순리, 당연, 당위에 감정을 품는 것은 타당한가. 그 결과가 우리가 원하는 것들이면 좋은 감정을, 원치 않는 것들이면 나쁜, 슬픈 감정을 품는 것은 타당하지 않지만, 존재의 유지가 본능인 동물의 입장에서는 이해할 수는 있다. 자연의 이치를 깨달은 자라면 죽음처럼 비록 자신이 원하는 것이 아니라 해도, 순리에 맞는 것이면 흔쾌히 받아들이고 순리에 어긋날 때 오히려 걱정과 한탄을 해야 하는 것 아닌가.

본래의 전도

인간을 포함한 모든 존재의 본래는, 존재가 아니라 무無. 현 존재는 일시적 뭉침, 클리나멘의 결과. 필연의 무에서 우연에 의해 생겨난 일시적 존재로서, 곧 본래의 무로 화할 수밖에 없는.

고통 속의 죽음

인간은 죽을 수밖에 없는 존재인바, 고통 속에서 죽기보다는 쾌락의 절정에서 죽는 것이 확실히 좋을 텐데, 왜 끝까지 살다가 대부분 고통 속에서 죽을까. 왜 그때까지 질질거리며 살까. 만물의 영장이라고 하는 인간은 왜 자신의 죽음조차 자신의 의지대로 하지 못할까. 죽음을 숙고하고 연습하는 까닭은 생생한 삶을 살고 죽음을 의지 아래 두려는 것.

생生의 고苦

인간에게 고통은 확실하지만 행복은 불확실하다. 고통에는 민감하지만 행복에는 둔감하다. 쉽게 느끼는 고통은 주위에 토로해도, 어렵게 인식한 행복은 감춘다. 그래서 생은 고라고 하는가. 많은 행복보다 적은 고통을 원하라고 했던 쇼펜하우어는 옳았다.

생각

생각, 특히 기억은 의지를 거스른다. 기억하려 할수록 망각 속으로 사라지고, 잊으려 할수록 지워지지 않는다. 쾌락을 즐기기보다는 고통을 피할 수 있도록, 고통에 민감하게 진화된 결과인가.

늪

빠져나오려고 허우적거릴수록 더 깊이 빠져드는 것을 늪이라고 한다면, 삶에서 늪은 상당히 많다. 돈, 이념, 종교, 진리, 마약….

영원의 상 아래에서

스피노자 인식론의 정수, 영원의 상 아래에서 보라. 모든 대상을 현재가 아닌 영원의 시각으로 바라볼 때, 진정 가치 있는 것은 무엇일까. 현재의 순간이 영원을 포함할 수 있는 것. 영원 속에도 현재로서 남아 있을 것. 당신에게 그것은 무엇인가.

아름다운 세상

세상은 아름답다, 인간이 없는 한. 인간의 사회가, 인간들의 관계가 아름답지 않은 것은 나만의 편견인가. 아름다운 인간은 적고 보기 싫은 인간이 많은 것은 내가 삐뚤어져 있기 때문일까. 나는 비관주의자, 염세주의자인가. 낙관주의자는 행복하기에 생각하지 않지만 비관주의자는 불행하기에 생각한다.

관대함

관대함은 법, 윤리, 도덕을 품 안에 품고 있다. 추구해야 할 것은, 자신에게는 도덕, 타인에게는 관대함.

알수록

알수록 모르는 것이 많아진다는 말은, 알수록 그것의 반대를 분별하여 인식할 수 있는 것이 많아진다는 것. 모르는 상태에서는 모든 것이 같다. 아는 것과 모르는 것을 분별할 수 없다.

시공간에서의 분리

시간과 공간에서 분리된 존재는 시공을 초월한 존재가 아니면 죽은 존재일 것이다. 죽음 이전에 시공의 분리를 경험할 수 있을까. 죽음 이후의 경험은 불가능하니.

2. 죽음

죽음의 정시

 세상을 가득 메운 죽음이라는 도미노의 첫 번째 조각은 이미 쓰러졌다. 이어져 쓰러지는 도미노 조각들은 빛처럼 빠르게 달리고 있다. 곁을 스치는 도미노의 물결을 보고도 희희낙락하다가 자신을 향해 무서운 속도로 덮쳐 오는 도미노의 쓰러짐을 목도하고서야 어쩔 줄 모르고 온몸이 굳어진다.

 모두가 외면하는 죽음을 정시하려 함은 삶을 향한 본능을 넘어서려는 어리석음인가. 피할 수 없는 죽음이라면, 속절없이 죽음에게 죽임 당할 바에야 테르모필레의 그리스 전사가 되어야 하지 않겠는가.

삶

 우리는 매 순간 살아 있으려고 평생을 애쓰다가, 더 잘살려고 발버둥 치다가 결국 죽는다. 삶을 위한 발버둥의 모든 성과는 죽음의 아가리로 떠밀려 들어간다. 아, 삶은 죽음을 위한 것인가.

인생

 죽음에 기대어 인생을 통찰할 때 인간의 삶은, 무수한 장애와 싸우며 사력을 다하여 강물을 거슬러 올라가 새끼를 낳고 결국은 죽는, 연어의 삶이다. 자신처럼 시지프스의 노역을 반복할 운명을 자식에게 남기며. 인간의 삶은 삶과의 싸움이지만 삶을 위한 싸움이듯, 죽음과의 싸움이지만 결국 죽음을 위한 싸움인지도 모른다.

 전체를 바라보면 허무할 수밖에 없는 인생에서, 잘못되면 하늘이 무너질 듯 중요하고 의미 있게 생각하는 순간들을, 죽기 살기로 살다가 결국 죽는 우리는, 얼마나 모순된 존재인가.

인간의 천국

인간에게 욕망충족의 시공간, 즉 계속되는 욕망을 충족시킬 수 있는 시간과 공간이 다름아닌 천국이다. 역설적이지만 죽음을 욕망하고 충족할 준비가 되었다면 그는 이미 현실의 천국에 있는 것이다.

현실 너머

삶은 현실이고 죽음은 형이상학이다. 현실을 살아가는 자는 현실적일 수밖에 없지만 나에게 현실은 생계유지까지다. 그 이상의 여력은 죽음과 그 주변을 생각하는 것에 소비한다. 무의미하지 않냐고? 어떤 효용이 있냐고? 할 수 있다면 자신의 죽음을 숙고해 보라. 자신의 삶이 어떻게 보이는지, 어떻게 느껴지는지.

나의 죽음

내가 죽는다는 것은 내일 해가 뜬다는 것보다 더 확실하다. 우리 인생에서 모든 것보다 확실한 것은 죽음이지만, 눈앞의 죽음을 언제나 등 뒤에 둔다.

죽음은 과거의 추억과 생생한 현재를 절단시키고 미래의 모든 것을 무덤 속으로 휩쓸어 간다. 그렇게 우리는 죽는다. 타인의 죽음은 객관적 사실이지만 나의 죽음은 실존적 체험이다.

출생 이전과 출생에 대해서는 생각하지 않으면서도, 죽음에 대해서는 두려움 속에서 깊은 고민을 하고 사후의 장황한 세계까지 만들어 내는 까닭은 무엇일까. 왜 태어났는지는 무관심하면서도 왜 죽어야 하는지를 알려고 할까. 무관심한 출생 이전과, 두려워하는 사후는 같은 상대일 텐데.

삶과 죽음을 대립되는 상태로 이원화하는 관점에서는 죽음은 영원한 삶의 적이다. 삶과 죽음을 모든 생명체에 대한 자연의 순환으로 인식하면 갈등은 사라진다. 명백한 사실은 '삶과 죽음은 순환'인데도 우리는 '죽음은 삶의 적'이라는 생각에서 빠져나오지 못한다.

무無로의 전개

죽음에 대해 숙고하고 정리를 한다 해도, 죽음을 향한 발걸음을 멈출 수 없다는 사실과 노화의 체험에 스스로 무력해진다. 나의 희망과 모든 욕망은 미래가 아니라 과거에 있다. 출생 이전으로의 회귀. 무로의 전개가 죽음을 향해서가 아니라 삶 이전을 향했으면.

적당한 때

치매는 정신의 죽음. "존재하는 한 죽음은 함께 있지 않으며, 죽음이 오면 존재하지 않는다."는 에피쿠로스의 말처럼 표현하면, '정신이 살아 있는 한 치매는 함께 있지 않으며, 치매가 오면 정신은 존재하지 않는다.' 그렇다면 자신의 존엄을 위해 자신의 삶을 거둘 시기는 없는가. 있다면 치매로의 이행시기인데 그때 과연 자신을 거둘 수 있는 의지와 명료함이 살아 있을까. 맨 정신일 때 스스로를 거두어야 하는데 적정한 그때가 언제일까.

반면, 그 적당한 시기에 결심한 행동을 하는 것은 자연의 섭리에 역행하는 것 아닐까. 현재의 존엄이 치매 이후에 무너지는 것과, 그로 인한 주변의 시선과 고통을 용납할 수 없다면, 왜 존엄을 확보할 수 없는 유아기나 아동기의 자신은 용납할 수 있는가. 이 시기는 타인의 도움 없이는 생존할 수 없는 시기이며 치매 이후의 시기와 유사하지 않은가.

이 시기를 지우려는 것은 단지 현재 소유한 존엄을 영원히 잃지 않으려는 욕망 아닌가.

최종 결정권은 자신에게 있다. 자연의 섭리를 역행한다 해도, 보편의 진리에 어긋난다 해도, 단지 욕망이라 해도.

나의 임종

감정 없이, 나의 임종을 보고 있다고 가정하자. 임종의 순간까지 다른 나의 죽음은 가족을 포함한 주변인에게는 의미 있을 수도 있으나 이제까지 살아온 나에게는 어떤 의미가 있을까. 의미가 있다면 죽음이 아니라 삶에 있을 것이다. 모든 희망과 욕망은 삶 속에서 찾아야 한다. 죽음 이후에 무엇(천국, 극락, 환생…)을 찾는 것은, 없는 것을 만들어 내는 공허한 상상이다.

죽음 앞에서

죽음을 생각할 때 의미 있는 일은 무엇이고 무의미한 일은 무엇인가. 우리가 쫓는 돈, 권력, 명예 등은 죽음 앞에서 의미 있을까. 우리가 기꺼이 하지는 않는 선행, 봉사. 베풂 등은 어떨까. 죽음 이후에 남는 것은 오직 사람들의 마음에 새겨진 것들뿐이다. 그 또한 한 세대를 넘지 못하겠지만 그나마 돈, 권력, 명예를 팔아 마음을 사는 일이 가장 중요하다. 나는 이런 생각대로 살고 있는가.

자살에 대한 숙고

자살은 왜 하는 것이며 어떻게 이해해야 할까. 자살은 인생의 실패인가 완성인가. 무엇엔가 떠밀려 자살할 수밖에 없는 자살은 인생의 실패고, 삶의 끝에서 자신의 존엄을 지키기 위해 자발적으로 생을 마감하는 것은 인생의 완성이라고 가정하자.

자살, 비참한 존재의 연장에서 벗어날 수 있는, 인간만이 타고난 특권. 인간에게는 자신의 행복을 위해 행동할 자유가 있듯, 자신의 불행을 끝내기 위해 행동할 자유가 있다. 잘 살기 위한 노력이 필요하다면 잘 죽기 위한 노력도 필요하다. '탄생한 모든 생물은 죽는다.'는 자연의 섭리, 이 섭리 안에서 불행이 자신의 삶을 끝낼 때까지 기다리지 않고, 본능을 넘어 불행한 상태를 스스로 끝낼 수 있음이 얼마나 다행인가. 만물은 신의 뜻을 따라야 한다면 생을 끝내려는 의지도 이미 신의 뜻 안에 포함되는 것이다.

자살할 수 있는 자만이, 상황에 자신을 맡기는 자가 아니라 진정 자신을 지배할 수 있는 자라고 하면 지나친 말일까. 비껴 생각하면 모든 인간은 자살하는 도중에 있고 결국은 자살하는 것인데. 시간의 차이가 있을 뿐.

"가장 행복한 자는 태어나지 않은 자고 그다음은 일찍 죽는 자."라고 바킬리데스는 말했지만, 적당한 때에 죽을 수 있다면 자살이라도 행복하겠고, 살아야 할 때까지 살지, 살 수 있을 때까지 살지는 않겠다. 스스로를 지배하는 자에게 삶은 당위의 문제이지 가능의 문제가 아니기 때문이다.

고통스러운 삶을 끝내기 위한 자살이 아니라 죽음 자체가 목적인 자살을 원한다. '명징한 정신, 고통 없는 생활, 삶의 적당한 끝'에 대한 자각이 있는 행복한 시간에 죽음을 초대하고 싶다.

죽음 이전에

죽음 이전에 꼭 해야 할 것이 남아 있는가. 있다면 지금 하라.
죽음에까지 가져가야 할 것이 있는가. 가져갈 수 있으면 가져가라.
자, 이제, 죽음을 두려워하고 슬퍼하는 이유가 또 있는가.

무의식적 본능

성애性愛, 무의식적이고 동물적인 본능. 그 충동의 밑바닥에는 죽음의 공포가 깔려 있다. 인간은 죽음으로 단절되는 자신을, 자식으로서 이어 가려는 잠재적 본능으로 성애를 원한다. 죽음이 없었다면 성애의 본능도 없었을 것이다.

유효기간

자식 사랑에는 유효기간이 없지만 "긴 병에 효자 없다."는 말이 있듯이 부모에 대한 효에는 현실적인 유효기간이 있는 것 같다. 죽음을 나쁘게 생각하거나 두려워하지 않는 사람은 자식의 효에 대한 유효기간이 다하기 전에, 자신을 돌볼 수 없는 때가 오기 전에, 자신을 책임질 것이다. 이것은 타당한 일이다.

죽음

죽음은 '죽는 순간'의 사라짐이 아니라 죽은 자의 인생 전체를 무화시킨다.

우리는 자신의 죽음을 알지만 느낄 수 없고, 두려워할 수는 있으나 슬퍼할 수는 없다. 죽음에 대한 슬픔은 죽은 자가 아니라 살아 있는 자의 것이며, 정작 슬퍼하는 것은 죽음이 아니라 부재다.

죽음은 죽은 자의 문제가 아니라 산 자의 문제다. 죽음관은 인생관과 가치관의 뿌리다. 죽음관 없는 인생관, 가치관은 허망한 각본이다.

죽음에 대한 반성적 성찰은, 욕망하는 다른 삶을 위한 수단으로서의 삶을, 현재의 삶 자체를 목적으로 하는 삶으로 변화시킨다. 미래를 위한 삶이 아니라 현재를 위한 삶으로. 소유하는 삶이 아니라 누리는 삶으로. 행복을 유예하는 삶이 아니라 소비하는 삶으로.

관념적 죽음과 현실적 죽음 - 만가輓歌 중에서

황천이 멀다 드니 앞 강산이 황천이네.

염왕 길이 멀다 드니 문턱 밑이 염왕일세.

죽음과 관심

사람들은 모르는 타인의 죽음에는 별 관심 갖지 않지만 지인의 죽음에는 지대한 관심을 갖는다. 그 차이는 자신이 죽은 이의 삶을 알고 있는지의 여부에 있다. 한 사람의 죽음은 그의 삶과 연결되어 인식될 때에만 의미 있는 것이다.

죽음의 거부

'언젠가 죽는다.'는 말은 죽음은 멀리 있다는 뜻으로 생각되고, '곧 죽는다.'는 말도 아직은 살아 있다는 의미로 생각된다. '지금 죽어 가고 있다.'는 말조차 아직 죽지 않았다고 해석한다. 죽음을 멀리하려는, 죽음을 인정하지 않으려는 본능이 인식의 기저에서 작동하기 때문이다.

죽음이 모든 것과의 단절이라고 한다면, 행복하고 화려한 삶을 산 자일수록 죽음을 거부하고 두려워할 것이다. 사실은, '죽음이란 삶 이전으로의 회귀며, 자연이라는 본향으로 돌아가 우주의 영원한 일원이 되는 것'을 깨닫지 못한 자일수록, 죽음에서 도망치려는 헛된 추구를 한다.

죽음의 체감

인간은 죽음이 확정되어야 비로소 자신의 죽음을 체감하고 자신의 삶을 성찰하는 존재인가. 남은 시간이 아무것도 없을 때에야 시간을 아끼려는 존재인가. 짧게는 3개월, 길게는 1년이라는 죽음의 시점을 확정시켜 놓으면 의미 있게 살 수 있으려나. 자신이 스스로를 속일 수 없듯, 그 또한 소용 없을 것이다. 의사의 오진으로 시한부 삶이 결정된다면 모를까.

철학은 죽음을 눈앞의 실제상황으로 가정하고 죽음을 사유하고 연습한다. 이 또한 가정이기에 진실로 죽음을 두려워하지 않는 자만이 철학을 통해 죽음에서 자유로워질 수 있다.

자신의 죽음

자신의 죽음은 경험을 통해서는 알 수 없지만, 자신의 죽음을 포함한 보편적 죽음에 대한 표상과 정리는 가능하다. 성찰하는 자는 자신만의 정리된 죽음관으로 자신의 죽음조차 보편화하여 죽음 앞에 선다.

죽음과 인성

인간은 죽음 앞에서는 대부분 선해진다. 분노와 적의를 보이기보다는 후회와 반성을 한다. 한편 자신을 괴롭히던 악인 또는 원한 맺힌 자가 죽어 가고 있다면 어떤 생각이 들까. 동정심이 앞설까 저주가 앞설까. 그런 자가 있다면 문병을 가서….

죽음의 격리

죽음의 격리. 삶은 죽음을 밀어낸다. 죽음을 앞둔 자나 죽어 가는 자의 삶은 그들을 위한 것이 아니라 살아 있는 자들을 위한 것이다. 오로지 죽음만이 그들의 것이다.

경험적 죽음은 죽는 자의 것이지만 관념적 죽음은 산 자의 것이다. 죽음에 대한 모든 관념, 의미, 가치 등은, 보다 나은 죽음이 아니라 보다 나은 삶을 목적으로 하고 있다.

죽음이 문제가 된다면 살아 있기 때문이다.

진리

세상에서 가장 확실한 진리는 자신의 죽음이지만, 우리가 가장 확실하게 외면하는 것도 바로 그 진리다. 사랑, 정의, 선 등의 실천도 그와 비슷한 면이 있는 것을 보면 본래 진리는 허울일 뿐 실제로는 외면당하기 마련인가.

우리가 외면하는 죽음의 원인은 병, 사고가 아니라, 자신의 의지가 아니라, 우리가 그토록 축복하는 탄생이다.

나의 탄생이 현재나 미래일 수 없듯, 나의 죽음 또한 현재나 과거일 수 없다. 인생은 탄생과 죽음 사이의 막간이며, 과거는 손쓸 수 없지만 미래는 대비할 수 있는바, 죽음에 대비하는 것은 자신이 인생의 비극의 주인공이 되지 않는 최선의 길이다.

삶이라는 연극

삶이라는 연극은 탄생의 불평등으로 막이 오르지만 정의롭게도 죽음의 평등으로 막을 내린다. 죽음을 바라보는 자는 오만할 수 없다. 느닷없는 탄생은 재앙일 수도 있지만 스스로 결정할 수 있는 죽음은 축복이다.

허망한 추구

아무리 이 밤을 붙잡고 깨어 있으려 해도 결국 잠에 취하듯, 매일 죽음을 연습해도 죽음은 알 수 없다. 본래 연습할 수도, 알 수도 없는 것을 연습하고 알려고 정진하는 것이라면 얼마나 허망한 일인가. 우리가 추구하는 많은 것들 중에 허망하지 않은 것은 과연 무엇인가.

원하는 죽음

존재자가 원하지 않는 죽음을 맞는 모든 생은 비극이다. 스스로 원하는 죽음을 맞을 수 있는 한, 생은 비극으로 끝나지 않는다. 건강한 정신의 노년이 원하는 죽음을 막는 세상은 감옥이다. 원하는 죽음, 안락사는 당연시되어야 한다.

삶의 본능과 죽음

죽음을 생각하며 걷다가 아름다운 여인과 스친다. 순간, 죽음에 대한 생각은 사라지고 그 여인의 모습이 머릿속에 가득하다. 생의 최후까지 삶의 본능은 죽음을 가리어 덮는가.

연인과 사랑에 빠지거나 아름다운 이성에 둘러싸여 쾌락 속에 있는 자 중에 죽음에 눈길을 주는 자가 얼마나 되겠는가. 생의 의욕을 배가시키는 아름다운 이성을 앞에 두고, 그 사람과의 진한 사랑을 상상하는 자는 많겠지만 그 사람과 자신의, 늙음과 죽음을 상상하는 자는 얼마나 되겠는가.

지금 내 삶은 그렇지 못하기에 죽음을 숙고하는가. 거울을 본다.

비상구

철학은 비상구다. 비상구는 비상구를 찾아야 할 상황이 아니면 인식되지 않는다. 위급한 상황일수록 비상구는 보이지 않는다. 평소에 비상구를 알아두고 밖으로 나가는 연습을 해야 한다.

삶과 죽음

섭리의 중요한 두 축인 삶과 죽음. 삶은 본능, 몸과 마음이 절로 삶을 배우지만, 죽음은 반 본능, 죽음에는 많은 연습과 노력이 필요하다.

행복한 죽음

"죽음 앞에서 자신이 행복했다고 말할 수 있어야 진정 행복한 것."이라는 솔론의 말에 비추어 보면 수명 연장에 따라 행복한 죽음은 점점 멀어지는 것 같다. 연장된 수명의 삶이 행복한 사람은 얼마나 될까. 연장된 삶은 대부분 연명의 삶일 것인데. 연장된 자신의 삶이 연명의 삶이라면, 행복하다고 생각하는 적당한 때에 가는 것이 진정한 지혜이겠다.

맹목의 삶

대다수의 젊은이의 머릿속에 죽음은 없다. 대다수의 늙은이의 머릿속에도 죽음은 없다. 사람들의 머릿속은 삶으로 가득 차 있다. 죽음은 죽음을 구체적으로 생각하는 자에게 있다. 죽음을 생각하지 않는 삶이 맹목이라면 죽음을 생각하는 삶은 허무 또는 환희다.

삶의 본능에 대한 비관

삶은 강제된 삶이다. 생生 자체가 자신의 뜻이 아니었기에. 강제된 삶 속에서 생존과 욕망을 위해 기꺼이 또는 억지로 삶의 노예가 된다. 강제된 삶에 자유는 없다. 자유롭다면 강제를 느끼지 못하는 상태일 뿐이다. 생은 천형이다.

어떻게든 잘 살려는 몸짓들이 안쓰럽다. 정답이 없음을 알고 있는 자가, 정답을 구하려 애쓰는 자를 안타깝게 바라보듯. 삶에 정답은 없다. 죽음 외에는. 가장 쉬운 죽음이 두려워 어려운 삶을 살고 있는 이유는 무엇인가. 생은 비극이지만 삶은 비극이 아니기를 바라는 것일까.

철학의 정점

철학의 미덕은 평안이지만 철학의 정점은 적당한 때의 죽음이다.

시간에 쫓길 때

삶이 시간에 쫓길 때는 이미 늦었다. 시간이 삶을 죽음으로 몰아붙여도 손쓸 틈이 없는 것이다. 그때가 되기 전에 정리하고 기다렸다가, 후회 없이, 몸부림 없이 죽음을 맞든지 내가 죽음에 앞서가야 한다.

죽음관
 흩어져 있던 원자가 뭉쳐 삶이 시작되고 죽음은 원자가 본래대로 흩어지는 것이다. 죽음은 삶 이전으로 돌아가는 것이다. - 에피쿠로스

 모든 존재는 변화의 한 형태를 띠고 있을 뿐이다. 그 형태가 삶이든 죽음이든 무이든. 변화에는 차별이 없으며 무에서 시작하여 무로 돌아가는 것이다. - 장자

 나는 자연의 일부, 나의 변화(생生과 사死)는 자연의 변화의 일부다. 자연의 변화에는 당연한 듯 무심하면서 나의 변화에는 어찌하여 감정을 일으키는가. 생이 자연에서 분리되는 고통이라면 사는 자연과 합일되는 평안이다. 죽고(또는 살고) 싶어 하지만 말고, 때가 되면 흔쾌히 죽어야 한다.

축하와 애도
 사람들은 탄생에 축하하고 죽음에 애도하지만 사실은 탄생에 애도하고 죽음에 축하해야 하는 것.

자신의 시원
 당신이 자신의 시원을 생각할 수 있다면 삶과 죽음은 차이 없음을 인식할 것이다.

우주의 일부
 손과 발은 나의 일부이며 나를 살리기 위해 그것들을 자를 수 있듯,

나는 우주의 일부이며 나는 우주의 섭리에 따라야 한다. 그것이 죽음이라도.

연명을 거부하는 자살에 대하여

자살은 인간의 기본권이며 생존권이며 행복권이며 궁극의 자유다. 자살은 법적, 윤리적, 도덕적, 사회적, 관습적 판단을 넘어 개인의 의지 안에 있는 범접할 수 없는 권리다. 누가 나의 자살을 단죄하거나 비방할 것인가. 자살이 반자연적이고 신에 대한 반역이며 사회체제 유지에 악영향을 주기에 정당성이 없다는 표피적인 주장은, 죽음을 원하는 자에게는, 그와 멀리 떨어진 곳에서 그와 무관한 행인들이 떠드는 수다에 불과하다. 연명을 거부하고 죽음을 원하는 자들의 소망이 실현되도록 사회 차원의 숙고가 필요하다.

죽음은

죽음은 고통이나 행복과는 무관하다. 죽음은 가족이나 지인에게는 영향을 주겠지만 자신과는 무관하다. 생사는 에피소드다. 나는 본래 없었고 지금도 없고 앞으로도 없을 것이다.

영원의 상 아래서, 죽음은 그 시점과 무관하게 누구에게나 공평하며 그럼으로써 공정한 것이다.

죽음은 삶에 내재한 시간의 함수. 삶과 죽음은 섞여 있는 하나다.

관성과 당연의 물결 속에서 표류하는 삶을 소스라치게 깨워 줄 가장 크고 확실한 것은 죽음이지만, 그러한 삶 속에 사는 사람들은 죽음을 보고 들어도 자신과는 무관하다고 생각한다. 백약이 무효.

여생에 대한 숙고

나는 2044년 3월 14일 이전에 죽을 것이다. 내 삶의 최대한은 그날까지라는 것이다. 죽음을 이미 정한 나의 여생은 운이 좋다면 20년. 시간을 거꾸로 돌려 2004년을 생각하면 너무나 짧다. 2044년 3월 14일, 지난 20년보다 더 짧을 20년 후 그날을 떠올리며 전율하지 않는 것은 아직 너무 멀리 있다고 느끼기 때문인가. 분명한 것은 깃털 빠지듯 하루하루가 가고 불현듯 그날이 눈앞에 닥칠 것인데. 그날에 후회 없이 흔쾌히 가려면 오늘 무엇을 해야 하는가. 마지막 남은 사분의 일의 삶에서는.

죽음과 자살

사람들은 저절로 죽는다고 생각하지 않고 무엇 때문에 죽는다고 생각한다. 타살이나 사고사가 아닌 죽음은, 의지가 육체를 죽이든 육체가 의지를 죽이든 모두 자살이다. 모든 생물은 자연의 법칙에 따라 스스로 죽는다. 자연의 입장에서 보면 의학과 의술은 자연의 순리를 지연하거나 거스르는 역할을 한다.

두려움

우리가 삶과 죽음에서 진정 두려워하는 것은 무엇인가.

삶의 고통인가. 그렇다면 죽음이라는 비상구가 있으나 그것을 선택하는 사람이 거의 없으니 그것은 진정한 두려움이 아니다. 죽음의 고통이 두렵다면 그 두려움은 착각이다. 죽음은 고통 없는 무이니. 결국 죽어 가는 과정의 두려움이 유일한 두려움일 것이다. 이 고통을 어떻게 우회할 것인가는 죽음을 스스로 책임지려는 자의 숙제다.

죽을 자유

살 자유만 있고 죽을 자유가 없다면 그 인생은 자유로운가. 긴 시간 죽음의 포로가 되어 끌려다녀야 하는가. 그것도 고통 속에서 비참한 모습으로.

죽을 권리는 살 권리만큼 근원적 인권이다. 자유국가라면 안락사 권리가 있어야 한다. 전쟁, 낙태로 인한 죽음은 허용하는 사회와 국가가, 고통스러운 죽음의 과정을 면할 수 있는 안락사를 금지한다는 것은 부조리며 폭력이다. 종교나 안락사 반대자들의 반대 이유는 비현실적이거나 부작용 수준이다.

안락사 금지와 상관없이 죽음을 원하는 사람은 결국 죽는다. 안락하지 않게. 스스로 존엄하다고 외치는 인간이 언제까지 차 안에서 번개탄 피워 놓고 수면제 먹고 쓰레기처럼 죽어야 하는가.

삶과 죽음

삶은 평범하지만 죽음은 독특하다.

삶은 무디지만 죽음은 날카롭다.

삶은 부산하지만 죽음은 명징하다.

삶은 눈앞에 펼쳐지지만 죽음은 보이지 않는다.

삶은 시작이지만 죽음은 끝이다.

죽음 앞의 형이상학

삶과 죽음을 얘기한다는 것은 아직 죽음과 거리가 있다는 것이다. 죽음이 발끝을 패어올 때 형이상학을 말할 수 있는 자가 얼마나 되랴.

죽음에 대한 생각

삶과 죽음을 생각하게 되는 여건은 부와 권력과 현명함이다. 부와 권력을 가진 자는 영생을 원하고, 현명한 자는 죽음을 두려워하지 않겠지만. 먹고살기 어렵거나 권력과 정반대에 있거나 무지하다면, 죽음은 삶에 밀려 머릿속에 차지할 공간이 없다.

명징한 죽음

자연사, 병사는 명징한 죽음일 수 없다. 코마 상태에서의 죽음이다. 비행기의 추락이나 배의 침몰 등 사고사는 자발적 죽음이 아니기에, 짧은 시간이나마 그 두려움 속에서 명징하기는 어렵다. 죽음에 대한 생각이 정리된 상태에서의 명징한 죽음은 자살이다.

소크라테스의 유언

"아스클레피오스에게 닭 한 마리 빚진 것을 갚아 달라."
(당시에는 질병이 나으면 의학의 신 아스클레피오스에게 닭을 바쳤음.)
- 삶은 질병이고 죽음은 그 질병의 치유다.
- 생生은 고苦이고 사死는 고苦에서 벗어남이다.

수명

개인, 사회, 국가, 나아가 수많은 문명, 인류, 지구, 우주의 흥망성쇠를 생각하면 '나'와 '나의 죽음'은 사라지고 없다.

여생

  60세. 여생은 덤이다. 이후 새로운 것, 기다려지는 것, 꼭 해야 할 것이 무엇이랴. 60년을 살고도 그런 것이 남아 있다면 모자란 인생 아닌가. 70세가 되면 언제 죽어도 좋을 것이고 80세가 되면 나는 없을 것이다.

사상누각

  삶(인생)은 사상누각. 본래 아무런 재료 없이 쌓아 올렸으니 죽음에 쉽게 무너지는 것은 당연한 일 아닌가.
  "장기판이 끝나면 왕도 졸도 같은 통으로 들어간다." - 이탈리아 속담

애절한 죽음

  다가온 죽음을 반드시 유예해야 할 정도로 애절하고 중요한 인생이 얼마나 될까. 주변인이 진정 죽지 말기를 간절히 바라는 죽음은 얼마나 될까. 그 간절함이 의무가 아닌 진정한 바람은 얼마나 될까. 모든 죽음은 당연하며, 동일하게 생각하는 것이 타당하다. 안타까운 죽음은 많지 않다.

죽음으로

  죽음으로 걸어가는 자의 두려움과 고독과 비애를 표현할 수 있는 자가 얼마나 되랴. 표현은커녕 인식이라도 할 수 있는 자는 얼마나 될 것인가.

삶과 죽음

"산 자의 심장소리는 장송곡의 북소리고, 맥박은 무덤으로 걸어가는 발걸음이다."

젊음은 꿈, 희망, 상상, 환상 속을 살아간다. 노년이 되면 꿈은 거품이 되어 사라지고 환멸의 현실을 자각한다. 죽음이 먼발치에 다가오면 젊음의 꿈과 노년의 현실 모두가 봄날의 짧은 꿈이었음을 깨닫는다.

고난과 자살

나 스스로를 통제할 수 없는 때가 오기 전에 스스로를 거두려는 생각은 이미 하고 있었지만, 너무 큰 고난 앞에 자살을 염두에 둘 수밖에 없는 때가 온다면 마지막 생각을 해 보겠다. 더 잃을 것 없는 죽음의 선상에 있는 바에, 삶이 얼마나 고통스러운지 알아나 보자고. 내 의지 안에 있는 죽음을 위해 살아 보자고.

자살의 이유

현대의 자살 이유는 비관, 사랑, 공포 등 심리적 원인보다는 많은 부분 '돈' 때문인 것 같다.

밥 먹어라

어릴 적, 어두워지는 줄도 모르고 동무들과 즐겁게 놀다가, 누군가의 이름을 부르며 "밥 먹어라." 하는 소리에 동무들이 하나둘 사라지면, 남은 아이들은 아쉬움에 기가 죽는다. 어머니의 부름에 나도 아쉬움과 미안함을 남겨 두고 집으로 가면, 마지막 남은 아이는 부르는 사람이 없어도 힘없이 집에 간다.

죽음 앞의 아쉬움도 그와 같을 것이다. 다만 아무도 불러주지 않아 마지막까지 남지 않기를 바랄 뿐이다.

노년의 죽음

젊은이의 죽음이 안타까운 것은 아직 살아야 할 날이 많이 남았기 때문인 것처럼, 노년의 죽음이 슬프거나 억울하지 않은 것은 살 만큼 살았기 때문이다. 자신의 죽음 앞에 이렇게 생각하는 노인은 얼마나 될까.

소멸의 날

내가 지금 살아 있는 것은 이성에 대한 본능의 승리를 의미한다. 50세 이후에는 삶과 죽음을 향한 본능과 이성의 싸움이 계속되었고, 항상 본능이 이성을 억눌러 왔다. 본능이 사라지는 날이 내가 죽는 날이 되어서는 안 된다. 그날은 이성이 본능을 이기는 날이어야 한다.

치욕의 삶

육체가 내 의지를 따르지 않는 삶, 육체는 있으나 의지가 사라진 삶, 육체와 의지가 따로 노는 삶, 얼마나 치욕적인 삶인가. 이런 삶을 살아야 하는 사람이 얼마나 많을까. 죽지 못해 하는 삶을. 수명연장을 위한 의료기술 발전은 재앙이다.

죽음의 이행과정

죽음은 이미 정리되어 두렵지 않지만 죽음으로의 이행과정은 다소 걱정이다. 그 과정이 생략된다면 즉 펜타닐 2mg 두 알만 있다면, 여생은 더욱 가볍고 즐거울 것이다.

주관과 객관의 일치

 일생에 나와 대상, 주관과 객관이 일치하는 순간이 단 한 번 있다. 죽는 순간. 나의 죽음은 주관적이지만 객관의 대상인 세상의 종말과 같다. 나의 죽음은 모든 것의 죽음이다. 나는 다가오는 나의 죽음, 세상의 종말을 생각하고 있다. 단 그 순간이 짧고 고통 없기를 바란다.

불치병

 사람들은 불치병으로 암, 당뇨, 고혈압…을 얘기하지만 가장 근본적이고 피할 수 없는 불치병은 늙음이다. 늙음은 어쩔 수 없지만 죽음의 시기를 자신의 의지대로 결정할 수는 없을까. 죽음을 늦출 수는 없어도 당길 수는 있다. 철학적 결정이 필요하다. 수동적인 긴 죽음과 능동적인 짧은 죽음 사이에서.

자살선택

 내가 죽음에 앞서 자살을 선택하려는 이유는 삶이 두려워서도, 고통스러워도, 권태로워서도 아니다. 나는 이미 행복의 궤도에 안착했다. 별일 없다면 원하는 대로 만족 속에서 살아갈 것이다. 그럼에도 자살을 원하는 이유는 사전연명의료 의향서가 필요하기 전에 건강하게 죽기 위해서다. 여생의 가장 중요한 목표는 건강한 삶이고 그다음은 건강한 죽음이다.

무아와 죽음

 (정신적) 무아는 (육체적) 죽음과 유사하다. 무의 죽음의 상태에서 육체가 생겨나고 삶 끝에 다시 무의 죽음으로 돌아가듯, 무아에서 자아가

생겨나고 깨달음 끝에 무아로 돌아간다.

　죽음을 알기 전, 죽음은 두렵고 삶은 고통스러운 것처럼, 무아를 깨닫기 전, 자아는 마음에 휘둘리는 불안 속에 있다.

결정 決定

　어차피 닥칠 죽음 앞에서, 쾌락인 음주를 계속할 것인가, 자제할 것인가.

　죽음이라는 치명적 병 앞에서 쾌락 속에 죽을 것인가, 연명치료를 할 것인가.

　매일 저녁 흔쾌하게 취해서 내일 걱정 없는 이 안온한 생활이, 곧 닥칠 확정된 죽음을 모르고 하루를 쾌락 속에서 사는 배부른 돼지의 생활이 아닐까. 그것이 사실이어도, 죽음 앞에 자신을 방치하지 않고 책임질 수 있다면 이 생활이 두려울 것이 무엇이랴.

치매에 대한 고민

　자신의 죽음에 대해, 치매에 대해 아무 생각도, 대비도 하지 않고 막연하게 사는 사람들은 무지한 자, 불쌍한 자, 이기주의자다. '어떻게 되겠지.' 하며 사는 자는 자신의 말년을 떠돌이 개처럼 방치하는 것이며 치욕적인 삶과 죽음을 맞게 될 것이다. 인간의 존엄이 사라진 삶보다는 죽음이 백 번 낫다. 치매 앞에 공적 죽음이 허용되지 않는다면 사적 자살밖에.

죽음과 쾌락

전장에 나갈 병사가 섹스에 탐닉하듯, 죽음을 인식할수록 쾌락을 추구함은 사실이자 당위다.

나와 타인의 죽음

우리는 타인의 죽음에서 자신의 죽음의 희미한 가능성을 인식할 뿐, 명백한 실재성을 인식하기는 어렵다. 자신의 죽음에 대한 깨달음은 머리를 내리치는 충격과 공포로 처음 찾아오게 된다.

타인의 죽음은 당위의 범주 안에 있고 나의 죽음은 (인정하기 싫은) 사실의 범주 안에 있다. 타인의 죽음은 보편적, 경험적이고 나의 죽음은 이례적, 신비적이다. 사실의 범주에 있는 나의 죽음을 당위의 범주로, 이례적이고 신비적인 나의 죽음을 보편적인 경험적 사건으로 인식하는 것이 죽음을 철학하는 것이다.

무수히 경험하고 매일 연습하는 죽음이지만, 누구나 자신의 낯선 죽음의 전령을 심장이 멈춘 듯 알아차린다. 설마 하며 맞는 죽음은 모든 위로를 거부한다.

삶에는 죽음의 씨앗이, 죽음에는 삶의 씨앗이 내포되어 있다. 그 씨앗이 자라 성숙해질 때, 삶은 죽음이 되고, 죽음은 탄생이 된다.

선고된 죽음

죽음은 이미 선고되어 통보되었다. 우리는 그것을 수취거부하고 있을 뿐이다. 우리의 얇은 행복은 죽음이라는 거대한 쇄빙선에 산산조각 날 수밖에 없다. 눈 감고 있다고, 모른 척한다고, 숨는다고 죽음이 비껴가거나 다가오는 속도를 줄일까. 어떻게 해야 하나.

죽음의 증명

누구에게나, 죽음의 필연성이라는 귀납적 진리는 증명되지 않았다. 여전히 증명되고 있는 중이다. 자신도 타인에게 죽음의 예증 사례가 될지는 몰라도. 그 이후에도 남은 자들은 여전히 자기 죽음의 필연성을 의심할 것이고, 앞선 사람들처럼 의심하는 가운데 죽음의 필연성의 예증 사례가 된다.

사무치다

사무친다는 것은 이미 그럴 것이라고 알고 있던 사실이나 감정을, 마음 깊이 깨닫는다거나 느낀다는 말인바, 그 말에는 약간의 자발성과 상당한 강제성이 공존하고 또 그것이 필요하기도 하다. 이러한 조건하에서 인간이 사무치기 가장 어려운 사건은 자신의 죽음이다. 자발성이 전무하기 때문이다.

미래의 끝

공간상으로 우주가 지속적으로 확장하듯, 시간상으로 우리가 현재에서 바라보는 과거는 더욱 과거로 멀어지고 미래는 더욱 미래로 멀어진다. 특히 생각하기 싫은 과거, 원하지 않는 미래는 그 정도가 심하다. 그 핵심에는 죽음이 있다. 미래의 끝은 죽음, 현재화될 수 없는 죽음. 나의 미래와 현재가 합쳐지는 순간, 시간이 멈추는 순간, 죽음.

죽음

모든 죽음은 (불행하기에는) 너무 이른 죽음이며
모든 죽음은 (행복하기에는) 너무 늦은 죽음이다.

- 죽음 이후에 불행은 없으며(생生은 고苦며) 이른 죽음일수록 행복하다.

죽음 매뉴얼

자신의 죽음에 대해 고찰하고 숙고하고 정리할 수 있는 때는 죽음이 공표되기 전, 죽음에 사로잡히기 전이다. 그전에 자신의 죽음의 매뉴얼을 만들어 놓아야 한다. 죽음이 닥쳐도 매뉴얼대로 행할 수 있도록 충분히 연습도 해야 한다. 더 이상 유예할 수 없는, 양보할 수도 없는 죽음은 곧 닥친다. 엄습한 죽음은 공황이다.

보편적 죽음은 이성적 사고의 대상이지만 자신의 죽음은 감정의 대상이다. 죽음에 대한 모든 사고와 정리와 연습이 소용 있었는가 없었는가는 죽음이 닥쳤을 때 결정될 것이다. 그가 현자인지 범인인지도 함께 밝혀질 것이다. 고승의 사리는 자신의 의지와는 무관하지만, 죽음을 맞는 태도는 의지 안에 있으니.

죽음에 대한 숙고

나의 죽음에 대한 숙고는 나의 삶에 대한 숙고일 수밖에 없다. 나의 죽음은 경험할 수 없기에 나의 죽음 자체는 무, 숙고할 대상이 없다. 다만 타인의 죽음을 통해 나의 죽음을 상상하며, 상상된 죽음을 배경으로 어떤 삶을 살아야 하는가를 숙고하는 것이다.

자연의 의도

자연은 인간이 생존에 불필요한 것을 감각하거나 생각하지 못하도록 배려한 것 같다. 자전과 공전의 소리, 자신의 심장박동 소리, 무수한 벌레들의 소리를 들을 수 없는 것을 보면. 자연은 인간의 비극적 종말인 죽음도 그러한 이유로 생각하지 못하도록 배려했는데, 인간도 다른 동물처럼 죽음을 잊고 신변잡사와 수많은 욕망과 다툼 속에서 희로애락 하다가 어느 순간 아무 생각 없이 죽도록 배려했는데, 인간의 지혜 아닌 무지가 기어코 죽음을 탐구하는 것 아닌지. 죽음은 '아는 것이 병' 아닌가!

탄생과 죽음

탄생은 삶의 불평등의 시작이지만 죽음은 삶의 모든 불평등을 평등하게 만든다. 탄생은 불평등일 수 있으나 죽음은 그 차체가 평등이다.

죽어야 하는 이유

인간이 죽어야 하는 이유를 그의 죄, 욕심, 그 무엇이라 해도 불충분하다. 필요충분조건을 만족하는 단 하나의 이유는 그가 태어났다는 것이다.

드러나지 않는 죽음

살아 있는 것들은 살아 있기에 삶만을 표현할 수 있다. 죽음은 삶 안에 숨어 자신을 드러내지 않는다. 죽음은 살아 있는 것들을 뒤덮고 있으나 보이지 않는다. 인간은 자신의 죽음을 '생각할 뿐이다'.

죽음의 거울

 죽음은 삶을 비추는 거울, 죽음이라는 거울을 아무리 들여다봐도 보이는 것은 죽음이 아닌 삶뿐이다. 그러나 죽음의 거울에 비친 삶은 삶 속에서는 볼 수 없는 삶을 드러낸다. 죽음의 거울을 자주 들여다봐야 하는 이유다.

다행이다

 아직 나에게 시간이 있음이 다행이다. 아직 살아 있음이 얼마나 다행인가. 죽음 앞에 생을 마무리할 시간이 주어졌음이 얼마나 다행인가. 하나, 죽음은 정리하려 할수록, 잡으려 할수록 자신의 심연 속으로 달아나고 그 심연은 우주로 열려 있어, 의식은 숭고함에 질려 얼어붙는다.

분유分有와 창조

 분유는 나누어 가짐이다. 분유한 주체와 분유 받은 대상은 같은 속성일 수밖에 없다. 빛을 분유하면 분유의 주체와 대상 모두 빛의 속성을 갖듯이. 창조는 없는 것을 만들어 냄이다. 창조된 주체와 창조된 개체는 같은 속성이 아니다. 빛은 빛이 아니라 어둠에서 창조된다.
 무(죽음)에서 존재(삶)로 이행하는 것이 무의 분유가 아니라 존재의 창조라면, 존재에서 무로 이행하는 것도 존재의 분유가 아니라 무의 창조다. 분유에는 이전 상태의 흔적이 남지만 창조에는 그 흔적이 없다. 삶에는 죽음의 흔적이 없고, 죽음에는 삶의 흔적이 없다.

죽음의 상황

 일반적인 죽음의 상황 즉, 죽음까지의 시간과 공간에 놓여 있는 것들을 생각해 보자. 깔끔한 상태에서 순간적으로 삶에서 죽음으로 넘어갈까? 사실 그 과정은 지루하고 번잡하며 생명이 하나하나 손가락 사이로 빠져나가듯 지리멸렬하다. 죽음은, 죽어 가는 자를 죽음에 가까이 갈 때까지 지치게 한 끝에 찾아온다. 죽음은 결코 간결하지 않다.

죽음의 무의미

죽음은 무의미하다. 생 또한 죽음으로 회귀라는 측면에서 무의미할 수밖에 없다. 무한의 시간 속에 한 인생이 무슨 의미가 있으랴. 인간은 무한 시간 밖에서 자신의 인생을 바라보는 것이 아니라, 자기 인생 안에서 무한 시간을 바라보기에 인생의 의미를 찾으려고 노력하는 것이다. 성찰 이전의 본능이다.

삶과 죽음

삶과 죽음은 가능성으로서 공존하고 있지만 시간을 공유할 수는 없다. 시간은 불평등하게도 삶이 주로 점유하지만, 죽음은 단 한 번의 점유로써 이후의 모든 시간을 점유해 버린다.

육체가 정신을 존재하게 하는 원천인 동시에 정신의 형틀이듯, 죽음은 삶의 배경인 동시에 삶의 형틀이다.

죽음에서 가장 멀리 있는 날이 오늘이다.

삶 속에 내재한 죽음

"죽음은 삶 속에 내재하고 있다."

내재는 공간차원의 개념으로 공존의 의미다. 삶과 죽음은 시간차원의 개념이며 공존할 수 없다. 이 문장은 논리적으로는 성립할 수 없지만 통시적, 관념적으로는 이해할 수 있다.

나의 죽음

삶은 영원한 현재이고 죽음은 영원한 미래다. 살아 있는 한 내가 체험하는 것은 현재며, 미래는 체험할 수 없다. 죽음은 인과의 인식과 미래의 예견을 통해 삶 안으로 끌어들인 것이니, 자신에게는 실재가 아닌 관념이다. 우리는 미래를 생각할 수 있으나 미래를 살 수는 없다. 나의 죽음은 상상 속에 있을 뿐 실존하지 않는다.

의연한 죽음

내일의 태양이 뜨지 않을 수는 있어도 내가 죽지 않을 수는 없다. 우주가 멸망할 확률은 0보다 크지만 내가 죽지 않을 확률은 0이다. 이토록 확실한 죽음을 언제까지 연기延期할 것인가. 왜 자신의 죽음을 수동적으로 기다리기만 하는가. 죽음을 외면한 채, 최선을 다해 삶을 부여잡지만 결국은 죽음에 끌려갈 수밖에 없는데, 언제까지 죽음의 노예가 되어, 죽음의 채찍을 맞으며 삶의 수레를 끌려고 하는가. 적당한 시기에 '앞서', 자신이 죽음의 노예가 아니었음을, 신의 꼭두각시가 아니라 자신의 삶의 주인이었음을 보여 주는 것은, 인간만이 할 수 있고 인간으로서 할 수 있는 가장 의연한 일이다.

현자는 매일 죽음을 연습하고 죽음을 환대할 준비를 한다. 죽음에 끌려가지 않고 당당하게 맞이할 수 있도록. 한 수 위의 현자는 죽음이 올

때까지 기다리지 않는다. 죽음의 노을이 되면, 자신을 보지 못하고 지나치는, 죽음의 수레에 스스로 올라탄다. 별일 아니라는 듯이. 오랜 시간 삶을 살아온 자에게는 죽음의 순간이 대수롭지 않음을 알기에.

죽음의 시기의 불확실함

우리가 '죽는 날의 불확정'을 '죽음의 불확정'으로 생각하려 함은 무지인가 본능인가. 확정된 죽음처럼 운명은 죽음의 시기도 확정했다. 그러나 운명을 우연으로 믿고 사는 사람들을 보면서 운명은 무슨 생각을 할까.

죽음의 확정성은 인간을 불안과 고통으로 몰아넣지만, 그 시기의 불확정성은 죽음의 불안과 고통에서 어느 정도 벗어나게 한다. 확정된 죽음이라는 절망 속에서 그 시기의 불확정은 유일한 희망이다. 인간에게 '죽는 날의 불확정'은 '죽음의 불확정', 즉 '구원'이다. 주변의 죽음에 눈감으며, 또는 소스라치며 불안한 평안 속에 살아간다.

모든 생물은 탄생과 동시에 죽음을 선고받는다. 인간은 누구나 처형 시기를 모르는 사형수다. 지인의 앞선 죽음에 표하는 애도 뒤에 안도를 숨기지만, 돌이킬 수 없는 죽음의 선고 앞에 그 시기의 차이가 얼마나 큰 것이랴.

남들은 이미 '나의 죽음'에 대한 애도를 준비하고 있는데도 '나'는 자신이 살아 있는 한, 죽기 직전까지도, 죽을 것이라는 생각을 하지 않는다. 살아 있는 자에게 죽음이란 없다.

성공한 인생

갓난 아이를 보면 그 앞에 펼쳐질 무한한 인생을 생각하게 되지만, 회고적 통찰은 죽음을 전제한 탄생임을 일깨운다. 탄생과 더불어 죽음으로 이끄는 자연의 의도는 무엇인가. 본인의 노력 없이 공짜로 받은 인생이니 즐겁게, 가볍게 살다가 자신(자연)에게 반납하라는 것 외에 무엇이랴. 이러한 자연의 뜻에 가장 충실한 인생이 가장 성공한 인생이다.

깨달음

철학 함은 죽음을 연습하는 것이고 죽음을 연습함은 좋은 삶을 살아가는 것이다. 나의 삶과 죽음을 생각하면 한없이 고뇌하게 되지만, 어느 순간 내가 자연의 일부, 섭리의 한 조각이라는 깨달음에 들 때, 나와 더불어 내가 가진 모든 것은 사라지고, 나는 무의 자유가 되고 자연만이 남는다. 본래 무無인 내가 유有라고 오인하고 살았던 것이다.

병사病死와 자살

병으로 죽는다면, 적당한 죽음의 시기를 놓칠 수밖에 없는 병사와, 병사에 앞서 적당한 시기의 자살 중에 어떤 죽음이 좋을까. 자살 후 병사까지의 기간은 얼마나 될까. 그 기간의 삶은 행복할까, 고통스러울까. 자신과 주변인의 고통을 피하려는 자살이, 죽음을 자연에 맡기는 병사보다 스스로에게 좋은 일일까, 나쁜 일일까. 치매 등, 노년의 고통스럽고 힘겨운 삶을 원하지 않는 사람들이 자살을 고려하지 않는 이유는 무엇일까.

수명의 객관화

스스로 객관화가 가장 어려운 것은 죽음과의 시간적 거리, 남은 수명이다. 의사는 환자의 남은 수명을 거의 알고, 환자의 주변인은 환자의 남은 수명을 대략 가늠하지만 정작 환자 또는 노인 자신은 모르거나 받아들이지 않는다. 죽음 직전까지도 영원한 현재를 산다. 자신 밖으로 나오지 못하고 있기 때문이다.

죽음의 이해

죽음에 대한 접근은 무형의 돌덩이를 다듬어 조각상을 만드는 것과 같다. 조각상을 만들기 위해 조각가가 다듬어 내는 돌조각들은 죽음 주변에 대한 인상과 지식이다. 조각상이 완성된 후, 제거된 돌조각들만을 다시 모아 붙일 수 있다면 조각상 부분을 빈 공간으로 품고 있는 돌덩이가 될 것이다. 죽음은 그 조각상 모양의 빈 공간이다. 죽음 내부는 알 수 없지만 지식과 인상만으로 추측할 수 있는.

현실과 자살

현 상태에 불만이 없는 자는 변화를 바라지 않는다. 행복한 자는 자살을 하지 않지만, 행복해도 자살을 고려해야 할 경우도 있다. 행복이 끝나고 고통과 불행이 시작되는 바로 그 시점. 자신의 삶으로 인해 주변이 불행해지는 시점. 적극적으로 자살을 고려해야 할 때다.

자살에 대한 태도

우리는 주변에 일어난 자살에 대해서는 할 말을 잃지만, 자살에 대한 담론이 펼쳐지면 자살에 대한 자신의 신념을 강하게 토로한다. 일어난 자살에 대해서는 자신의 의견을 피력하지 못해도, 자살 일반에 대한 의견은 누구나 분분하다. 자신이 자살을 할 수도 있다고 생각하는 사람은 자살에 대해 호의적인 반면, 자살을 하지 않으리라 생각하는 사람은 자살에 적대적이다. 자살은 욕망이 아니라 신념 또는 강제다. (자살은 하고 싶어서 하는 것이 아니라, 해야 하기 때문에 하는 것, 또는 할 수밖에 없는 것이다.)

고통회피권

  행복추구권이 인간의 기본권이라면 고통회피권 또한 인간의 기본권이다. 행복을 추구하는 보장되어야 하고 그러한 추구가 좋은 것이라면, 고통에서 벗어나기 위한 자살 또한 보장되어야 하며, 자살은 고통을 면하는 어쩔 수 없는 마지막 수단으로서 필수적인 것이다. 살려는 자도 죽으려는 자도 목적은 같다. 현 상황을 벗어나 더 좋은 상황으로 가려는 것. 존재의 유와 무 가운데 무엇이 더 좋을지는 아무도 모른다. 고통스러운 삶과 평안한 죽음 사이에 선택을 해야 한다면 당신은 어떻게 할 것인가.

  한 인간의 행복을 책임지지 못하면서, 자살을 금지하거나 비난하는 어떤 종교나 법, 권력에 대해 싸우는 것은 타당하다. 자살은 강요해서도, 권유해서도, 금지해서도 안 되는 인간의 원초적 권리다. 자살이 죄악이라면 누구에 대한 죄악인가. 신? 법? 권력? 타인? 과거 자살이 만연해지면 손해를 보는 계층이 누구인가를 생각해 보면 그들이 왜 자살을 그토록 엄하게 벌하였는가를 알 수 있다. 그들은 다름아닌 벌을 부과할 수 있는 계층, 성직자와 권력자다. 성직자에게는 헌금이, 권력자에게는 세금과 부역의 원천이 줄어드는 자살을 그들이 용인할 까닭이 있겠는가.

원하는 죽음

나는 조용히 죽음을 맞고 싶다. 죽음과 나 홀로 싸우고 싶다. 그러나 나의 죽음의 순간에도 밖에서는 소리치고 싸우고 삶을 향한 욕지거리들로 소란할 것이고, 내 바람대로가 아니라 소음의 몽환 속에서 죽을 것임을 안다. 다만 나의 죽음을 정시할 호사를 누리고 싶을 뿐이다.

진정성의 척도

죽음은 인간 행위의 진정성의 최종 기준이다. 우정, 용기, 정의, 희생, 모험 등 모든 행위에서 그것이 죽음의 가능성을 배제한 것이라면 진정성도 배제된다. 그 행위로 인한 죽음의 가능성의 정도가 바로 진정성의 정도다. '죽음을 무릅쓰고'라는 말의 진정성을 생각해 보라.

삶의 한계

우리는 자신의 기대수명이 거의 보장되리라고 생각하지만 죽음의 낭떠러지로 둘러싸인 삶은 아슬아슬하다. 우리의 안전은 차들이 달리고 있는 8차선 고속도로를 진자처럼 반복 횡단하는 어린아이의 수준이다. 우리는 한계 지어진 임계치를 벗어나는 순간, 죽도록 되어 있다. 우리의 안전은 중력, 질병, 문명의 이기, 감각과 인식의 한계 등 우리가 처한 모든 것에 위협받지만 그 한계를 자신만은 벗어나 있다고 생각한다.

명쾌한 죽음관

인생관이 나무의 줄기라면 나무의 뿌리는 죽음관이다. 뿌리 없는 줄기가 공허하듯 죽음관 없는 인생관은 공허하다. 밝고 명쾌한 죽음관은 유사한 인생관을 낳는다. 밝고 명쾌한 인생을 살아갈 가능성이 크다.

죽음이라는 존재

죽음이 어떤 존재라면 참 불쌍한 존재다. 숙주인 삶 속에서 암세포처럼 세력을 넓혀 가다가 마침내 자신이 최종 승리했을 때, 승리를 외치는 순간, 숙주인 삶이 종말을 고하고, 죽음 자신도 종말을 맞는 비극적 존재.

삶과 죽음과 무

"죽음은 우리에게 아무것도 아니다. 우리가 존재할 때 죽음은 우리 곁에 없고 죽음이 왔을 때 우리는 존재하지 않기 때문이다."라고 말한 에피쿠로스는, 대부분의 사람들처럼 삶과 죽음을 분리된 별개의 상태로 보았다.

내 견해로는 삶의 시작은 죽음의 시작이고 삶의 끝은 죽음의 끝이다. 삶의 발전과정은 죽음의 발전과정이고 살아간다는 것은 죽어 간다는 것이다. 삶 없는 죽음도 없고 죽음 없는 삶도 없다. 삶이 끝나야 죽음이 오는 것이 아니라 삶과 죽음은 뒤섞여 분리할 수 없다. 삶 속에 죽음이 내재하여 삶과 죽음은 늘 겹쳐 있고 삶은 죽음으로써 끝을 맺지만 죽음도 죽음으로써 종말을 맞는다. 삶의 전 과정은 죽음의 전 과정이다. 나는 지금 살아가고 있음도 느끼지만 죽어 가고 있음도 느낀다. 무의 시간 중에 우연히 나라는 생명이 발생하여, 죽음이라는 캐리어에 그 삶이 실리고, 그 삶은 일정 기간 죽음을 타고 죽음과 함께 존재하다가 죽음과 함께 사라진다. 삶에서 죽음으로의 이행이 아니라 '삶과 죽음'에서 '무'로의 이행인 것이다.

죽음에 대한 연습

누구나 죽음을 막연히 생각하지만 실제의 죽음은 예상치 못한 알 수 없는 사건이라면, 죽음에 대한 숙고를 통한 연습은 무용한 일인가. 결코 미리 경험할 수 없는 죽음에 대한 숙고는 시험과목을 모르는 자의 막연한 시험준비와 같은 것인가. 죽음을 경험하지 못했다고 죽음을 전혀 모르는 것은 아니다. 죽음의 실제 속을 들여다볼 수는 없지만, 죽음에 대한 숙고와 연습을 통해 죽음의 윤곽을 인식하고 그에 대한 마음가짐은 미리 준비할 수 있는 것이다. 실제 죽음이 생각과 다를지라도 그 연습은 무용하지 않으리라. 그것은 죽음을 위한 것이기도 하지만 더 큰 효용은 삶을 위한 것이기 때문이다.

보편의 죽음, 나의 죽음

모든 생물은 자연에서 왔다가 자연으로 돌아가기 마련, 무에서 생성되었다가 무로 소멸하기 마련, 나라는 육체와 정신은 죽어 소멸되어도 태어나기 이전처럼 흙, 물, 바람으로 또는 어떤 분자로 남을 것이라는 죽음에 대한 정리는, 죽음 보편에 대한 정리다.

나는, 나 개인의 죽음을 보편의 죽음 위에 던져 놓고, 딴전을 피우고 있지는 않은가. 내가 나를 속일 수 없듯, 나의 죽음 또한 현실로 닥쳐야 피부로 느낄 수 있을 것인가. 병으로 인해 죽음을 선고받거나 사고로 인해 사경을 헤매야 비로소 나의 죽음을 직시할 것인가. 아아! 내 모든 것의 소멸, 이 우주 전체의 소멸인 나의 죽음을 어떻게 생각해야 하는가, 어떻게 정리할 것인가. 가정된, 예측된 죽음이 아니라 확실하게 닥친 죽음을 어떻게 정시할 것인가. 죽음 시점의 불확정 속에 언제까지 숨어 의지할 것인가.

그러나… 나의 죽음은 상상할 수는 있어도 지각할 수는 없다. 타인의 죽음은 실제의 죽음이지만 나의 죽음은 관념상의 죽음이다. 결국 나의 죽음은 느낄 수 없는, 지각할 수 없는, 선취할 수 없는 미증유의 영역인가.

지나가는 마지막 순간

움직임 없는 책들에 둘러싸여 서재에 미동도 않고 있어도 처음이자 마지막인 현재의 매 순간들은 쉴 새 없이 지나간다. 이 순간들 위에 걸터앉아 있어도 누워 있어도, 나는 속절없이 죽음을 향해 간다. 죽는다는 사실은 외면한 채 죽음은 아직 멀리 있을 거라는 생각에, 애탐과 간절함 없이 손가락 사이로 빠져나가는 물을 보듯, 지나가는 순간들을 무덤덤하게 보내고 있다. 죽는 시간의 불확정을 죽음의 불확정으로 오인하고 살아가는 우리 대부분에게, 죽기 직전까지도 죽음은 영원만큼 멀리 떨어져 있는 사건이다. 그 죽음의 시간을 선취하기를 바람은, 그림자를 잡으려는 것처럼 불가능한 일인가.

죽음의 벽

죽음은 넘을 수 없는 벽이다. 죽음과 죽음 이후는 희망을 품은 상상으로 그려질 수 있으나 결코 알 수 없다. 죽음이 비추는 것은 죽음이 아니라 삶이다. 우리는 죽음의 벽에 기대어 삶을 성찰하고 보듬는다. 죽음의 미학은 지혜로운 삶의 인식이다. 죽음은 필히 성찰해야 할, 충분히 음미할 가치가 있다.

죽음의 성찰

자연은 인간을 포함한 모든 생물에게 삶(생존)만을 생각하도록 허락한 것 같다. 생존을 위해 살다가 부지불식간에 죽는 것이 자연스러운 일이지만 죽음에 천착할 수 있는 자는 어느 정도 삶을 벗어나 있는 자다. 삶에 매진하는 자는 죽음을 성찰할 수 없다.

궁극의 미래

인간의 궁극의 미래는 죽음, 우리들의 미래는 죽음으로 끝난다. 죽음은 다채롭던 삶의 블랙홀. 죽음과 죽음 이후에 대한 모든 상상과 묘사는 삶에 근간을 두고 있지만, 죽음은 삶과 무관하며 무엇으로도 표현할 수 없다. 무無. 우리가 두려워하는 죽음, 죽음에 대한 고통은 모두 삶의 영역 안에 있다. 결국 우리가 두려워하는 것은 죽음이 아니라 삶이다. 죽어 가는 과정, 죽기 직전까지의 시간은 모두 삶의 영역 안에 있는 것이니. 죽음 이후는 삶에서 이어지는 쾌락과 고통, 기쁨과 슬픔, 죽음 이후의 공포를 포함한 모든 감정, 감각과의 단절이며 절대적 무다.

오래 산 삶

오래 살수록 자신의 삶은 기정사실로 강화된다. 자신은 본래부터 살고 있다고 생각한다. 머슴이 곳간 지키는 일을 오래 할수록 자신이 곳간 주인 행세하듯이. 시원을 잊지 않는 것은 지혜다. 언제라도 이전의 상태로 돌아갈 준비를 하는 것. 그래서 "철학은 죽음(삶 이전의 무)을 연습하는 것."이라 했는지도 모른다.

죽음의 두려움

합리적, 논리적으로는 죽음을 다소 걱정할 수는 있어도 두려워할 이유는 없다. 죽음에 대한 두려움은 감정적, 심정적인 것이다.

개인의 죽음

자연의 입장에서, 나, 개인의 죽음은 거의 무변화일 것이다. 나의 존재 자체가 자연을 구성하는 미미한 분자였으니, 나의 소멸은 유사한 존재로 곧바로 대체될 것이다. 국가의 입장에서, 나의 죽음은 무명의 한 국민의 죽음이며 아무런 티도 나지 않을 것이다. 타인의 입장에서, 나의 죽음은 누군가 죽었나 보다 정도의 무관심의 대상일 것이다. 지인의 입장에서, 나의 죽음은 당분간 애도를 표하지만 자신들의 삶에는 거의 영향을 주지 못하는 사건일 것이다. 가족의 입장에서, 나의 이른 죽음에는 부모와 배우자라면 오랜 시간 애통할 것이지만, 노년의 죽음이라면 나의 부재로 고통을 겪을 가족만이 슬퍼할 것이다.

지금 60을 넘긴 나의 죽음에 오랫동안 애통할 사람이 과연 몇이나 될까. 있다면 단 한 사람, 나밖에 없을 것이다. 결국 나의 죽음에 슬퍼할 자는 거의 없으며, 내 삶의 가치는 살아 있는 동안 나에게만 속한 것이며, 구국의 영웅이 아닌 한 죽은 후의 나의 가치는 전혀 없다. 단 호모사피엔스 종의 입장에서는, 나의 죽음이 종의 발전에 기폭제가 되지는 않더라도 적어도 종의 발전을 가로막는 장애가 되지는 않을 것이다. 종의 입장에서 나의 죽음은 순환이고 갱신이지만 나의 불사는 재앙일 것이니.

인간의 죽음

비단 권력에 빗댈 것도 없이 모든 인간에게 죽음은 다모클레스의 검. 그 검을 매단 말총은 이미 풀어지고 있는 중. 인간은 사형집행일을 모르는 사형수. 운명의 눈에는 낭떠러지로 둘러싸인 곳에서 철없이 즐겁게 놀고 있는 어린애.

확실성

신의 확실성과 죽음의 확실성 가운데 더 명백한 것은 무엇인가. 명백한 죽음의 확실성에 의해 육체는 무화되는데 혹시라도 남아 있는 영혼이 있어 종교에서 말하는 내세에 간다고 해도, 육체 없이 떠도는 영혼으로 무엇 한단 말인가.

무화되지 않는 것

죽음은 존재했던 모든 것을 무화시키지만 단 하나, 존재했다는 사실은 무화시킬 수 없다. 그로 인해 우리의 삶은 영원한 순간으로 남게 된다. 어쩌면 이것만이 살아가는 자의 유일한 가치이며 위안일지도 모른다. 이로써 존재했던 한 사람은 무한한 우주의 한 부분을 비추는 것이니. 얼마나 다행인가, 삶과 죽음, 존재와 비존재를 뒤덮은 허무의 바다에 잠기지 않고 떠 있는 것이 있음이.

오늘날의 죽음

삶을 향한 인간의 본성상, 또한 생산, 노동, 소비를 중시하는 자본주의의 특성상, 오늘날 죽음은 은폐되어 회자될 수 없다. 하루가 멀다 하고 도처에 죽음이 일어나지만 지나가는 사건으로만 인식될 뿐 곧 외면하는 것이다.

보편적인 죽음조차도 금기로 치부하는 세상인데 하물며 자신의 죽음에 대해서야. 죽음에 대한 이러한 태도는 '눈 가리고 아웅'이라는 식의 유치한 회피일 수밖에 없다. 언제까지 회피할 것인가, 회피한다고 죽음이 비껴가는가. 죽음에 대한 진지하고 공론화된 탐구가 필요하다. 확실한 결론이나 합리적인 답이 나오지 않더라도 죽음에 대한 깊은 성찰이 스스로를 진보시킬 것이니.

죽음의 두려움

　사람들이 죽음을 두려워하는 것은 다음 세 가지 부분 즉, 죽음에 이르는 과정, 죽는 순간, 죽음 이후다. 이 중, 내 의지가 반영되고 경험할 수밖에 없는 부분은 죽음에 이르는 과정이다. 죽는 순간과 죽음 이후에 대한 두려움은 내가 어떻게 할 수 없고 경험할 수 없는 관념적인 것이다. 즉 두려워할 필요가 없는 영역이다. 경험 불가능한 대상이나 상태를 두려워한다는 것은 비논리적이다.

　죽음에 이르기까지 경험해야 하는 과정을 두려워하는 것은 누구나 공감하며 그 과정을 자신의 의지대로 단축하기를 원할 것이다. 즉 죽어 가는 과정의 고통과 두려움 해결의 핵심은 적당한 시기에 자살을 할 수 있는가, 없는가에 있다. 고통 이전에, 구차한 삶 이전에 그 상태를 스스로 벗어나느냐, 아무 의지 없이 이어 가느냐에 대한 결정이다. 경우에 따라서 자살은 구원이지만, 죽음은 자연의 은총인지 형벌인지 알 수 없다. 불교에서 말하듯 삶이 고통이라면 죽음은 당연히 고통에서의 해방이다. 태어남이 자연의 은총이라면 죽음도 자연의 은총이다. 자연의 필연성에 악의가 있겠는가.

내세

　사람들이 내세를 원하는 이유는 현 존재의 소멸을 두려워하기 때문일 것이다. 존재보다 무(존재하지 않음)를 선호한다면 내세는 불필요할 뿐만 아니라 내세를 원하지 않을 것이다. 숙고해 보자. 지금 자신의 존재가 연기처럼 사라진다면 어떨까. 진정 원하기까지는 아니지만 나쁘지는 않을 것 같다.

삶과 죽음

　죽음은 삶의 끝에 있지 않고 매 순간 삶을 앗아 가며, 지나간 시간은 이미 죽음이 앗아 간 삶이다. 두려워해야 할 것은 마지막 죽는 날이 아니라 죽어 가는 오늘이다.

자살의 의미

　'죽음에 앞선 자살'의 의미(가치)는 삶에서 도망치는 것이 아니라 삶에서 물러나는 데에 있다. 삶에서 스스로 물러나는 죽음은 가장 아름다운 죽음이다. 죽음에 굴복하는 삶보다 죽음을 이끄는 삶이 아름답다고 생각하는 사람은, 죽을 자유가 있는 삶을 선택할 것이며 그 선택을 적당한 때에 실행할 것이다.

헤어짐

　사랑하던 연인에 대한 사랑이 식어지면 두려움 없이 헤어지면서도, 삶에 대한 사랑이 식어지면 삶과 헤어지지 못하는 이유는 무엇인가. 헤어짐이 두려워 억지로 삶을 이어 감은 얼마나 가련하고 비참한가.

고귀한 삶

　고귀한 삶 20년, 부유한 삶 40년, 오래 사는 삶 80년 중에 어떤 삶을 선택할 것인가. 고귀한 삶을 살고자 하는 자는 삶이 길이에 무심하며, 오랜 삶을 살고자 하는 자에게는 아무리 긴 삶도 짧다.

자연의 평등

자연은 우리가 원하는 많은 것은 평등하게 부여하지 않았지만, 가장 원하지 않고 두려워하는 것을 평등하게 부여했다. 모든 불평등은 그 하나의 평등이 실현될 때 충분히 보상받는다.

삶을 끝내야 할 때

더 이상 온전한 정신에 자신의 힘으로 생활할 수 없을 때, 스스로 삶을 끝내야 한다. "당당하게 살 수 없을 때 당당하게 죽어야 한다. - 니체" 대부분의 병사 즉 자연사는 두 번 죽는 것이다. 신체의 죽음과 존엄의 죽음. 죽음의 손짓을 인식했을 때 자발적으로 다가가서 죽음을 선취하는 것이 아니라, 죽음이 다가올 때까지 삶을 부여잡고 반항하는 것은 본능적 비겁함이다. 사람들은 모든 것을 자신의 의지대로 하려고 하면서 왜 자신의 죽음은 자신 외의 것에 맡기는가. 왜 손 놓고 있는가.

죽음은 불멸성에의 희망을 통해 극복되거나, 외면한다고 사라지는 환상이 아니다. 죽음은 오늘도 내 존재를 무의 세계로 조금씩 인도하고 있는 실재하는 안내자다. 그 안내자와 친숙하자. 그리고 적당한 때에 존엄을 남기고 주저 없이 무無로의 특급열차를 탈 수 있도록 하자. 가다 서다 하는 완행열차를 타지 않도록 철저히 준비하자. 아무런 준비 없이 막 죽는 것은 아무런 준비 없이 막 사는 것과 같다. 인간의 그런 삶과 죽음은 동물의 삶과 죽음보다 오히려 더 불쌍하다.

자유로운 죽음을 제외한 모든 수동적 죽음은, 성공적인 삶을 살았다 해도 실패한 죽음이다. 자유로운 죽음을 선택한 자는 어떤 삶을 살았는지는 평가할 수 없지만 적어도 죽음에 패배한 자는 아니다. 자유로운 죽음을 선택할 것인가, 고통스럽고 부자유한, 동정과 멸시받는 여생을 선택할 것인가.

죽음과 깨달음

통칭 '깨달음'이라고 하는 새로운 시각과 사고는, 많은 경우 죽음에 대한 깊은 인식을 통해 나타난다. 죽음을 인식하지 못한 일상의 나에게는 모든 사람과 대상이 '나의 ○○'으로 보여지고 존재한다. 모든 인식의 중심에 내가 있고 모든 대상은 나와 관계되고 나를 위한 것으로 존재하는 것이다. 나를 보살펴 주는 가족, 나의 땅을 경작하고 나의 음식이 되어 주는 소, 나에게 기쁨을 주는 아름다운 꽃….

죽음을 선고받거나 죽음을 깊이 인식한 자에게 모든 사람과 대상은 '나'와 무관하게 별개로서 스스로 존재한다. 비로소 모든 사람과 대상이 의식/무의식적으로 나의 지배를 벗어난 독립적 존재임을 깨닫는 것이다. 동시에 나는 타인/대상의 우위를 점하는 것이 아니라 그(것)들과 평등함을 깨닫는다. 나 또한 모든 것들과 같이 이 세계의 하나의 구성원일 뿐임을. 가족, 친구들은 물론 경쟁자와 적, 지나가는 사람들, 그리고 골짜기에 홀로 핀 한 송이 꽃과 돌멩이까지도.

이 모든 존재의 진실을 죽음에 이르러서야 깨닫는다는 것은 너무 안타깝지 않은가. 일상의 나에게, 세계는 '나에게 보여지는 세계'일 뿐이다.

자연에서

자연이라는 함수에서 삶(삶의 상태, 유)과 죽음(죽음의 상태, 무)은 상수인가 변수인가. 숙고해 보면 죽음이 상수이고 삶이 변수인바, 어찌하여 우리는 삶을 상수로, 죽음을 변수로 여기고 살고 있는가. 죽음은 삶의 끝, 삶의 부재가 아니라, 삶의 유무와 무관하게 전 시간을 통틀어 모든 존재의 토대다.

본연의 두려움

동물과는 달리, 삶에 대한 두려움과 죽음에 대한 두려움은 인간만의 본연의 두려움이다. 인간은 삶에 대한 두려움과 평생을 싸우며, 그 두려움이 사라질 만큼 삶이 안정되면 곧바로 죽음의 두려움과 맞닥뜨리게 된다. 삶에 대한 두려움은 물질적인 원인에서 오는 것이어서 많은 사람들이 해소하는 반면, 죽음에 대한 두려움은 정신적인 원인에서 오는 것인 만큼, 그 해소는 소수만이 성취한다.

하루

모든 하루에는 우수가 배어 있다. 매우 즐겁고 기쁜 날조차도. 그 하루만큼 죽음이 성숙했기 때문에. 결코 되돌릴 수 없는 비가역적인 시간을 앗아 갔기에.

자유의 길

죽음으로 가는 자유의 길이 있는 한, 완전한 고통, 완전한 감옥은 없다.

죽음의 기피

자신이 언젠가 죽을 것이라는 것은 누구나 확실히 알지만, 가장 모르고 있고 알려고 하지도 않는 것 또한 죽음.

죽음의 축복

적당한 나이에 죽음은 축복이다. 그 나이는 80세 정도 아닐까. 죽지 못해 굴욕적인 삶을 살아가는 사람들은 얼마나 치욕스러운가. 주변의 가족들은 얼마나 고통받는가. 그래서 자연은 죽음에 이르러 정신을 혼미하게 만드는가. 적어도 80세 이상의 자살은 제도적으로 허용되어야 한다.

죽음이여!

죽음이여! 삶의 종말이여, 삶의 구원이여, 순환의 섭리여! 그대가 없다면 그 무엇도 존재하지 못하리. 삶은 살아져야 하기에 스스로 열광하고 죽음을 은폐하지만, 어찌 죽음을 면할 수 있겠는가. 아무리 귀한 것도, 위대한 존재도 결국은 폐품이 될 터, 그나마 거두어져 땅에 묻힐 수 있다면 얼마나 다행인가, 얼마나 기쁜 일인가.

존재함으로 인해 존재감 있기보다는 부재로 인해 존재감 있게 되기를… 공기처럼, 물처럼, 그리움처럼.

죽음의 인식

일상에서 결과를 알 수 없는 크고 작은 근심들로 불면의 밤을 보내는 자는 많지만, 평상시 자신의 확실한 죽음으로 괴로워하거나 고통 받는 자는 거의 없다는 사실은 얼마나 아이러니인가. 죽음이란 인간의 인식 범위를 넘어선 것인가. 어느 순간 죽음을 선고 받으면 그제서야 죽음에 사로잡혀 어찌할 바를 모르는 사람들은 자신의 삶 속의 죽음을 몰랐던가. 삶을 향한 본능이 죽음을 가렸는가.

어떤 진리보다도 확실한 죽음을, 등불로서 항상 곁에 두다. 삶에 집착하여 함몰되지 않도록, 한눈팔지 않도록, 뻘짓하지 않도록.

죽음의 등불은 비추는 대상을 아름답게 만든다. 그 등불 아래에서 보면 온 세상이 아쉽고 아름답다. 인생은 아름답기에 허무하고, 허무하기에 아름다운가.

　잘 사는 것과 잘 죽는 것은 상반된 것처럼 생각되지만 사실은 뫼비우스에 띠 위에 있는 것, 죽음을 도외시한 어떤 삶도 잘 살았다고 할 수 없다. 성공적인 삶을 살았다고 자부해도 사후, 타인에게 원망을 듣는 삶을 잘 살았다고 할 수는 없는 법. 어쩌면 물 흐르듯 조용하고 존재감 없이 사는 삶과 죽음이 잘 살고 죽는 것일 수도 있으리라.

죽음과의 거리

　죽음과의 거리는 언제 어디서나 누구나 같음을 잊고, 우리는 대부분 '늙어 죽는다'는 최상의 시나리오를 생각하며 불안과 우울 속에 빠진다. 하나, 대부분 고통스러운 병이나 사고로 죽기에, '늙어 죽는 것'은 소수에게 내리는 최상의 축복임을 인식할 때, 기뻐하고 감사할 일이다.

불멸과 필멸 사이에서

　이 삶이 언젠가 끝남을 사랑한다. 멀지 않은 죽음이 다행이다. 죽음은 삶의 구원, 새로운 삶을 부여받는 것이 구원이 아니라 영원한 무로 돌아갈 수 있음이 구원이다. 모든 존재는 필멸이라는 고통이자 행복을 타고났다.

　공자는 늙어서 죽지 않고 있음이 도적이라고 말했다. 굳이 도적이라고까지 말한 이유는 존중받지 못한 삶을 비하한 것이지만, 노년의 길목에서 생각해 보면, 늙어서 죽지 않고 있음은 존중과 상관 없이, 타인에게는 도적이고 자신에게는 치욕임이 맞다.

인생

 인생이란 자신의 삶의 흔적을 세상에 남기고 떠나는 것이 아니라, 세상의 흔적을 자신의 삶 속에 가지고 떠나는 것이 아닐까.

치매환자의 자기 인식

 치매환자의 자신의 실태에 대한 인식은 천형이다. 자기 인식이 있다면 어떤 생각을 할까. 정상인이 치매의 삶보다 죽음을 원하듯 어떻게든 죽으려 할까.

죽음에 대한 편견

 인간들은 동물들을 보며 쉽게 그들의 운명, 죽음을 떠올린다. 소, 돼지, 닭을 볼 때, 곧 죽어 자신들의 식탁에 올려질 것을 생각하며, 애완동물을 볼 때에도 그것이 죽을 때 주인은 얼마나 슬퍼할까를 생각한다.
 반면, 다른 사람을 볼 때에는 그들의 죽음을 쉽게 떠올리지 않는다. 마치 그들에게는 죽음이 없는 것처럼. 인간의 죽음을 외면하려는 이런 본능이 자신을 향해서라면 얼마나 더 강력할 것인가.

성적 충동과 죽음

 날것으로의 죽음 자체는 동물인 인간에게 두려울 수밖에 없다. 죽음이 자연의 섭리로 이해될 때 비로소 편안하게 죽음을 생각할 수 있다. 동물적인 성적 충동을 불러일으키는 상대에게서는 물러서는 반면, 고상하고 사랑스러운 상대에게 다가가게 되는 것 또한 죽음을 직시하지 않으려는 유사한 본능에 따른 것이다. 인간에게 동물적인 것은 죽음을 연상시키기에 스스로 동물적인 것에서 벗어나려고 애쓴다. 마치 동물적이지 않은 형이상학적 인간은 죽음에서 제외되는 것처럼. 다가오는 죽음에서 도망칠 수 없으니, 돈과 사치품으로 치장하여 죽음을 잠시 망각함으로써 스스로를 속이는 본능은, 죽음을 직시하지 못하고 회피하는 것일 뿐.

버킷리스트

대다수의 인간은 현재가 아닌 미래를 살기에, 버킷리스트 가운데 비용이 많이 드는 것일수록, 죽음이 예정되어야 실행된다. 죽음의 일정이 확정되면 버킷리스트 자체도 많이 변경된다. 대상에 대한 의미와 가치는 죽음의 확정 전후가 확연히 다르기 때문이다.

소크라테스와 예수의 죽음

두 죽음의 공통점은 죄와 불의가 아니라 사회와 대중에 의한 죽음이라는 것. 자신이 그토록 사랑한 사람들과 헌신했던 사회에 의한 죽음. 한 시대를 몰아치는 대중과 사회의 광기는, 신이 자신과 같게 되지 못하도록 인간에게 심어 놓은 폭발물인가.

죽음 앞의 현자

그는 '죽음에 대한 자유'와 '죽음 속의 자유'를 인식한 자. 자발적으로 결정한 죽음이 아닌, 병사나 자연사를 가장 열악한 상태에서의 죽음이라고 니체는 말했다.

타당한 자살

진리, 정의, 국가, 신 등 형이상학적 대상을 위해 죽음을 선택해야 한다면 (육체적) 자살은 부당하다. 사고의 (정신적) 자살로 충분하다.

종잡을 수 없는 정신, 회복될 수 없는 육체의 고통 등 형이하학적 이유로 죽음을 선택해야 한다면 (육체적) 자살은 타당하다.

수렴

인생의 모든 환희와 즐거움, 모든 고통과 비애, 그리고 삶의 찬란한 희망과 암흑의 절망은 결국 시공간상의 한 지점으로 수렴한다. 죽음. 그 앞에 인생의 환희와 비애는 그 차이가 얼마일까.

숙제

죽을 수밖에 없는 인간으로서 인생에서 일찍 할수록 좋은 숙제는 합리적이고 멋진 죽음을 마련하는 것이다. 비참하게 죽지 않으려면 어떻게 죽을 것인가에 대한 깊은 성찰과 세밀한 준비(죽음을 선택할 마지막 건강상태, 장소, 방법 등)가 필요하다.

자각몽

삶은 꿈인 줄 알면서도 깨어날 수 없는 자각몽이다. 깨어남은 곧 죽음이니.

후회 없는 삶

죽음 앞에서는 미래가 아닌 과거만을 생각할 수 있는바, 나는 죽음 앞에서 후회 없을 삶을 살고 있는가. 아니라면 이제라도 후회 없을 삶을 살아야 하는데 어떻게 하나. 갑자기 초조하다. 어, 어, 어, 하다가 죽을 것 같아서.

계절

계절은 늘 인식을 앞선다. 인식 뒤에 오는 계절을 보았는가. 죽음도 그렇다.

생존

생존, 살아 있는 것. 단지 살아 있는 것으로서의 생존은 삶의 필요조건이지만 충분조건은 아니다. 살 없이 뼈만 남은 생선 같은 생존이라면, 살이 다시 붙을 가망이 없는 생존이라면 생존은 의미 없다. 버리는 게 낫다.

슬픈 죽음

죽음 자체를 깊이 성찰하면 죽음 자체는 위로의 대상이 아니다. 죽음은 나쁘거나 두려운 것이 아니라 그 반대의 것이니.

슬픈 죽음이란 자신이 슬퍼하는 죽음이 아니라 타인들이 슬퍼하는 죽음이다. 죽는 자의 인간 관계가 슬픈 것이다. 어린 자식, 늙은 부모 등을 남겨 두고 가는 죽음이 슬픈 이유는 오갈 데 없는 남은 자들 때문이다. 상가에서는 곡을 하지만 실제로 슬픈 죽음, 슬퍼해야 할 죽음은 많지 않다. 멀지 않은 나의 죽음도 슬픈 죽음은 아니다. 오히려 축제를 벌여야 마땅한 죽음이다.

70세

나에게 70세는 영혼을 혀 끝에 놓아야 할 나이. 하시라도 죽음을 낚아야 할, 그 시기를 결정하기 위해 자신의 정신건강 상태를 예의 주시해야 할, 죽음의 방법과 그 이후를 마련해 놓아야 할 나이.

다시 살고 싶은 삶

같은 시공간을 살아도 보고 느낀 것, 생각한 것, 남긴 것은 사람마다 차이가 있다. 죽음 앞에서, 이룬 것 없이 즐긴 세월을 다시 살고 싶을 것인가, 무엇인가를 성취한 고단한 세월을 다시 살고 싶을 것인가. 좋은 삶은 다시 살고 싶은 삶이다.

안락사

안락사(자살)라고 하면 현재까지는 금기시되지만 가까운 미래에는 제도화, 일반화되지 않을까. 불필요한데 유지비용이 많이 드는 것(연명 치료 등)을 자본주의가 좌시하는 경우는 없었으니. 유사한 패러다임의 변화로, 매장에서 화장으로 일반화된 우리의 장례문화가 있다.

죽어야 할 때

죽음을 준비해야 할 때 - 세상이 더 이상 자신의 존재를 필요로 하지 않을 때.
죽어야 할 때 - 자신의 존재가 세상의 짐이 될 때.
그래도 살아 있다면?

죽음의 원인

죽음이 공포스럽고 두려워 생각하기조차 싫다면 죽음의 근원적 원인을 저주해야 한다. 그 원인은 다름아닌 탄생인바, 탄생이 즐겁고 환희에 찬 것이라면 그 결과인 죽음도 같아야 한다.

죽음 이후

죽음 이후를 생각하면 두려움 등으로 불편하지만 탄생 이전을 생각하면 아무런 생각할 거리 없어 편하다. 조금만 생각하면 자명한, 같은 상태에 대해, 정반대의 감정을 느끼는 것은 존재를 향한 본능 때문일 것이다. 타고 있는 뜨거움 속의 고통 속일지라도 타고 남은 재의 평화를 거부하는 본능. 평안의 무보다는 고통의 유로 남으려는 무지의 본능.

사람들이 죽음과 그 이후에 대해서는 많은 관심을 갖지만 탄생 이전에 대해서는 무관심한 이유는, 죽음 이후에는 무엇인가 존재하는 것이 있지만 탄생 이전은 무이기 때문일까. 죽음 이후에 대한 관심은 존재 유지의 염원에서 시작된 상상일 뿐이다. 죽음 이후는 탄생 이전과 마찬가지로 무관심함이 타당하다. 무 또는 자연이니.

사람들이 죽음에 천착하는 가장 큰 이유는 죽음에 대한 공포다. 행복보다는 고통이, 즐거움보다는 공포가 더 강력한 생각의 동인이다. 같은 이유에서 출생에 대해 천착하는 사람은 거의 없다. 사람들에게 출생은 당연한 것이지만 죽음은 있어서는 안 되는 것이다.

죽음의 초라함

죽음은 초라할 뿐. 위엄 있는 죽음이 있을까. 본래 죽음이 초라하지 않은 것이라면 성대한 장례가 필요 없었을 것.

무에 대한 거부

사람들은 생성, 창조, 탄생은 긍정적으로 생각하고 소멸, 파괴, 죽음은 부정적으로 생각한다. 유에 대한 선호와 무에 대한 거부본능 때문임을 이해하지만 수용할 수는 없다. 당초 무에서 유로의 이행이 없었다면 유에서 무로의 이행에 대한 거부와 고통은 없었을 것이다 무에서 유, 유에서 무로의 이행보다는 무로 남아 있음이 최선이다. 그것이 윤회를 벗어남, 즉 해탈 아닌가.

죽음에 대한 대비

죽음에 대한 성찰과 정리는 아이러니하게도 삶의 영양제와 치료제가 되지만 실제로 죽는 것에는 아무 도움도 안 된다. 죽음에 대한 모든 생각과 준비는 죽음을 실행할 때 펜타닐 2mg보다 유용하지 못하다.

죽음을 맞는 상태

일반적인 고통 속에서 죽음을 맞는 것과 치매 상태의 즐거움이나 정신병적 환희 상태에서 죽음을 맞는 것 중에 사람들은 어떤 죽음을 선호할까. 피할 수 있는 고통은 피하고 싶지만, 죽음에 임박할 때까지 제 정신으로 살다가 죽기 위한 고통은 감수하리라. 병사보다 자살할 수 있는 마지막 행운이 있기를.

무의 지향

완전한 무를 지향하는 존재는, 탄생 이전을 동경하듯 죽음 이후를 동경할 것이다. 그에게 죽음은 피하고 싶은 사건이 아니라 진정 기다리던 사건일 것이다. 그렇다면 왜 당장 자살하지 않고 죽음을 기다리고 있냐고? 이미 태어났으니까! 태어난 이상 모든 관계를 끊고 삶을 거부하거나 죽음을 무릅쓰기는 어렵다. 그럴 필요도 없다. 단, 죽음을 거부하지 않고 묵묵히 맞을 뿐.

죽음에 대한 성찰

노인이, 죽음에 대해, 특히 자신의 죽음에 대해 얘기하는 것을 꺼리는 이유는 죽음에 대해 깊게 생각해 보지 않았기 때문이다. 성찰할수록 죽음은 두렵지 않게 된다. 익숙함이 두려움이나 걱정을 몰아내듯.

죽음의 위안

인간은 자신의 죽음으로써 잃어야 하는 모든 것들에 대해 슬퍼하고 괴로워하지만, 자신이 탄생할 때 잃어야 했던 것들을 깊이 생각한다면 죽음의 위안이 될 것이다. 어쩌면 죽음이 흔쾌할 수도 있다.

고려장

어릴 적에는 고려장이 매우 나쁜 풍습이라고 생각했지만 죽음이 낯설지 않은 지금은 그렇게 생각하지 않는다. 나 또한 정신차리지 않는다면(스스로를 건사하지 않는다면) 고려장으로(요양원에서) 죽을 것을 알고 있기에.

부고

부고를 받고 망자의 인생에 대해, 유족의 슬픔에 대해 생각하는 사람은 얼마나 될까. 대부분은 언제 조문해야 하는지, 부의를 얼마나 해야 하는지에 대한 생각이 앞선다. 요즘의 죽음은 (자동화되어) 편리하고 (감정이입이 없어) 객관적이다.

근원적 의문

인생의 유한함과 죽음이라는 확실한 인생의 종말을 알고 있는 인간이, 인생이 영원할 것처럼 힘겹게 투쟁하며 사는 까닭은? 죽을 때 죽더라도 살아 있을 때 폼 나게 살자? 그것은 죽음을 애써 지우며 사는 자기기만적인 삶, 혹은 죽음을 까마득히 잊고 사는 동물의 삶이다.

인간은 자신의 인생을 바라볼 때 0세에서 80세까지 하나로 길게 이어진 인생 전체로 보지 않는다. 죽음이 너무 가깝게 빤히 보이기 때문이다. 대신 자신의 인생을 나누어서 조망한다. 10대, 20대… 80대… 각 기간을 하나의 인생으로 보고 그 기간 내에 어떤 승부를 보고자 투쟁하며 그 기간이 끝나는 것을 의사擬似 죽음으로 생각한다. 이렇게 보면 인생은 한 단락이 끝나도 실제 죽음 없이 지속되는 것처럼 생각된다. 80대를 넘어 영원히. 자기기만을 토대로 한 죽음에 대한 방어기제.

두려운 노후

병사, 자살, 제때에 죽지 못한 연명… 사람들이 가장 원치 않고 두려워하는 것은 무엇일까. 내가 가장 두려워하는 것은 자살의 시기를 놓쳐 연명하는 삶이다. 펜타닐 2mg짜리 2알만 있으면 더 이상 삶에 대한 두려움이 없겠다. 펜타닐이 구하기 어렵다면 말린 복어알이라도….

구원으로서의 죽음

초기 로마제국의 기독교인이나 스파르타쿠스들에게, 죽음의 공통점은 상반된 의미로서의 '구원'이었다. 현대인 중에 죽음은 생의 파멸이 아니라 구원이라고 믿는 자는 얼마나 될까. 죽음은, 기독교인의 천국으로서의 구원인가, 스파르타쿠스들의 고통의 끝, 즉 무화로서의 구원인

가. 나의 죽음은 생의 파멸도 천국의 구원도 아닌 무화의 구원이다.

죽지 않는 이유

천국, 극락이 현실보다 훨씬 좋다고 굳게 믿는 신앙인이 죽지 않는 이유와, 죽음 이후의 무의 상태가 더 좋음을 믿고 있는 사람이 애써 죽지 않는 이유는 동일할까. 전자는 천국, 극락이 아무나 갈 수 없다는 것을 알기에 확신 없는 망설임을 지속하기 때문이고, 후자는 어차피 누구나 가고 또 갈 수밖에 없는 무의 상태이기에 태어난 이상 살 때까지 한번 살아 보자는 마음 때문 아닐까.

시한부 삶

만일 6개월의 시한부 삶을 선고받았다면 정력적으로 즐기며 살까, 포기하는 마음으로 조용히 삶을 정리하며 살까. 생사를 통찰한 자는 죽음이 나쁘지 않음을 알기에 죽음이 언제 오든 즐기며 살 것이다.

최후의 시간

검투사가 검투장으로 이동하는 시간, 사형수가 사형장으로 이동하는 시간, 자살하려는 자가 자살 시도 전 막간의 시간, 그들은 그 최후의 시간 동안 어떤 마음 상태에서 무슨 생각을 할까. 무념 상태일까.

탄생 이전과 죽음 이후

자신의 죽음은 이 우주 안에서 일어나며 사후의 자신의 존재 역시 이 우주 안에 있다고 생각하는 자에게, 탄생 이전의 무와 탄생 이후의 무는 같다.

자신의 죽음은 우주 자체가 사라지는 것이며 사후의 자신의 존재는 우주 밖에 있다고 생각하는 자에게, 우주 안에 있는 탄생 이전의 무와 우주 밖에 있는 사후의 무는, 전혀 다르다.

죽은 자에 대한 부러움

죽은 자를 부러워하는 사람은 장자 말고는 접한 기억이 없다. 그는 어떤 심정으로 부러워했을까. 나는 자신이 원하는 때에 원하는 방법으로 자살한 자를 부러워한다.

장수 長壽

건강하지 않은 장수는 저주다. 현대에 장수가 복인 사람은 드물다. 자연적 죽음이 없다면 죽음은 로또 당첨과 같을 것이다. 사람들은 탄생보다 죽음에 더 환호할 것이다. 끝없이 늙어 가는 삶, 병에 시달리는 삶에 자살하지 않는 사람이 얼마나 될까. 죽는 데 많은 돈을 지불해야 해도 죽으려고 줄을 설 것이다. 사람들의 생각과는 달리, 죽음은 진정한 축복이고 구원이다. 그 죽음이 언제 오든 간에.

죽음의 우연과 필연

탄생이 우연이라면 죽음도 우연이어야 하는데 죽음은 왜 필연인가. 혹시 탄생도 필연 아닐까. 그렇다면 윤회의 시나리오다. 아니면 죽음 또한 우연인데 우리가 필연이라고 오해하는 것일까. 운명이란 우연보다는 필연에 가깝다고 생각하지만, 시간에 따라 변하는 운명이라면(실제로 운명은 시간의 함수다) 필연보다는 우연에 근접한다. 죽음은 누구나 죽는다는 결과적 측면에서는 필연이지만, 언제 죽느냐 하는 시간적 측면에서는 우연이다.

영원성

인간이 그토록 갈망하는 영원성이, 인간이 그토록 원하는 삶에 있는 것이 아니라, 그토록 원치 않는 죽음에 있다는 것은 얼마나 개탄스러운가.

죽음에 대한 인식

죽음을 대하는 사람들의 태도에서, 삶을 결코 포기하지 않는 본능적 인식에 할 말을 잊는다. 숨쉬는 한 죽어 가면서도 자신은 살아 있고 결코 죽지 않을 거라고 생각하는 삶을 향한 인식. 살아 있는 한, 인간뿐만 아니라 모든 생명체에게 죽음이 끼어들 자리는 없다. 그들에게 죽음은 없다.

죽음에 대한 이견

탄생과 소멸 사이의 존재는, 무에서 유로의 탄생과, 유에서 무로의 소멸 사이에 있는 존재라기보다는, 카오스 상태의 물질(원소)에서 코스모스 형태로의 이행과, 코스모스 형태에서 카오스 상태의 물질로의 이행 사이에 있는 물질의 집적(형태)이라고 보는 것이 적확하지 않을까. 사람들이 말하는 유무는 형태의 유무일 뿐, 모든 생명체는 무에서 유로 왔다가 무로 돌아가는 것이 아니라, 유(카오스)에서 유(코스모스)로 왔다가 유(카오스)로 돌아가는 것이다. 결국 죽음은 유에서 무로의 변화가 아니라 유의 형태 변화일 수도 있다.

죽음과 무

우리가 바삐 가는 곳이 어디고, 열망하는 것이 무엇이라 해도 그곳은 머물 수 없고, 그것은 소유할 수 없다. 우리가 영원히 머무는 곳은 삶의 종착역, 죽음. 우리가 영원히 소유할 수 있는 것은 '무無'.

좋은 삶과 죽음

삶에 눈을 뜬 후, 죽음의 문제를 해결하지 않고 사는 불안한 삶이 늘 찜찜했다. 오랜 세월 끝에, 죽음은 결코 나쁘거나 피해야 할 상태가 아니라 탄생 이전의 평안한 상태라는 것과 '본래의 나'인 무로 돌아가는 것임을 인식하고, 죽음의 불안을 정리했다. 나아가, 건강하고 오래 살기 위한 금욕적인 삶보다는 즐기다가 적당한 때에 죽는 것이 더 좋은 삶임을 인식했다. 좋은 삶과 죽음에 대한 생각을 정리하니 죽음과 욕망에서 자유로워졌다. 즐기다가 때가 되면 죽음이 부르기 전, 먼저 가기로 했으니.

시간의 함수

우리가 욕망하는 부귀영화, 영원한 삶, 우리가 두려워하는 고통, 죽음 모두 시간의 함수다. 멀지 않은 시간 안에 "0"으로 수렴하고 마는. 우리는 잘살기 위해 살지만 그것은 중간 목적이다. 목적으로 하든, 하지 않든 결국은 죽기 위해 인내하고 산 격이 되고 만다.

죽음의 찬양

"죽음을 찬양하라!". 사이비 종교의 선전문구 같은가. 당신의 이성이 감정을 지배한다면, 모두가 맞이할 죽음을 두려워하고 혐오하여 멀리하기보다는, 어차피 찾아오는 피할 수 없는 손님이니 기쁘고 친근하게 맞음이 옳지 않겠는가.

생명체의 안쓰러움

인간을 포함한 모든 생명체의 안쓰러움. 존재 유지를 위한 발버둥. 스스로 원치 않은 생명이 부과된 채 세상에 던져져, 그것을 보존하기 위해 자신을 불살라야 하는 운명. 그 운명에 익숙할 때가 되면, 또다시 원치 않는 죽음에 내몰리는 꼭두각시들. 무의 광막함이 아니라 온갖 생명체를 만들어 낸 자연의 의도는 도대체 무엇인가.

죽음을 위한 삶

불가침의 절대였던 삶을, 죽음을 위한 판돈으로 쓰려고 하는 자는, 통찰한 자인가 미친 자인가.

노인의 의지

적당한 때가 되면 조용히 나가 영원히 돌아오지 않으리라는 결심을 노인이 되기 전에 한 사람이 많을 텐데, 그런 소식을 전하는 노인은 드물다. 노인이 되면 기력이 쇠함과 함께 의지도 쇠하는가. 아니면 어리석음이 급증하여 생각이 유한의 인식에서 영생의 환상으로 바뀌는가. 결국 그 결심의 역할은 '인생을 죽음의 불안 속에서 벗어나 과감하게 사는 것'까지인가.

실행

자신을 과연 거둘 수 있을까. 적당한 때에 맨 정신으로 가고 싶지만 가능할까. 세월이 지날수록 의지는 더 약해질 텐데. 죽음으로 가는 과정을 실천할 수 있을까. 펜타닐이나 약물주입 같은 간편하고 고통 없는 방법이 아니라면, 그때의 의지는 그것을 실행할 수 있을까. 번거로움과 고통의 두려움이 의지를 꺾을까 걱정된다. 결국 병원에서 방치되다 죽게 되는가. 더욱이 치매라면.

에밀 시오랑

지독한 염세주의 철학자였던, 자신의 태어남을 그토록 경멸하고 죽음을 동경했던 그가, 84세에 알츠하이머로 사망했다. 이 사실은, 구 소련의 붕괴로 사회주의자가 겪었던 좌절과 혼란, 소설 사람의 아들에서 민요섭의 신앙적 배신에 대한 조동팔의 분노와 맞먹는, 좌절과 혼란, 분노를 내게 던졌다.

죽음의 목격

바람에 낙엽 쓸려 가는 가을의 시작처럼, 겨울의 시작은 살얼음을 목격한 시점이었다. 그때마다 죽음을 목격하였으나 늘 외면하고 거부했다. 이제는 그럴 수 있는 날이 많지 않음을 직감한다.

주관적 죽음

죽음은 누구에게나 극히 주관적인 것임에도 사람들은 평소에 자신의 죽음을 객관적으로 본다. 죽음이 다가왔을 때 비로소 어쩔 수 없이 그 죽음을 주관적으로 보게 되지만, 이미 죽음의 공포에 휩싸여 발버둥칠 뿐, 침잠하여 제대로 성찰할 수 없다. 죽음은 언제나 자신의 죽음임에도, 사람들에게는 끝까지 타인의 죽음이다. 자신에게 살과 뼈와 의식이 있는 한 죽음은 없다.

왔다 감

　존재하는 저 흙과 돌들, 모든 무생물들도 자신의 형태를 버리고 사라질 때가 올 것이다. 저들이 왔다 감은 물 흐르듯 거침 없고 힘들지 않은데, 왜 살아 있는 것들, 특히 인간의 사라짐은 그리 힘든 것인가. 사실은 모두의 사라짐은 쉽고 자연스러운 것인데, 인간의 관념이 그 길을 막고 스스로 고통스러워하는 것 아닌가.

꺼리는 진리

　유일하게 믿고 싶지 않은 유일한 진리, 나의 죽음. 너의 죽음도 아닌, 그의 죽음도 아닌 나의 죽음. 사람들은 '나는 언제가 죽는다.'가 아니라 '지금은 아니다.'에 방점을 찍는다. 그것이 죽어야 할 인간이 자신에게 할 수 있는 유일한 위로다.

죽음의 정리

　죽음, 영원, 신 등에 대한 이런저런 생각을 표현하고 자신의 의지 아래 두려고 하는 것은, 아카로스의 밀랍 날개로 태양을 향해 날아가는 격인가. 죽음과 그 이후에 대한 정리가 끝났다면 태양 가까이에서 날개가 녹아 떨어져 죽든 무슨 대수랴. 죽음에서 자유로워지면 삶에서 자유로워진다.

인생에 대한 분노

　집안 어른의 요양병원으로의 이송. 평소, 집에 남아 지내기를 무척

원했던 분. 자신을 관리할 수 없는 상황에 이른 부득이한 가족의 결정. 고령에 낯선 곳에 버려졌다는 두려움과 배신감.

이 운명 앞에, 인생에 대한 동정심을 넘어, 치미는 분노. 이 분노를 누구에게 들이댈 것인가. 굳이 설정한다면 자연과 나. 자연을 죽일 수 없으니 나를 죽일 수밖에.

현대인은 자신이 자신을 건사할 수 없다면 결코 집에서 죽지 못한다. 병원이나 요양원에서 죽음을 맞는다. 세상이나 자식을 원망할 수도 없다. 이 사실을 아는 많은 사람들은 걱정하고 대비하지만 결국 그 길을 가고 만다. 안락사 권리는 필수다.

자살은

병사나 사고사는 이 세계에서 내가 버려지는 것인바, 자살은 내가 세계를 버리는 것인가, 내가 나를 버리는 것인가.

죽음과 철학

평소에 많은 철학적 생각을 한다고 해도, 병으로 고통받거나 예정된 죽음을 선고받았을 때, 철학이 비집고 들어올 마음의 여지는 매우 작다. 위축된 심리상태가 철학의 힘을 마비시킨다. 결국은 철학의 이성과, 상황에 몰입된 감정의 대결에서 감정이 이성을 휘감아 버리는 것이다.

철학의 가장 큰 목적은 죽음을 철학 아래 두는 것인바, 소크라테스나 에픽테토스, 세네카, 에피쿠로스 같은 철학자의 그림자를 밟으려면 얼마나 더 연습을 해야 하는가. 그들에게서 배운 철학적 이성으로 볼 때, 곧 죽을 병도 아닌 것에 휘둘린다는 것은 얼마나 유약한가. 그동안 배우고 연습했던 철학은 어디에 있는가.

병과 죽음에 대한 철학적 정리

1. 병이 찾아왔을 때 그 병에 대처할 수 있는 최선을 다한다.
2. 대처과정에서의 수고와 고통은 그동안 살아온 자신에 대한 존중의 힘으로 맞선다.
3. 그 결과가 삶이든 죽음이든, 자신의 의지 밖의 것이므로 흔쾌히 수용한다.
4. 단, 죽음보다 못한 삶이 남았을 때, 연습한 길을 간다.

즉, 자신이 할 수 있는 것을 다하고 그 결과는 운명에 맡기는 것, 이 또한 진인사 대천명.

상황적 사실에 대한 철학적 정리가 평안을 가져다준다. 비로소 비극의 대상을 희극의 감정으로 대할 수 있게 된다. 사실은 고정되어 있다. 흔들리는 것은 마음과 생각이다. 우울과 걱정이 아닌 유쾌함으로 사실을 바라보자.

삶의 철학, 죽음의 철학

삶을 바라볼 때와 죽음을 바라볼 때의 철학은 일관되어야 마땅하지만 범인의 철학은 사뭇 다르다. 삶을 향한 철학은 창대하지만 죽음을 향한 철학은 미약하기만 하다. 삶의 의지는 철학에 힘을 불어넣어 강대하게 하지만 죽음에 대한 두려움과 회피의 감정은 철학의 힘을 빼 버려 흐물흐물하게 만든다. 이 두 상황에 대한 철학을 잇는 것이 철학을 공부하고 죽음을 연습하는 최대의 목적이다.

자신의 죽음 또한 대상화하는 것. 자신의 죽음을 그의 죽음으로 바라보는 것. 배우의 감정이 아니라 관객의 감정으로 죽음을 대하는 것.

죽음의 미정

죽는 날의 확정이 고통이라면 죽는 날의 미정은 행복이다. 10년 후든 20년 후든 그날을 아는 자의 삶은 이미 죽음의 지배를 받는 삶이고, 1년 뒤의 죽음을 모르는 자의 삶은 죽음의 지배를 벗어난 삶이다. 인간은 죽음의 포로라기보다는 죽는 날의 포로다.

인간 사이의 심연

죽음은 홀로 맞고 홀로 죽는 것. 누가 타인의 죽음을 자신의 죽음처럼 생각하겠는가. 아무리 가까운 사이라도, 가족이라 해도 자신의 죽음에 대해 타인이 느끼는 심정적 거리는 하늘의 별만큼이나 멀다. 하물며 환과고독의 마음은 얼마나 추울 것인가. 누구나, 죽음의 길에 들어서야 비로소 자신이 처한 상황을 면밀히 인식하게 되는 것과, 그 마음의 짐을 결코 지인과도 나눌 수 없다는 사실이 안타깝다. 자신 안에서의 조울躁鬱의 심연도 상당히 깊은데 타인과의 심연이야… 무로의 회귀에서, 존재가 겪어야 하는 진실이다. 자신의 죽음으로 가는 길을 근거리에서 선경험하는 것은 다행일까, 불행일까. 온화한 날씨에 죽는 것도 큰 복이다.

낭만적 죽음

본디 낭만은 삶의 영역에 있는 것인데, 죽음에도 낭만이 있을까. 낭만적 죽음은 삶과 죽음을 초월한 자만의 특권일 텐데, 낭만적인 죽음을 맞이할 수 있을까. 죽음이 두렵다면 이미 물 건너갔다.

죽음과 금전

죽을 때, 금전을 많이 쌓아 둔 것을 흐뭇하게 생각할까, 충분히 다 쓰지 못한 것을 후회할까. 죽음 앞에서도 자신의 주가 상승여부를 수시로 점검하는 자를 어떻게 생각해야 할지.

죽음

죽음은 때가 되면 찾아오는 것이 아니라 이미 탄생과 더불어 내 안에 가능성으로 잠재해 있다. 그것의 실현이 외부의 타격이든 내부의 발현이든. 죽음은 한 순간에 일어나는 사건이 아니라 긴 시간 진행되는 만성적 지병이다. 모든 인간은 지금도 죽어 가고 있다.

죽음에 대한 감정은 한없이 고통스럽지만 죽음이, 죽음에 대한 인식과 초월이, 그 고통의 사슬을 푼다.

물질로서의 나

정신과 육체를 포함한 물질로서의 나는 영원했고 영원하며 영원할 것이다. 영원하게 존재하는 물질이 형성에 기뻐하고 해체에 슬퍼할 까닭이 무엇인가. 추운 겨울 내리는 눈으로 뭉쳐진 눈사람이 따뜻해지고 비 내리면 흔적 없이 사라지는 것처럼 보이지만, 실제로는 다른 형태로 존재함을 당연하게 여기면서도, 자신의 형태의 사라짐을 슬퍼함은 우주의 이치를 슬퍼하는 것이다.

기다리는 것

사람들이 기다리는 것은 삶인가 죽음인가. 살고 있는 자로서 삶을 기다린다면, 지금 살고 있지 않다는 말인가. 현재가 아닌 미래를 기다리는 삶은 죽은 삶, 어차피 자신의 의지와 상관 없이 세상에 던져졌는데, 불꽃 같은 현재를 살다가 적당한 때에 흔쾌히 죽음을 취하는 것이 타당하지 않겠나.

3. 사랑

사랑의 도착지

젊은 시절 연인 중에, 사랑의 경유지가 아니라 도착지이기를 간절히 바랐던 사람이 있었다. 나는 결국 그 사람의 경유지가 되었지만. 우리는 도착지를 모르는 사랑을 한다. 도착지를 안다면 사랑이 아니리라. 도착지는 사랑뿐만 아니라 시간의 함수이기도 하다.

결혼

사랑의 대상이, 자신의 성격과 거리가 먼 성격의 소유자일수록 쉽게 사랑에 빠지며, 이어지는 결혼은 사랑에 빠진 그 이유로 인해 불행하게 끝난다. 이런 결혼은 늘 먹던 김치찌개, 된장찌개가 지겨운 상황에서, 처음 먹어 본 햄버거와 피자에 반하여 앞으로도 계속 먹겠다는 맹세와 같다. 욕망은 필수적인 시간을 잡아먹는다.

옛 연인

젊은 시절의 옛 연인에게 연락을 했다. 그 연인의 지금 모습이, 보고 싶을 마지막 모습일 거라 생각했다. 더 세월이 지나면 자신의 정열도 사라져 보고 싶은 마음조차 사라질 것이고, 남아 있다 해도 그 연인은 이미 보고 싶은 모습이 아닐 것이기에. 자신의 늙음은 인정해도 연인의 늙음은 결코 인정할 수 없는 것, 연인의 늙음은 내 사랑의 늙음이니.

연애적 사랑

진정 사랑했다면, 오랜 시간이 지난 후에 우연히 만난 그 사람 앞에서 다시 뜨거워질 것이다. 그와 나누었던 감각은 세월에 사라졌지만 감각의 기억은 여전히 남아 있을 것이니. 그렇지 않다면 사랑한 것이 아니다.

남녀간의 사랑의 시작과 끝은 뜨거움이다. 온도가 내려간 사랑은 의무와 동정이다. 사랑은 절정의 쾌락이고 의무와 동정은 평안에 가깝다.

사랑은 첫눈에 반하는 것, 그 뒤의 시간은 변주곡일 뿐이다. 오히려 사랑의 속성상 긴 사랑은 지루하다. 로미오와 줄리엣의 사랑은 5일, 조던과 마리아(누구를 위하여 좋은 울리나)의 사랑은 3일. 어느 날 잠깐 스쳐간 사람이 그에게 반한 사람의 마음속에는 연인으로 각인된다. 사랑의 깊이는 사랑의 기간에 비례하지 않는다.

사랑은 이성異性과 하지만 결혼은 사람과 하는 것. 결혼 상대를 보는 기준을 이성에 두면 현재 아름답게 핀 꽃만으로 판단하는 것과 같다. 꽃은 곧 시들며 그 후에 어떤 과실이 열릴 것인가를 생각하는 것이 중요하다. 가정을 지탱하는 것은 꽃이 아니라 과실이니.

이성異性
   이성은 신의 의도와는 달리, 외로움을 달래기 위한 존재가 아니라 외로움을 더하게 하는 존재.

타인과 사랑
   타인은 알 수 없는 존재이기에 타인에게는 대체로 무관심하지만, 느닷없는 사랑은 무관심의 벽을 허문다. 서로를 향한 관심 속에 서로에 더 가까이 가고, 이해한다고 생각하지만 모든 것은 바람으로 그치고 결국에는 서로를 포기한다. 사랑의 열병이 지나간 자리에 상대는 여전히 알 수 없는 타인으로 남는다. 알 수 없는 것을 알려는 욕망, 사랑.

사랑은 상대와의 사이에서 피어나는 것이 아니라 내 마음에 내재한 욕망이며 특정 조건하에서 파블로프의 개가 흘리는 침처럼 사랑도 특정 조건하에서 솟는 감정이다. 사랑도 성격의 일부다.

자신처럼 늙어 버린 옛 연인을 바라보는 고통. 불필요한 고통을 겪을 필요는 없지만, 보고 싶은 마음은 간절하다. 그 간절함은 예전에 품었던 사랑과 비례하겠지만, 그 사랑 또한 내가 조건반사적으로 뿜어낸 감정(또는 운명적으로 투영된 사랑) 아니겠는가.

사랑의 빈자리

사랑은 더해지지 않는다. 손에 담은 물처럼 조금씩 사라진다. 사랑은 첫눈에 반해 파도처럼 밀려온 그 순간을 정점으로 썰물처럼 서서히 빠져나간다. 그 자리는 동정과 믿음과 의리가 대신한다.

사랑과 우정

사랑은 지속적으로 물을 주어야 죽지 않는 꽃이다. 둘 사이에 보이지 않게 계속되는 욕망이 충족되어야 한다. 우정은 멀리 떨어져 있어도 식지 않는다. 상대에게 바라는 것이 없기 때문이다. 사랑은 Out of sight, out of mind이지만 우정은 상대가 곁에 없어도 좋고 있으면 더 좋은 관계다.

영원과 죽음

(나를) 영원히 사랑한다고 말하려거든

(나의) 죽음까지 사랑한다고 말하기를.

(나의) 영원은 (나의) 죽음이니.

사랑과 공간

사랑은 그것이 자리할 수 있는 빈 공간이 필요하다. 결핍, 아쉬움, 열망의 공간. 사랑은 허기와 같은 것, 충만에는 사랑이 스며들 자리가 없다. 사랑은 완성은 (원하는) 결혼이 아니라 (원치 않는) 이별이다.

한 번 사랑한 사람은, 긴 세월이 지나 잊혀졌어도, 사진으로 남아 있는 옛 모습을 보면 과거의 그 사랑이 되살아난다. 취향은 변하지 않는다.

늙은이의 사랑

사랑은 젊은이의 전유물. 젊은이의 사랑에는 호응과 동정을 표하지만 늙은이의 사랑에는 무관심하거나 비웃는다.

사랑과 결혼

남자는 여자의 몸을 원하지만 여자는 남자의 마음(모든 것)을 원한다.

사랑에 불타올라 결혼하는 것은 일시적인 본능의 광기에 일생을 맡기는 것. 빛이 강하면 어둠도 깊은 법, 결혼에는 뜨거운 사랑보다는 어느 정도 식은 미지근한 사랑이 안전하다.

사랑도 결혼도 모두 자신이 살려고 하는 것이다. 사랑의 베일 속에는 개체의 생존 본능이 있다.

사랑과 본능

50세의 아름다운 연인과 30세의 그저 그런 외모의 연인 중 한 사람과 사랑해야 한다면 대부분은 젊은 연인을 선택할 것이다. 사랑은 번식본능의 우아한 표출.

사랑과 필요

나를 사랑하는 사람은 극히 적다. 자신도 사랑하지 못하는데 나까지 사랑하겠는가. 사랑(한다는 것)은 필요(하다는 것)인바, 내가 몇 사람의 필요를 충족시킬 능력이 있겠는가.

사랑의 동인

한 사람의 유머, 외모, 태도, 행동에 매력을 느껴 사랑하게 되는가, 사랑하기 때문에 그의 유머, 외모, 태도, 행동에 매력을 느끼는가.

사랑의 동인은 뿜어져 나오는, 정신의 아우라일까, 부富일까.

사랑하는 이유

아무런 이유 없이 한 존재를 사랑한다는 것은 그가 아니라 누구라도 사랑한다는 것이다. 사랑하는 이유는 상대의 매력이다. 매력은 외모, 성격, 소유물… 등이며 이것들이 변한다면 사랑도 변할 것이다. 사랑의 이유가 되는 것들은 영원하지 않기에 사랑도 영원할 수 없다. 사랑은 조건적이다. 무조건적 사랑은 낭만적 희망이며 실제로는 '무조건' 자체가 이미 조건 안에 포함되어 있다.

동물 일반의 사랑

동물 일반에 있어서는 육체적 사랑이 있을 뿐, 관념적 사랑은 거의 없는 것 같다. 인간에게도 육체적, 물질적 사랑은 관념적 사랑보다 강렬하다. 특수한 사정이 없는 한 관념적 사랑으로만 맺어지는 결혼은 없다. 인간의 사랑에서 관념의 힘은 슬프게도 우리가 생각하는 것보다 훨씬 작을지도 모른다.

이상과 현실적 사랑

- 이상적 사랑 : 당신을 사랑하기 때문에 당신이 필요하다.
- 현실의 사랑 : 당신이 필요하기 때문에 당신을 사랑한다.

자연의 눈속임

남녀간의 사랑을 육체적 사랑과 정신적 사랑으로 나눈다면, 정신적 사랑을 빼고 남은 사랑에는 무엇이 남아 있을까, 정열과 성욕. 육체적 사랑을 빼고 남은 사랑에는 무엇이 남아 있을까, 의무와 동정. 남녀의 사랑은 정열과 성욕으로 불붙고 의무와 동정이라는 재로 남는 것 아닌가. 사랑은 자연의 눈속임에 알면서도 속는 것.

모르는 여인의 편지(슈테판 츠바이크)를 읽고

한 연인이 있어, 나를 평생 사랑하다가 죽음에 앞서 오랜 세월에 걸친 사랑이 기록된 장문의 편지를 보냈다면, 이미 수차례의 사랑을 나누었지만 기억나지 않는 연인이라면, 나의 아이를 어렵게 홀로 키우다가 아이가 죽어 자신도 죽으려 할 때, 죽기 전의 마지막 사랑을 전했다면, 나는 그 연인에 대해서, 또 나에 대해서 어떤 생각을 할까.

고향과 첫사랑

유년 시절의 고향은 그리워만 하는 곳, 막상 가 보면 재회를 후회하게 되는 첫사랑과 같다. 고향은 다시 돌아와 살 수는 없는 곳, 다시 만나 사랑할 수 없는 첫사랑과 같다. 어릴 적 고향에서 다시 살게 된다면, 특히 애절했던 첫사랑과 일상 속에서 마주치며 지내야 한다면 어떤 기분일까. 기쁨일까, 고통일까.

인생 안의 사랑

사랑, 이루어지든 이루어지지 않든, 결국은 슬픔으로 끝나는 본능. 사랑은 인생 안에 있기에.

결혼의 이면

결혼의 표면은 상대를 사랑해서 하는 것이지만 그 이면은 자신이 생존하기 위해서, 즉 자신이 잘살기 위해서 하는 것이다. 사랑도 결혼도 상대를 위한 것이라고 생각하지만 사실은 자신을 위한 것이다.

나의 이기가 상대를 통해서 충족되고, 상대의 이기가 나를 통해서 충족될 때 그 결혼은 보다 견고해진다.

사랑과 동정은 같은 바구니에 담긴 비슷한 모양의 과일이지만 전혀 다른 과일이다. 동정을 사랑으로 착각할 때 불행은 시작된다. 사랑의 유지에는 지속적인 에너지 공급이 필요하지만 동정에는 공급될 에너지가 없다.

사랑과 고통

사랑은 고통의 뿌리에서 자라나며, 고통을 잊게 하는 환희다. 시간이 흐르면 환희는 사라지고 고통만 남지만, 그 고통은 새로운 사랑의 환희를 꽃피운다.

사랑의 맹목은 죽음마저 맹목으로 만든다.

환희

인생의 환희 중에 하나는, 자신이 내심 몰래 사랑하는 연인의, 자신을 향한 사랑고백.

"**죽어도** ~한다"는 말은 많지만 "**죽어서도** 당신을 사랑하겠다."는 말처럼, 말하는 이에게는 진심 어린, 듣는 이에게는 황홀한 말이 또 있을까.

사랑과 경험

사랑은 경험으로 끝나도 가치 있지만 결혼이 경험으로 끝나도 가치 있을까. 그 차이는 반복 가능성, 반복 용이성에 있다. 사랑의 끝을 알아도 사랑은 불타오르지만, 끝이 보이는 결혼은 시작되지 않는다

사랑과 판단

사랑이란 남녀 각각의 삶에서 부딪히는 예측할 수 없는 클리나멘(빗겨감, 벗어남)이다. 그로 인해 사랑은 시작되지만 그 끝은 보이지 않는다. 사랑의 초심자는 상대를 사랑하기에 필요로 하고, 사랑에 눈뜬 자는 상대가 필요하기에 사랑한다. 모든 행위가 그렇듯, 사랑도 살기 위한 것이다. 사랑하고 판단하는 것과 판단하고 사랑하는 것 중에 어떤 선택을 할 것인가. 양자가 가능하다면 당신의 생각은 어떤가.

결혼 이후

몽테뉴는 결혼을 새장에 비유했다. 필사적으로 밖의 새는 새장 안으로, 안의 새는 밖으로 가려 한다고. 과거의 새장은 문이 닫혀 있었겠지만 요즘은 문이 열려 있어 필사적이지는 않은 것 같다.

사랑은 결혼을 원하지만 결혼은 사랑을 간절히 원한다.

외로움에 벗어나려 결혼하면, 신기하게 오랜 기간 혼자 있어도 외로워지지 않는다.

사랑의 종점은 이별 없는 사랑이거나 사랑 없는 이별이다. 사랑 있는 이별은 드물다. 오죽하면 영화나 소설의 주제가 되겠는가.

결혼이 행복의 씨앗인지 불행의 씨앗인지는 불확실하지만 멍에라는 것은 확실하다. 막간의 쾌락과, 평생의 안정을 위한 멍에.

헤어짐

헤어짐을 예상하는 연애, 이혼을 대비한 결혼생활. 쉽게 이해할 수 없지만 누구나 이런 상황에 처할 수 있고 처해 있다. 불행한 생활이지만 많은 사람들이 여러 이유에서 이렇게 산다. 요즘은 연애하는 80% 이상이 헤어지고, 결혼한 50% 이상이 이혼하지만 이들이 불행할까? 관계를 유지하는 사람들이 더 행복할까?

결혼과 우정

결혼은 시간이 지날수록 사랑을 우정으로 바꾼다. 그 우정은 동성친구와의 우정보다 덜 가깝지만 더 끈적하다.

쾌락

쾌락이라고 하면 섹스와 마약에 대한 탐닉, 중독을 떠올리는 사람은 참 쾌락과 행복을 모르는 자다. 탐닉과 중독은 이성이 배제된 병이며, 절제된 모든 쾌락은 행복이다. 이성이 허락하는 한 많은 쾌락을 추구함이 현명하다.

사랑과 이혼

사랑 때문에 결혼하는 것이라면 사랑이 식으면 이혼해야 하지만 대다수는 사랑이 식어도 이혼하지 않는 것을 보면 사랑은 결혼의 트리거(trigger)일 뿐이다.

사랑과 욕망

사랑은 본래 Sad ending. Happy ending는 연민.

사랑에 있어서 여자가 가장 원하는 시나리오는 비록 본인이 원했더라도, 남자의 끈질긴 요구 때문에 허락할 수밖에 없었다는 시나리오다. 사랑의 선수들은 이런 시나리오를 완벽하게 연기한다.

사랑의 깊이가 얕을수록 사랑의 멘트는 감미롭다.
사랑의 깊이가 얕을수록 감미로운 이별의 멘트를 날린다.

솔직한 사람은 좋은 사람이지만 솔직한 이성異性은 매력이 반감된다. 이성간 매력은 서로에 대한 은밀한 욕망에 비례하기 때문이다.

사랑은 몸과 몸이 하는 것이다. 마징가Z를 조종하는 쇠돌이와 아프로다이A를 조종하는 애리는 직접 사랑할 수 없다. 사랑한다고 생각할 뿐이다. 사랑은 마징가Z와 아프로다이A가 하는 것이다. 쇠돌이와 애리(정신)는 자기의 로봇(몸)을 조종하여 사랑을 하게 하고 그 사랑을 상상으로 느끼고 지켜볼 뿐이다. 쇠돌이와 애리(정신)는 직접 결합될 수 없다. 각각의 몸을 통해 결합되었다고 착각할 뿐이다. 결합된 것은 몸이지 결코 정신은 아니다. 플라토닉 사랑은 실체가 없다. 증거능력이 없다. 추억을 남길 수 있을 뿐.

종 차원의 사랑

"알게 되면 사랑하게 되고, 사랑하게 되면…." 사랑하게 되면 상대를 내 안으로 받아들이게 되고 자신처럼 아끼게 되는 것은 사랑의 형성기와 전성기의 사실. 시간이 흘러 사랑이 의무와 동정으로 대체되는 시기가 되면 자신 안에 있던 상대는 점차 밖으로 나가게 된다. 서로가 서로를 밀어내는 것이다. 더 노년이 되면 자신 하나도 귀찮게 되고 결국 홀로 죽음을 맞는다. 영원의 상 아래서 보면, 모든 것이 종의 보존을 위한 자연의 각본이며 자신은 종의 구성원으로서 최선을 다해 각본 속의 배역을 수행한 것일 뿐.

사랑과 미움

사람에 대한 사랑이 동물에 대한 사랑보다 크듯, 사람에 대한 미움은 동물에 대한 미움보다 크다.

자기 사랑

자신을 진정 사랑해 본 적이 있는가. 이기심의 차원을 넘어 자신을 사랑할 수 있을까. 자기를 사랑하는 사람은, 자신에게 사랑받는 사람은 천하무적 "마징가Z"다.

사랑할 때

사랑할 때는 사랑하는 상대를 잃기보다 상대의 사랑을 잃기를 바라지만, 배신을 당할 때는 정반대를 바란다.

사랑, 결혼, 돈

돈 없는 사랑은 지속될 수 있어도 돈 없는 결혼은 지속될 수 없다. 사랑이 없어도 돈으로 인해 결혼이 지속될 수 있는 것은, 돈이 사랑을 대신하고 사랑을 만들기 때문일 것이다. 사랑과 결혼은 완전히 다른 것, 사랑은 눈을 멀게 하지만 결혼은 눈을 뜨게 한다.

남자와 여자

남자에게 여자가, 가장 아름답고 동시에 그로테스크 할 때는 언제일까.
- 이성理性의 심미안이 욕망에 가려 맹목이 될 때.
그리하여 여자는, 자신이 사랑하고 원하는 남자보다는, 자신을 사랑하고 원하는 남자에게, 스스로를 허락하는가.

연애편지

30년 이상의 세월을 거슬러, 청춘 시절의 내면을 표상할 수 있는 소중한 과거가 담겨 있는 연애편지. 어느 날 그 속을 지나며 당시의 상황과 품었던 생각을 일일이 떠올리고, 현실적으로는 결코 되돌아갈 수 없는 시간과 장소를 배회한다. 이미 잊었던 기억들을 불러오며, 다시는 불러올 수 없는 젊음과 사랑에 대한 애수에 젖어 그 시절 속에 파묻힌다.

현재는 과거에서 탄생하지만 과거는 현재에서 재탄생한다.

사랑과 불안

내 옆에 있지만 내 옆에 없는 그대.

이루어지지 않을 것 같은 사랑은 곧 헤어져야 하는 것처럼 불안했다. 먼 미래의 불확실한 상황이 도래한 것처럼 불안했던 사랑. 현재에 충실히 편하게 사랑할 수는 없었을까. 비단 사랑뿐만은 아니리라. 먼 미래까지 바라보고 작은 고통의 씨앗이라도 발견하면 그 걱정에 현재의 행복을 누리지 못하는 불안병. 필히 올 수밖에 없는 죽음, 죽음이 두려워 미리 자살해야 하는가.

어떤 사랑

연인의 육체적인 면을 더 사랑하는 자와 정신적인 면을 더 사랑하는 자 가운데 누가 더 행복할까. 당신이라면 어느 경우에 속하고 싶은가. 우문인가.

쌀쌀함

쌀쌀함이 쓸쓸함으로 살갗을 파고드는 시공간이면, 간절한 외로움과 견고한 고독 사이에서 당신을 소리 내어 불러 보곤 했다.

사랑의 사실

옛 사랑에 대한 그리움이 그 사랑 자체에서 연유하는 것이 아니라 사랑했다는 사실에서 오는 것처럼, 우리의 과거에 대한 대부분의 감정은 과거의 사건 자체가 아니라 사건이 있었다는 사실에서 연유한다. 그때 그 연인과의 세부적인 감정의 교감은 세월 속에 흩어져, 사랑했다는 사실 하나로 버무려져 남겨진다. 단, 그 사랑의 농도가 세월을 견딜 수 없을 정도라면 기억 속에 자리 잡지 못하겠지만.

사랑과 성의 관계

사랑과 성의 관계는 예쁜 포장과 그 속의 내용물의 관계와 같다. 예쁜 포장은 내용물의 가치를 높이고 내용물을 욕망하게 한다. 막상 포장을 뜯고 나면 포장은 버려지고 포장 없는 내용물은 시간이 지나면 불꺼진 냄비의 라면처럼 식는다. 식어 버린 라면으로 평생 예쁜 포장을, 뜨거운 불을 그리워하며 사는 것이 인생인가. 갈수록 내용물은 망가지고 라면은 불어 터지는데. - 사랑은 '눈물의 씨앗', 짧은 행복 긴 고통으로의 유혹.

연애와 결혼

연애는 얻으려고 하는 것이고 결혼은 지키기 위해 하는 것이라면, 무엇을… 사랑을?

함께 사는 자

자신을 사랑하는 사람과 사는 자는 이타적이고 지혜로운 자다. 자신이 사랑하는 사람과 사는 자는 이기적이고 행복한 자다. 대부분은 지혜보다는 행복을 원할 테지만.

4. 종교

신앙

신앙은 신과 종교인에게 귀의하는 자발적 속박. 자신의 자유를 담보로 자신의 욕망을 성취하려는 거래. 그 결과 잃는 것은 이성의 자유와 금전, 얻는 것은 공허한 칭찬(전문용어로 은혜)과 환상. 죽을 때까지 깨지면 안 되는 환상.

이성의 욕망

사랑이 감정의 욕망이라면 이성의 욕망은 영속이며 그 결정체는 신이다. 감정은 시간이 지나면 이성이 제어할 수 있지만 이성 자체의 욕망은 제어할 수 없다. 환상 속에서 살든지, 스스로 깨어나든지.

무신론자와 종교

무신론자에게 유일신교는 다루기 쉽지만 다신교는 버겁다. 예를 들어, 기독교는 하나의 신만 상대하면 되지만 힌두교의 신은 매우 많기에 도저히 감당할 수 없다. 무신론자는 다신교 국가보다 유일신교 국가에 더 많이 살고 있을 것이다.

다른 종의 종교

우리가, 지구상의 다른 종(개, 원숭이…)이나 지구 밖의 외계 생물이 자신들의 신과 종교를 만들어 믿고 헌신하는 모습을 본다면, 무슨 생각이 들겠는가. 반대로 그들은, 인간들의 종교와 신앙을 보고 무슨 생각을 하겠는가.

내세來世

사람들은 상상하던 천국과 극락의 실체를 알게 된다면 굳이 가려고 하지 않을 것이다. 그곳에 있는 사람들도 이 세상에 있는 사람들과 별 차이 없을 것이기 때문에. 신에게 복종해서 가는 곳(천국), 신적 존재에 귀의해서 가는 곳(극락)이라면, 그곳에 모여 있는 사람들의 본성은 고스란히 그대로일 것이므로. 그들은 그곳에서도 다음 내세의 천국과 극락을 꿈꿀 것이므로.

창조물

신, 신화, 종교, 예술, 철학, 문학… 인간의 모든 창조물은 욕망의 현현이다. 예외는 없다. 욕망하지 않는 것은 창조될 수 없다. 자연현상이나 전제 권력 하에서 스스로의 유한성과 무능을 깨닫고 신과 종교를 창조했다는 것까지는 알겠는데, 의아한 것은 '왜 인간 스스로를 죄인으로(기독교), 무지한 인간으로(불교) 규정했는가'이다.

자신의 욕망이 실현 불가능하기에 그 원인으로 죄와 무지를 특정했는가. 모든 인간의 창조물은 인간의 생각이 반영된 것이니, 신이 아니라 인간 스스로가 자신에게 죄를 주고 벌도 주는 것이다.

신과 산타클로스

아이들이 산타클로스를 기다리듯, 신을 기다리는 어른들이 있다.

의로운 신?

바울의 말에 따르면 신은 의로우며 인간은 신을 믿을 때 의로워진다.

신이 의롭다는 것을 어떻게 알까? - 신의 의로움이 복음서 안에 계시되어 있기 때문이다.

복음서는 누가 썼나? - 신의 계시를 받은 사람이 썼다.

결국 신 자신이 자기가 의롭다고 하는 것인데 신이건 사람이건 자기가 의롭다고 하는 말을 바보가 아닌 이상 누가 믿나? - 믿는 사람들 많다.

회의적으로 보면 성경은 소설이다. 특히 구약은 더하다. 곰이 마늘 먹고 사람이 되었다는 단군신화보다 허구성이 진하다. 신은 자신이 만든 인간에게 죄를 부여하고 그 죄에서 인간을 구원하기 때문에 의롭다고 한다. 누가 봐도 낯간지러운 연극대본이니, 성경을 일종의 문학작품, 즉 판타지소설로 보고 웃자고 하는 얘기로 생각하는 것이 현명하다. 진위를 밝히려고 죽자고 달려들 필요가 없다. 그런데도 그 소설을 해석하는 방식의 차이로 싸움이 난다는 것은 더욱 어이없다. 어떤 해석이 옳다 해도 그 자체가 소설일 뿐.

그리스인에게 그리스 신화가, 한국인에게는 단군신화가 문학이지만, 기독교인에게 성경(유대인들이 역사라고 주장하는 신화)은 문학이 아니라 사실, 진리, 신앙이라는 것은 의아하다.

사실에 대한 당위의 억압

예 : 인생은 절망에서 피어나는 꽃, 절망에 물들지 않는 꽃.

삶을 사랑해야 한다는 당위는 삶은 사랑하기 어렵다는 사실을 억압한다. 인간을 창조한 신이 있어, 인간을 사랑한다고, 사랑해서 인간을 만들었다고 한다면, 직접 인간의 삶을 살아보라. 인간의 삶을 이토록 방치한 자신의 무능과 무지를 뼈저리게 체험할 것이다. 신이 인간을 창조한 의도를, 삶을 살아 본 인간이라면 누구나 알 수 있다. 의도가 없거나 최소한 인간의 행복을 염두에 두지는 않았다는 것을.

신이여, 존재한다면 제발 뒤에서 간 보지 말고 앞에서 삶을 이끌어다오. 언제까지 인간의 고통스러운 미로 찾기를 즐기려는가. 동물도 자기 새끼는 책임지지 않는가.

선교

선교라는 신앙의 주입, 철 없는 어린이들에 대한 신앙의 세뇌를 통해 가장 이득을 보는 자는 누구인가. 신? 선교운동원? 신앙을 갖게 된 자? 가장 이득을 보는 자는 목사, 신부, 주지 등 성직자다. 일반 신앙인은 그들의 정신적 노예로서 선교행위에 자발적으로 동참한다. 선을 가장한 착취. 세금 없는 불로소득이라는 치외법권지대. 허황되고 조야한 교리의 종교, 그에 대한 눈먼 자들의 신앙.

당근과 채찍

유명 종교의 당근과 채찍은 천국(극락)과 지옥이다. 죽음 이후의 일이기에 누구도 알 수 없는 상상 속에 있는 곳이지만, 신앙인은 천국의 행복보다는 지옥의 고통을 피하기 위해 열심히 믿을 것이다. 신앙은 자신을 솔직히 돌아볼 때 갈 확률이 높은 곳(지옥)에 대한 두려움 때문이며, 종교는 여러 가지 환상의 무대장치(죄, 천국, 지옥…)를 교묘하게 배치하여 신앙인을 지배한다. 종교는 인류 역사상 가장 탁월한 비즈니스다. 투자비용 없이 무형의 상품을 인간의 무지를 이용하여 무한하게 판매하고 있으니.

자유의지

유일신교에서 말하는 자유의지는 신이 전능하지 않음을 감추기 위한 복선이다. 신의 완벽한 창조물인 인간이, 선악과를 먹고 형이 동생을 죽이는 등 신이 허용한 한계를 넘어서니, 그런 인간을 창조한 신의 무능과 그 책임을 인간의 자유의지 뒤에 은폐하려는 것이다. 신의 무능을 신의 애꿎은 창조물에게 덮어씌워 징벌하는 것이다. 희생양. 완벽하게 신의 뜻대로 행동하도록 창조하든지, 자유의지를 부여했으면 징벌하지 않든지. 창조물로서 인간이 자유의지를 원한 것도 아닌데.

이 세상을 돌아보라. 불완전하고 불합리한 세상을 창조한 신을 생각해 보라. 과연 전능한 신이라면 세상을 이렇게 창조했겠는가.

신 존재 증명

토마스아퀴나스가 이 세계의 필요조건으로서 상정한, 제1운동자, 최초의 원인, 최초의 존재, 완전한 존재, 지적인 존재를 무조건 인정한다 해도, 그 존재가 왜 신이어야 하는가. 인간이 알 수 없는 영역을 신의 영역으로 규정하는 당돌한 자의적 억지 추리.

당초에 신이 존재하여 최초의 원인이 된 것이 아니라, 최초의 원인을 상정한 개념으로서 신이라는 존재를 만들어 냈다는 것이 더 타당하지 않은가.

원죄

악의 근원은 인간의 창조자라는 신이다. 원죄는 인간이 아니라 그 신에게 있다. 그 악의 피해자는 인간이다.

욕망과 신앙

 욕망은 자존감과 반비례한다. 신앙은 욕망의 한 범주다. 신앙은 자존감과 반비례한다.

원죄설의 장점 혹은 단점

 현재의 고통이 자신의 잘못 때문이 아니라 원죄 때문이라면, 자신의 모든 책임에서 빠져나갈 수 있다는 것. 자신이 야기한 타인의 어떤 불행도 자신과는 상관 없는 원죄 때문에 일어난 일이니 죄의식 없이 살아갈 수 있다는 것.

종교

 무엇인가를 믿고 의지하려는 신앙심은 막을 수 없는 인간 본능 중 하나이다. 종교는 이 본능의 배설통로다. 상상해 보라, 이 통로를 막거나 없앤다면 어떤 일들이 발생할 것인가.

나은 종교(사람)

 교리(성격)의 옳고 그름을 떠나, 나은 종교(사람)와 나쁜 종교(사람)를 대략 가르는 기준은 관용이다.

죄의식

 인간에게 집단적 우월감이나 자부심은 있어도 집단적 죄의식은 없다. 어느 종교가 죄의식을 세뇌시키려 했으나 실패한 것 같다. 그 종교인들은 죄의식 없이 말로만 죄인이라고 읊어대니.

광신자

광신자에게 '나'는 없다. 오직 종교와 신만 있을 뿐이다. 그는 대체로 자신에 대한 확신이나 자존심이 낮다. 종교를 통해 자신의 좌절을 만회하고 현실의 고통에 무감각하게 되길 바란다. '나'를 성찰한다는 것은 광신에서 빠져나오거나 빠지지 않음의 표시다. '나'를 생각하고 알려고 하는 것은 건강한 삶, 균형 있는 삶의 증거다.

모순된 교리

- 죄 없이는 구원도 없다. 구원을 하려면 죄를 만들어야 하는바, 원죄설 등장.
- 성부와 성모의 육체적 관계로 성자가 태어나야 하는데, 인간이 성령의 은총으로 잉태하여 성자가 태어났다고 한다. 스스로 만들었다고 하는 '자연의 이치'를 부정하는 자기부정. 태초에 성부가 인간을 만들었듯 성자도 만들었다고 하면 아무 생각 없이 그런가 보다 생각할 텐데.
- "믿음은 바라는 것들의 실상이요 보이지 않는 것들의 증거"라고 하는데 실상과 증거가 있어야 믿는 것이 순리 아닌가. 인과의 전도. 맹목의 신앙.

광신

종교적 광신은 대상의 불가해성에서 나온다. 이해할 수 있는 것은 당연한 진리로 격하되어 더 이상 신앙의 대상이 아니다. 광신적인 종교 교리는 정상적 이성으로서는 납득할 수 없는바, 종교는 불완전한 이성을 버리고 전능한 신의 품으로 돌아오라고 한다. 이해하려고 하지 말고 덮어놓고 믿으라는 것, 맹목의 광신자가 되라는 것이다.

정신적으로 독립적 삶을 살아갈 능력이 있는 자들은 "신을 떠나 죄의 한가운데를 살아갈지라도" 광신에 빠지기 어렵다. 광신자들의 내면은 패배, 좌절, 자기혐오, 자포자기 등으로 얼룩져 있다. 그들의 목적은 현재의 자신에게서 탈출하는 것이며 이를 위해서라면 종교든 정치든 이데올로기든, 묻지도 따지지도 않고 몸을 던진다. 혹시 주변에 광신에 빠진 사람이 있다면 살펴보라 그의 삶과 주변을. 종교와 광신자는 공생의 관계다.

종교와 마약

종교는 고통받는 사람들에게 위로를 주는 면에서는 긍정적인 마취제 역할을 하지만, 실현되기 어려운, 막연하고 관념적인 희망(천국, 극락…)을 불어넣는 것은 고통의 환경에서 벗어나지 못하도록 마약을 제공하는 것이다. 마약은 회의, 불안, 고통의 경감과 이성의 마비 등의 효과와 더불어 중독성이 있다.

구원

불교의 구원을 성불이라면, 그나마 석가는 성불에 이르는 길을 단계별(십이연기, 팔정도 등)로 자세하게 설명해 놓았다. 기독교의 구원을 천국에 가는 것이라면, 예수는 그 길을 애매하게 가리켰다. 내가 아는 한 그 길은 믿음과 사랑이다. 그 길에 객관은 없다. '부재한 신'의 대리인의 주관을 따를 뿐이다. 즉 구원을 얻으려면 그 대리인의 노예가 될 수밖에 없는 구조다. 생각해 보라, 그 노예들의 진정한 구원이 무엇인가를. 자신을 구속하고 있는 자들에게서 벗어나는 것 말고 다른 무엇이 있겠는가. 정신적 지배와 구속이라는 점에서 종교와 가스라이팅에 무슨 차이가 있을까.

자유를 원하는 인간에게 종교는 재갈이요, 족쇄요, 죄수의 칼이며, 생각 없는 복종을 원하는 인간에게 종교는 가두리양식장이다.

돈과 신

전능하다는 면에서 돈은 신과 유사하다. 개념적으로는 물론 돈보다 신의 능력이 월등하지만. 돈의 능력은 현실에서 체감할 수 있지만 신의 능력은 상상 속에 있을 뿐이다. 하나를 선택해야 한다면, 능력에 한계가 있다 해도 한평생 사는 동안 증명된 능력을 좇는 것이, 현실에서는 무능력한 상상 속의 능력을 좇는 것보다 현명하겠다. 그래서 신(종교)도 돈을 좇는가.

종교

"종교는 범인에게는 진리이고 현인에게는 거짓이며 통치자에게는 도구다." - 세네카

신화

신화는 인간에 대한 인간의 레토릭이며 문학이다. 그리스 신화에서 인간의 능력을 능가하는 신들의 능력을 접할 때마다, 인간의 나약함을 생각하기보다는 왜 신화를 이따위로 만들었는가를 생각하게 된다. 격랑의 운명 속에서 인간의 한계와 카타르시스를 느끼는 것도 좋지만, 수많은 신들의 창조자인 인간이 왜 스스로를 신의 지배를 받는 이야기로 구성했을까. 인간성 자체가 스스로를 비하하는 경향이 있고 마조히즘

적이기 때문인가. 왜 신들을 알라딘 램프의 지니처럼 만들지 않았는가.

명심할 것

종교, 종교인의 업종은 서비스업임.

죄

인간이 정신적, 육체적으로 연약한 존재라는 것은 인정한다 해도 죄를 타고난 존재라는 것은 인정하기 어렵다. 왜 유대인은 스스로를 죄의 노예로 생각했을까. 시원의 배후에는 죄의식으로 사람들을 지배하려는 음험한 권력이 도사리고 있음이 분명하다. 성경 또한 지배 권력의 의도대로 쓰여졌을 것이고.

기독교의 신이 스스로 창조하고 아름답다고 했던 이 세상이 기독교인에게는 탈출해야 할 죄의 수렁이라니. 종교인들이 주장하는 바, 이 세상이 내세를 위한 테스트의 시공간이라면 이 세상을 일찍 벗어나는 것이 옳다. 오래 머물수록 죄에 물들기 때문이다. 막판에 예수의 보혈이라는 엉성하고 성근 안전장치를 만들어 놓긴 했지만 글쎄….

사유와 신앙

철학자와 신자 중에 누가 더 많을까. 신자다. 신앙은 '나'와 '생각'이 필요 없다. 종교인이 주장하듯 그냥 믿으면 된다. 사유에는 '나'와 '생각'이 필요하다. 대상과 주장에 대한 이치를 파고들어 진위와 시원의 의도까지 파악해야 한다. 철학자는 스스로 피곤하다.

맹신, "옳고 그름을 가리지 않고 덮어놓고 믿는 일". 맹신 아닌 신앙이 얼마나 될까. 옳고 그름을 가리면 어떤 종교를 믿을 수 있을까. 신앙이란 종교를 다큐멘터리로 생각하는 것 아닐까. 모든 믿음에는 독단과 환상이 스며 있는바, 맹신과 신앙의 차이는 정도의 차이다. 신앙의 대상이 사실이라고 해도, 그 사실조차도 회의를 벗어날 수 있는 완전한 것은 아니기에.

회의의 바다를 건너 살아남는 신앙은 드물다.

배타적 종교

배타적 종교 간에 화해가 가능하다면 그것은 각 종교의 신이나 창시자의 우월한 능력에 의해서가 아니라 각 종교에 속한 신앙인의 관대함에서 연유할 것이다. 종교에서 신과 교리는 스스로 존재의 근거이므로 결코 화해할 수 없다. 타 종교와의 싸움이 자신의 생명을 지속시키는 동력이다. 즉 서로 싸우면서 공존하는 것이다. 화해의 순간, 종교의 모든 것-신, 종교인, 신앙-은 한여름 얼음조각처럼 녹아 흔적 없이 사라질 것이다.

존재증명의 주체

A의 존재 또는 부재를 증명하려면
1. A의 존재를 믿고 있는 B가 증명하는 것이 타당한가.
2. A의 부재를 믿고 있는 C가 증명하는 것이 타당한가.
3. 존재한다면 A 자신이 스스로 존재함을 증명하는 것이 타당한가.

유신론자 B와 무신론자 C가 신 A의 존재여부를 두고 싸울 때, 전능한 신이라면 스스로 존재함을 증명함이 타당하다. 싸움 뒤에 숨어 있는 무능하거나 비겁한 신이라면 존재한다 해도 믿을 필요가 없거나 신뢰할 수 없는 신이다. 인간보다 못한 신을 어떻게 믿을 수 있는가.

신앙

신앙은 욕망 위에 세워진 건축물이며 신앙은 자신(건축물)을 다시 욕망으로 채워 넣는다. 둘은 서로를 부추기고 자가 발전한다. 그 관계는 폐쇄적이며 결국은 닫힌, 한 몸의 비이성적 존재가 된다.

신과 악마

인간은 자신과 닮은 신을 욕망으로 만들었고 자신과 닮은 악마를 양심으로 만들었다. 인간은 신이 되려고 평생 노력하는 악마다.

신의 기원과 용도

공룡 등, 사람들이 별로 좋아하지 않는 파충류가 지구를 지배하던 시기에는 우리가 알고 있는 어떤 신도 없었을 것이다. 파충류가 신을 생각해 낼 만큼 상상력이 있다고 보기는 어렵기 때문에. 두뇌가 발달한 인류가 등장하면서 신을 상상하기 시작한다.

그 첫 번째 용도는 자연재해 면피용. 인간은 스스로 만들어 놓은 (마음속) 조형물에 손 모으고 큰절하며 염하는 웃기는 존재다. 두 번째 용도는 일타쌍피 즉 이기와 무질서로 향하는 인간의 본능을, 선과 질서로 이끄는 척하면서 지배의 도구로 사용하는 기득권 무리의 권력유지용이다. 생각해 보라, 인간의 신앙이 없다면 신은 어디에서 영양을 섭취할 것인가. 신은 신앙에 매달려 있는 상상의 존재가 아닌 상상의 개념이다.

현대사회에서 자연재해는 이미 신의 소관이 아님은 명백한바, 일부정권 창출 선거용으로 신이 사용되는 경우를 무시하면, 신의 유일한 용도는 인간본능의 계도다. 여기까지의 긴 논설을 대단한 칸트 형님은 한 줄로 요약했다.

"신은 선한 삶의 공준公準으로서 상정想定되어야 한다."

생生과 사死

'태어남이 행복, 죽음은 고통'일까, '태어남은 고통 죽음은 행복'일까. 의외로 불교나 기독교의 교리는 전자가 아니라 후자를 배경으로 하고 있다. 불교는 태어나 살아야 하는 현생이 고통의 원인이고 벗어나야 할 대상이어서 '윤회 없는 무'를 지향하는 한편, 기독교는 현생이 내세를 위해 고난을 겪어야 할 경유지며, 내세의 천국을 지향점으로 삼고 있으니. 탄생에는 애도를 죽음에는 환희를.

세뇌

세뇌는 시쳇말로 가스라이팅과 유사하다. 인간에게 가장 일반적인 세뇌는 종교다. 세뇌된 상태를 미신이나 맹신이라는, 세뇌의 정의定義에 가까운 말 대신, 신앙이라는 듣기 좋은 말로 표현한 자는 가히 수재라 하겠다. 세뇌 당한 자는 자신의 맹신을 스스로 옳다고 확신하기 때문에 그 생각에서 빠져나오기 어렵다. 종교는 강력한 최면이며 특히 무지한 자는 종교의 밥이다.

불완전한 신

인간을 창조했다는 신은 불완전한 신이다. 인간이라는 불량품이 명백한 증거다. 완전하게 만들었다면 고통과 불행으로 이리 소란하랴. 완전하게 만들면 자신의 거취가 불안해서 일부러 이렇게 만들었는가.

부활

기독교인에게는 현생이 중요한가 내생(천국)이 중요한가. 내가 알기로는 내생이다. 사후부활을 통해 천국에 입장하는 것이 기독교 신앙의 최고, 최종 목적 아니던가. 천국에 입장하려면 부활해야 하고 부활하려면 죽어야 한다. 그토록 원하는 천국 입장을 빨리 하려면 빨리 죽어야 하는데, 죽으려는 기독교인이 별로 없는 것을 보면 천국보다는 현생이 나은가 보다.

종교가 약속하는 천국과 극락을 사람들은 두 가지 이유로 입장할 수 없을 것 같다. 하나는 자격미달, 또 하나는 부재.

신의 사랑

기독교나 유사종교에서 신의 사랑은 가언적 사랑이다. 자신의 뜻을 따른다면 사랑하고 거역하면 사랑이 아닌 벌을 주는. 정확히 인간적인 사랑이다. 아무것도 바라지 않는 정언적 사랑을 주는 종교가 있을까. 저렴하게 표현하면 종교는 돈이 필요한데 돈을 바치지 않는 자에게 정언적 사랑이 언제까지 가능하겠는가. 길어야 서너 번?

종교적 희생물

작은 종교적 제의는 하나의 희생물을 바치지만 전쟁이라는 큰 종교적 제의는 무수한 희생자를 바친다.

죽음에 대한 종교의 트릭(Trick)

　기독교는 인간의 죽음에 대한 공포를 희석시키기 위해 대놓고 부활이라는 미끼를 던졌고, 불교는 다시 태어나지 않음으로써 죽음 없는 해탈을 세뇌했다. 둘 다 재현될 수 없는 말풍선일 뿐이다. '네 욕망 다 가져와! 나만 믿으면 다 해결해 줄게!' 많은 사람들은 이성이 아닌 욕망으로, 믿을 수 있어서가 아니라 믿고 싶어서 믿는다. 이것이 종교의 핵심이자 한계다.

종교인

　극소수를 제외한 어떤 종교인도 자신의 몸이 제물이 되는 것은 원하지 않는다. 그 많은 종교인 중에 순교자가 거의 없는 것을 보면. 반면 대부분의 종교인은 자신의 정신을 이미 제물로 바친 상태다. 자신의 이성을 신과 신앙에 기꺼이 바치고 있으니. 몸의 안녕을 위해 정신을 바치는 사람들을 어떻게 이해해야 할까.

동물의 고통

　인간과 인간 이외의 동물들은 지능은 다르지만 고통은 비슷할 것이다. 인간에게 받는 동물의 고통을 생각하는 인간은 얼마나 될까. 인간을 만물의 영장이라고 부추겨 세상을 동물들의 생지옥으로 만든 종교의 신은, 동물들은 창조하지 않았던 것인가. 자신이 만든 인간이 자신이 또한 자신이 만든 동물에게 가하는 고통에 어찌 침묵하는가. 역시 그 신은, 운 좋게 진화한 사악한 인간이 만든, 허상에 불과한 것인가.

비존재

　비존재에 대한 무엇은 상상이고 비존재에 의한 무엇은 망상이다.
　즉 신의 전능… 어쩌고 하는 것은 상상이고, 신이 우주를 창조하고 은총을 내리고… 저쩌고 하는 것은 망상이다.

신앙

　신앙이란 Staff도 아니면서 Staff only 구역으로 들어가려고 발버둥치는 것은 아닌지. 더구나 그 곳으로의 출입문을 여는 순간 그곳이 공허한 공간임을 깨닫는다면.

우주와 인간

　우주의 모든 존재는 섭리 안의 개체. 인간이라는 개체가 신이라는 '섭리의 주관자'를 만들어 내다니 얼마나 발칙한 일인가.

조물주와 자살

　조물주가 있어 인간과 세상을 창조했다면, 자살은 인간과 세상을 불완전하게 창조한 조물주에 대한 욕일 것이다. 인간과 세계를 창조한 조물주는 "보기에 좋았더라."며 스스로 만족하기보다 "보증기간 내에 보수가 필요하구나."라고 깨달았어야 했다.

종교인의 덕목

　무관심, 무덤덤, 무심… 수도자라면 추구해야 할 덕목이지만, 종교인(신부, 목사, 승려 등), 즉 신도들과 함께 웃고 울고 분노해야 하는 사람이라면 타파해야 할 덕목.

내세에 대한 기대

　내세의 천국이나 극락을 기대하는 사람은 현세에 불만족하거나 불행한 사람 아닐까. 현세에 만족하거나 행복한 사람이 내세에 간다 해도 더 바랄 것이 있을까. 오히려 현세보다 불편해지지 않기를 바랄 것이며 지옥은 물론 천국이나 극락 주민들도 내심 이생을 그리워할지도 모른다.

　내세가 있다면 현세와 내세를 통틀어 좋은 순서는 현세, 천국(극락), 연옥(환생), 지옥 순일 것이다. 천국이 현세보다 좋은 곳이라면 왜 현세를 어서 떠나려 하지 않겠는가. 혹시 지옥으로 갈까 봐?

신과 중립

　신은 중립적이지 않다. 그리스의 신들도, 야훼도. 인간의 심성과 태도를 그대로 베껴 놓았으니.

에덴

　신이 몸소 만든 에덴을 천국의 원형, 또는 정수精髓라고 한다면, 그곳은 눈뜨지 못한 자, 즉 생각하지 못하는 인간이나 동물들에 적합한 세계다. 반면 이 세상은 선악과를 먹고 눈뜬 자, 즉 사유할 수 있는 자들의 세계다.

　두 가지 의문.
　하나, 눈뜬 나와 눈뜨지 않은 나 가운데 어느 쪽을 선택할 것인가.
　둘, 눈뜬 나는 이 세상과 에덴 중에 어느 곳을 선택할 것인가.

　천국에도 선악과 나무가 있을까. 없다면 천국은 여기보다 무엇이 더 좋을까. 의식주가 해결된다면, 신과 함께 허구한 날 예배와 찬송에 시달릴 천국보다야, 술과 함께 희로애락 꽃피는 여기가 낫지 않겠나.

확신 없는 언급

허언증 환자가 아니라면, 농담이 아닌 이상, 어떤 대상에 대해 스스로 확신이 없는 말을 하기는 어렵다. 모든 형이상학적 대상이 그러하며 대표적인 것이 신이다. 신앙인이 아닌 이상 대부분의 사람들은 신에 대해 노코멘트다. 무신론자조차도. 왜냐하면 없는 신에 대해 말하는 것 자체가 그들에게는 시간낭비이므로. 오히려 깨달은 종교인은 신을 말하지 않는다. 그들에게 신은 함부로 말할 수 없는 대상이므로. 신에 대해 떠들어대는 자는 오직 얼치기 신앙인뿐이며 그들이 소위 '전도 사역'의 선봉에 서는 것이다. 신랄하게 비유하면 선수급 종교인에게 세뇌당해 가미가제 역할을 하는 것이다.

정신적 도약

젊은 시절, "우리에게 배신은 새로운 출발!"이라는 농담을 하곤 했는데 개종은 기존의 신앙에 대한 변화 또는 정반합적인 정신적 도약이라 할 수 있다. 가장 큰 도약은 신앙에서 무신앙으로의 배교 아닐까.

구원

모든 종교는 나름대로 구원의 시나리오를 가지고 있다. 하다못해 사이비 종교마저도. 각양각색의 시나리오들은 인간의 불완전함을 메우기 위한 다양한 욕망을 나타내는 것이며, 자신의 불완전함을 자신 외의 상상적 존재에 의지하는 것이다.

로마제국과 기독교

313년 콘스탄티누스 황제의 밀라노 칙령으로 공인된 기독교와 함께 로마제국의 쇠망은 시작되었다. 우연이든 인과든 로마제국 연대기를 볼 때 기독교를 공인한 황제 사후, 로마제국은 분열되고 내리막길을 가게 된다. 현제 마르쿠스 아우렐리우스가 기독교를 배척한 이유를 선견지명이라고 하면 억지일까.

신앙이란 좋게 말하면 영혼을 신에게 의탁하는 것이고 나쁘게 말하면 영혼을 신에게 파는 것이다. 신이라고 믿었던 존재가 신이 아니라 사실은 신의 대리인이라고 스스로 주장하는 자라면? 영혼을 의탁하건 팔건 자신의 모든 것을 신앙하는 대상에게 의지하고 드러내 놓는다는 점에서, 기독교는 자신이 모든 판단의 주인으로서 행하는 스토아철학과 대척 점에 있다. 철학적 관점에서는, 스토익이었던 마르크스 아우렐리우스 황제의 기독교 배척이 당연할 수도 있으며, 기독교 공인과 로마제국의 쇠망의 관계는 우연보다는 인과에 가깝다. 다만 배척에는, 그 당시 유일신 외에는 로마의 신들을 섬기지 않는 기독교인들이 무신론자로 생각되었고, 당시에 만연했던 역병, 흉년, 기아가 로마 신들에 대한 기독교인들의 무신앙에서 비롯된 재앙이라고 생각되어, 기독교인들이 박해받았다는 현실적 이유도 있다.

예정설

기독교(칼뱅)의 예정설을 생각할 때, 불교의 환생 이론에 기초한 것이 아닌가 하는 의심이 든다. 태중에 있거나, 갓난아기에게도 구원이나 지옥이 이미 예정되었다는 것은 그 아기가 환생한 존재(즉 전생에 죄 없는 또는 죄 있는 존재)가 아니고서는 이해할 수 있는 말이 아니다.

유대인과 그리스인의 신

어차피 상상 속의 신이라면 유대민족은 왜 그리 엄격하고 전능한 유일신을 상상했을까. 반면 그리스인들은 왜 감정 면에서 인간과 유사한 신들을, 능력면에서 다양한 신들을 상상했을까. 민족적 능력과 영향력 때문 아닐까. 주변국에 치여 변변치 못한 역사를 이어 온 유대인들은 힘센 보호자로서 당시의 수 많은 신들 가운데 전쟁의 신인 야훼가 필요했고, 주변국보다 문명적, 물리적으로 우월했던 그리스인들은 자신들과 유사한 감정과 다양한 능력을 가진 신들을 상상했으리라. 유대인들은 자신들이 상상한 신에 자발적으로 절대 복종했고, 그리스인들은 운명(신의 뜻)을 어쩔 수 없이 수용할지언정 절대 복종하지는 않았던 것도 같은 맥락일 것이다.

면죄부와 고해성사

기독교 구교(카톨릭)는 밀라노 칙령(313년) 이후 종교개혁(1517~)까지 1200년 이상 서구를 지배하며 배를 불렸다. 그 이후는 신교와 나누어 먹었지만. 구교에는 두 가지의 기막힌 술수가 있었다. 하나는 면죄부 강매로서 축재기술이고, 하나는 고해성사로서 정신적 지배기술이다. 요즘은 면죄부 강매가 어이 없는 것이라고 인정하지만 고해성사에 대해서는 별 말이 없다. 고해성사를 천국으로 가는 처방약으로 생각해서일까.

고해성사는 신도 스스로 자신의 잘못을 자백하게 함으로써 자발적으로 교회의, 고해신부의 영원한 정신적 노예가 되도록 만드는 것이다. 고해성사가 지금도 버젓이 행해지는 것은 얼마나 어이 없는 일이며, 고해신부에게 죄를 자백하면 그 죄가 면해진다고 믿는 것은 얼마나 철없는 정신승리인가.

비는 자의 목적

　기원, 기도의 대상은 무수한 신이건, 바위건, 나무건, 무엇이건 중요하지 않다. 비는 자에게 중요한 것은 욕망(비는 내용)의 실현 여부다. 욕망은 목적을 달성하기 위해 어떤 신이라도 만들어 낼 수 있다.

교리

　종교 교리와 종교법의 근간이 되는 성서, 코란, 불경, 기타 등등. 인간은 얼마나 오랜 기간 상상의 법에 지배되어 왔는가. 앞으로 얼마나 더 지배받을 것인가. 먹이를 받기에 앞서 들리는 종소리에 자동적으로 침을 흘리는 생명체가 생각난다.

핍박받는 종교

　종교를 군림하는 종교와 핍박 받는 종교로 나눈다면 전자는 생명이 다한 종교이고 후자는 약동하는 종교다. 사람들에게 전자는 짐이 되고 후자는 힘이 된다. 종교는 Minority일 때는 이단으로 폄하되지만 핍박은 타오르는 종교의 연료가 된다.

죄와 업

　기독교의 죄와 불교의 업. 업은 선업과 악업을 내포하므로 죄를 포함하고 있다. 죄는 악업이니 벌과 보가 기다리고 있다. 그러나 죄와 악업은 두 종교를 지탱하는 기둥, 죄와 악업이 없다면 두 종교는 존립할 수 없다. 그래서 에덴 동산에는 선악과가 있고, 불교에서는 업을 짓지 말라고 하는 것. 업 자체가 환생의 연이므로.

신의 말

  신은 말하지 않는다. 스스로 신의 대리인이라고 주장하는 종교인들이 말한다. 신은 박해하지 않는다. 자신의 권력을 유지하려는 인간이 박해한다.

신뢰성 높은 종교

  이 세상과 유사하게 만든 종교일수록 신뢰성 높은 종교다. 한 예로, 선을 주관하는 신과 악을 주관하는 신의 능력이 거의 비슷한 종교가 더 사기성이 적다. 선을 주관하는 신의 힘이 월등하여, 선을 행하면 모든 악에서 보호해 준다고 하는 종교는 신뢰성이 떨어진다. 세상에서는 선을 행해도 악으로부터 보호되지 않으니. 즉 신의 힘보다는 인간 자신의 힘으로 세상을 살아가라는 종교가 잘 구성된 종교다. 그런 면에서 보면 기독교보다 불교가 더 신뢰할 만하다.

창조의 신

  신이 이 세상을 창조했다면 이 세상의 불완전성은 신의 불완전성을 나타낸다. 단, 그 신이 인간이 창조한 신이라면 모순은 없다. 이 세상과 생명은 무작위로 의도 없이 생겨난 것이니.

사제司祭와 포주抱主

  사제와 포주는 둘 다 인간의 욕망을 채워 주는 업業을 하는 자. 정신이 육체에 기생하는 한, 그 둘에 대한 차등적 편견은 타당할까.

자기기만

한때는 기독교인으로 살았고 신을 믿으려고 애썼지만 사고 능력이 있는 한, 자신을 기만하지 않는 한, 신을 믿을 수 없었다. 모든 종교는 태생적으로 우상숭배, 자신이 만들어 낸 것에 대한 숭배. 종교인의 신앙, 즉 자기기만은 행인가 불행인가.

조롱과 감탄의 미장센

인간의 탄생과 선악과를 통한 죽음의 예정이 신의 작품이라면, 탄생만이 아닌 인간이 원치 않는 죽음까지 미장센에 마련한 신의 배려는 얼마나 세심한가. 선악과의 배치는 신의 저주인가, 배려인가.

편견

전혀 모르는 사람이나 사물을 우러른다는 것은 편견이다. 어떤 신이 존재한다 해도, 잘 모르는 그 신을 하나의 대상이 아니라 신앙으로 접근할 때, 그 신앙 또한 편견일 뿐이다.

신앙

타오르는 신앙은 자가발전, 그 연료는 필요와 욕망. 연료가 다하면 신앙은 꺼지며, 꺼져 버린 신앙은 족쇄가 되고. 신앙이란 '되돌릴 수 없음' 아닐까. 너무 많이 와 버려 다시 돌아갈 수 없고 직진할 수밖에 없는. 평생을 한 신앙으로 살아온 사람이 어느 순간 신앙의 대상이 거짓임을 깨달아도, 알면서도 거짓 대상에 대한 신앙을 지속할 수밖에 없는. 그 신앙은 자신에 대한 배신이지만 그 신앙을 배신할 수 없는.

광인

예수 활동 시기, 로마제국의 정상인이 볼 때 야훼, 메시아, 천국…을 외치는 예수는 광인이었을 것이다. 지금은?

사랑과 증오

인간에게는 성호르몬처럼 지속적으로 분출해야 하는 것이 있다. 사랑과 증오. 사랑은 친사회적이어서 문제없지만 증오는 분출할 데가 없다. 역사를 볼 때, 분출할 곳을 기막히게 찾아 인간을 증오의 꼭두각시, 자신들의 꼭두각시로 만든 것이 있으니 종교와 권력. 그들에게 선과 악은 매우 유용한 도구였다.

불가에서

생生은 고苦라는 불가는, 영생을 원하는 사람들과 그것을 부추기는 종교들을 어떤 안쓰러움과 답답함으로 바라볼 것인가. 영생, 영원히 고통 속에 사는 것, 그것이 지옥 아니던가.

원죄

찬란하게 빛나는 승리한 인간의 머리 위에, 거룩한(?) 종교인의 머리 위에, 갓난아이의 머리 위에 씌워진 원죄를 생각할 때, 실소를 연발하게 된다.

광신

어떤 대상에 대해 광신하는 사람은 그 대상의 본질을 모르는 경우가 많다. 본질을 아는 대상이라면 광신할 수 없으니. 이념과 종교의 형해形

骸는 광기다.

맹신

맹신을 까 보면 공포와 희망으로 가득 차 있다.
"예수천국 불신지옥"은 맹신자 자신들을 위한 구호다.

찬양

어떤 대상을 찬양한다는 것은 정신병의 전조다. 자신의 죽음이라는 확실한 진리 앞에 무엇이 두려워, 무엇을, 왜 찬양하는가. 찬양한다는 것은 존재의 본질과 공허에 대한 두려움의 발작 아닌가.

죄와 구원

"죄와 구원"이라는 구속 프레임의 시원은 기독교. 본래 기독교 이전에는 신에 대한 불복종이라는 죄의 개념도 없었다. 자연의 이치, 순리, 운명에 순응하여 사는 것을 미덕으로 여겼을 뿐. 기독교인으로서 죄의 프레임에 갇혀 사는 길과 자연의 순리에 따라 사는 길 중에 어느 길을 가는 것이 현명한가. 본래 없었던 멍에, 스스로 죄라는 멍에를 쓰고 사는 사람들을 어떻게 생각해야 할까. 없는 "죄"를 만들어 없는 "구원"을 미끼로 수많은 사람들을 엮어 넣은 종교를 감탄해야 할지, 그 유혹에 넘어간 사람들의 무지가 불쌍하다고 해야 할지.

종교의 약속

종교의 약속들은 현실에서 이루어지지 않는, 이루어질 수 없는 것들 뿐이다. 현실에서 이루어질 수 있는 약속을 한다면, 만에 하나 그 약속이 이루어지지 않았을 때, 그 종교는 매장될 테니. 영원히 실현 여부를 알 수 없는 약속만을 남발하는 것이 종교의 기본 전략이다. 그 약속을 신앙이라는 미명하에 굳게 믿는 (믿는 척하는?) 사람들은 스스로 자기 기만에 취한 것이다. 평생을 신의 노예로 사는 대가를 지불해야 하는 "파스칼의 내기" 같은 궤변을 금과옥조로 삼으며.

기독교의 사랑

기쁨, 유쾌함, 쾌락, 발랄함에서 연유한 자발적 사랑이 아니라, 죄, 고통, 어두움, 계시에서 연유한 의무적 사랑이 진정 인간이 원하는 사랑일까.

행복의 정수精髓, 쾌락의 원천

ⓒ 장국현, 2025

초판 1쇄 발행 2025년 5월 1일

지은이	장국현
펴낸이	이기봉
편집	좋은땅 편집팀
펴낸곳	도서출판 좋은땅
주소	서울특별시 마포구 양화로12길 26 지월드빌딩 (서교동 395-7)
전화	02)374-8616~7
팩스	02)374-8614
이메일	gworldbook@naver.com
홈페이지	www.g-world.co.kr

ISBN 979-11-388-4236-5 (03100)

- 가격은 뒤표지에 있습니다.
- 이 책은 저작권법에 의하여 보호를 받는 저작물이므로 무단 전재와 복제를 금합니다.
- 파본은 구입하신 서점에서 교환해 드립니다.